OSTWESTFALEN LIPPE entdecken!

1000 FREIZEIT-TIPPS

AF638128

Matthias Rickling

Wartberg Verlag

Anmerkung des Verlages

Die im nachfolgenden Text verwendeten Symbole haben folgende Bedeutung:
☏ = Telefon, 🌐 = Internetadresse, ☺ = Attraktionen für Kinder und Junggebliebene

Alle Angaben wurden gewissenhaft geprüft, trotzdem können Autor und Verlag keine Gewähr für die Richtigkeit übernehmen. Anregungen, Berichtigungen und Ergänzungsvorschläge senden Sie bitte an den Wartberg Verlag, Gudensberg-Gleichen.

Abbildungsverzeichnis

Verkehrsverein Hövelhof e.V.: S. 3; Matthias Rickling: S. 4, 30, 33, 81, 108, 109, 137 o./u., 143, 144; Gemeinde Augustdorf: S. 6; Bad Driburger Touristik: S. 7, 8, 9, 10; Besim Mazhiqi: S. 12; Stadt Bad Lippspringe: S. 13; Peter Hübbe: S. 15, 16; Tutto62/pixelio.de: S. 19; Wolfgang Ludewig/pixelio.de: S. 20; Bad Wünnenberg Touristik GmbH: S. 22, 23; Bad Wünnenberg Touristik GmbH/Lea Franke: S. 24; Stadt Beverungen: S. 27 o., 28; E. Sährig: S. 27 u.; Blomberg Marketing e.V.: S. 37 o./u., 38; Gemeinde Borchen: 39, 40; Stadt Borgholzhausen: S. 44; Stadtmarketing Bünde: S. 49; Teutoburger Wald Tourismus © Patrick-Gawandtka: S. 51, 52; Stadt Delbrück: S. 57; Stadt Detmold: S. 59, 61; UWe/pixelio.de: S. 60; Tourismusmarketing Nordlippe: S. 62, 63; Eckhard Assler/Enger: S. 64, 65; Stadt Espelkamp: S. 67, 68 o./u.; Marketing Extertal e.V.: S. 69; M. Wallenfang: S. 71; Detlef Guethenke: S. 72; Tourismusbüro Stadt Halle (Westf.): S. 76; Gemeinde Herzebrock-Clarholz: S. 85; Gemeinde Hiddenhausen: S. 87; Gunda Schünemann/pixelio.de: S. 88, 89; GesUndTourismus: S. 92 o./u.; Verkehrsverein Hövelhof e.V.: S. 94, 95; Touristik-Information Höxter/Andreas Hub: S. 97 o./u.; Ingo Heemeier/pixelio.de: S. 100; Gemeinde Kirchlengern: S. 104; Lemgo Marketing: S. 110; stock.adobe – sehbaer_nrw: S. 115; Stadt Löhne: S. 117; Stadt Lübbecke: S. 119; Lügde Marketing e.V.: S. 121, 123; Kulturstiftung Marienmünster: S. 124; Josef Suermann, Marienmünster: S. 125; Ulrich Antas, Minden/pixelio.de: S. 126; Erich Kasten/pixelio.de: S. 127; Andreas Wagenbach/pixelio.de: S. 128, 129; Stadt Nieheim: S. 131 o./u., 132; Patrick Piecha: S. 134; Martin Düsterberg: S. 135; W. Noltenhans: S. 138; K. H. Schäfer: S. 139; Thomas Max Müller/pixelio.de: S. 147, 148; Winfried Hedrich: S. 150; Touristik Preußisch Oldendorf: S. 151; Stadt Rahden: S. 153, 154, 155; Flora Westfalica GmbH: S. 156, 157, 158; Stadt Rietberg: S. 160, 161 u.; Marcus Miesler: S. 161 o.; Rudi Pernack/pixelio.de: S. 164; Sabine Weiße/pixelio.de: S. 167; L. Teichmann: S. 173, 174 o.; Stadt Schloß Holte-Stukenbrock: S. 174 u.; Stadt Spenge: S. 176 o./u.; Stadtmarketing Spenge: S. 177; Gemeinde Steinhagen: S. 178, 179; Stadt Steinheim: S. 180, 181, 182; Gemeinde Stemwede/A. Egbert: S. 183; Gemeinde Stemwede/G. Premke: S. 184, 185; Stadt Verl/Csaba Mester: S. 187 o./u.; Jürgen Finkhäuser. S. 190; Karl-Heinz Wieners: S. 192; Hubert Rösel: S. 193; Stadt Werther (Westf.): S. 195 o./u.

3., aktualisierte Auflage 2023
Der Band entstand in Kooperation mit der Tageszeitung Neue Westfälische.
Die erste und zweite Auflage erschienen unter dem Titel „Ostwestfalen-Lippe – 1000 Freizeittipps. Ausflugsziele, Sehenswürdigkeiten, Sport, Kultur, Veranstaltungen".

Umschlaggestaltung: r2 Mediendesign, Verden (Aller)
Layout: Gerald Halstenberg, Bielefeld
Karte: KGS Kartographie und Grafik Schlaich, Geislingen
Druck und Bindung: Druck- und Verlagshaus Thiele & Schwarz GmbH, Kassel

34281 Gudensberg-Gleichen, Im Wiesental 1
Telefon (0 56 03) 9 30 50
www.wartberg-verlag.de
ISBN: 978-3-8313-2859-8

Einige Worte vorweg

Ostwestfalen-Lippe? Klar, das kennt man doch. Jene Region mit dem berühmten Teutoburger Wald ganz oben in Nordrhein-Westfalen, die Heimat von Römerschreck Hermann, herzhaften Mahlzeiten und herzlichen Menschen mit ausgeprägtem Regionalbewusstsein. Darüber hinaus stehen die drei Buchstaben OWL nicht erst seit heute für ein überragendes Urlaubs-, Erholungs- und Freizeitangebot, das – ausgenommen sind allenfalls Hochseeangeln und Alpinbergsteigen – kaum einen Wunsch offenlässt. Die Region gleicht weithin einer wahren Bilderbuchlandschaft, in der sich aussichtsreiche Höhenzüge und die sanften Flussniederungen von Weser, Ems und Lippe, schroffe Felsklippen und einzigartige Urrefugien der Natur munter abwechseln. Nicht umsonst hat sich OWL zu einem Dorado für Golfer und Naturfreunde und zu einem Hotspot für Radfahrer und Wanderer entwickelt, die hier einige der schönsten und beliebtesten Touren des ganzen Landes finden. Zudem bietet der „Heilgarten Deutschlands“ mit seinen traditionsreichen Kurorten und zahlreichen Wellness-Oasen pure Entspannung und Wohlbefinden. Überaus reichhaltig ist auch das kulturelle Angebot von Museen, Konzerten, Galerien und Events, die weithin ihresgleichen suchen. Und nahezu überall locken Sehenswürdigkeiten und Ausflugsziele, die kontrastreicher kaum sein könnten. In OWL findet sich fast alles, was das Freizeitherz begehrt – und noch einiges mehr. Der Freizeitführer Ostwestfalen-Lippe möchte verführen, möchte alle Gäste und Einheimischen für eine ebenso attraktive wie unterhaltende Region begeistern, in der nicht nur Teutoburger Wald und Römerschreck zu Hause sind. OWL ist in jeder Beziehung ein Erlebnis!

Und weil die Welt auch in OWL nicht stehen geblieben ist und sich seit der 1. Auflage im Jahr 2018 allerlei verändert hat, halten Sie nun eine überarbeitete und aktualisierte Ausgabe in den Händen.
Allen Städten, Gemeinden und Tourist-Informationen, die den vorliegenden Freizeitführer mit Korrekturen, Ergänzungen und Fotos auf den neuesten Stand gebracht haben, sei hiermit ausdrücklich gedankt.
Eine erlebnisreiche Zeit wünscht Ihnen

Matthias Rickling

Altenbeken

(Kreis Paderborn)

Mit seinen beiden Ortsteilen Buke und Schwaney eint Altenbeken das Motto: „Eine Gemeinde – drei Orte". Östlich von Paderborn am westlichen Fuß des Eggegebirges gelegen ist die Gemeinde seit mehr als eineinhalb Jh. als wichtiger Eisenbahnknotenpunkt bekannt. Doch als die Eisenbahn Mitte des 19. Jh. Fahrt aufnahm, stellte die Streckenführung über Altenbeken die preußischen Ingenieure vor eine große Herausforderung. Um die zahlreiche Gebirgszüge und Täler zu überqueren, errichteten sie mit dem Bekeviadukt die wohl größte Kalksandsteinbrücke Europas, die zum stolzen Wahrzeichen von Altenbeken wurde.

Gemeinde Altenbeken
Tourist Information
Bahnhofstraße 5 a
33184 Altenbeken
05255/120031
www.altenbeken.de

Sehenswertes

Eisenbahnviadukt
Das 1853 eröffnete Bauwerk überspannt mit 482 m Länge und 35 m Höhe in 24 tollkühnen Bögen das Tal der Beke. Das Viadukt, das sich auch im Wappen von Altenbeken wiederfindet, ist die größte steinerne Eisenbahnbrücke Europas. „Ich habe geglaubt, eine goldene Brücke vorzufinden, weil so schrecklich viele Taler verbraucht worden sind!", soll der preußische König Friedrich Wilhelm IV. bei der Eröffnung gestöhnt haben. Eine „goldene Brücke" im wahren Sinn des Wortes ist das Viadukt seit 2002: Seither sind 20 der insgesamt 24 Bögen bei Dunkelheit beleuchtet und sorgen für eine einzigartige Atmosphäre. Einen spektakulären Blick beschert eine Aussichtsplattform, die über eine Treppenanlage am Fuße des Viaduktes zu erreichen ist.
Adresse: Adenauerstr., 33184 Altenbeken

Denkmallokomotive
Seit 1977 steht die „Königin der Mittelgebirge" in ihrer schwarz-roten Tracht an zentraler Stelle und erinnert an die goldene Zeit der schnaufenden Dampfrösser. Die Güterzug-Dampflok wurde 1941 gebaut, wiegt mit Tender fast 130 Tonnen, ist 22,60 Meter lang und 4,50 Meter hoch. Pünktlich zu ihrem 80. Geburtstag wurde die Denkmallok mit der Nummer 044-389-5 gründlich renoviert und lockt seither wieder Eisenbahnfans von nah und fern an.
Adresse: Alter Kirchweg, 33184 Altenbeken

Bollerbornquelle
Die erste urkundliche Erwähnung der Quelle an der Straße nach Langeland stammt aus dem Jahre 1571. Der Überlieferung nach soll das Wasser das Heer Karls des Großen zu

Das Viadukt von Altenbeken

Beginn der Sachsenkriege im Jahr 772 vor dem Verdursten bewahrt haben. Den 180 kg schweren Wassermann aus Bronze schuf der Paderborner Bildhauer Herbert Görder. Als Vorlage diente ein Kupferstich aus dem Jahre 1671.

Freizeit & Natur

▸ Wandern & Radfahren
Die über 130 km ausgebauten Wanderwege in und um Altenbeken bieten beste Voraussetzungen für erholsame und erlebnisreiche Ferientage. Der *Viadukt-Wanderweg* (29 km) ist eine gelungene Kombination aus Eisenbahn- und Naturerlebnis. Die zwei Kammwege, der *Eggeweg* und der *Hermannsweg*, sind traditionsreiche Strecken mit dem Gütesiegel „Qualitätsweg Wanderbares Deutschland". Der *waldgeschichtliche Rundwanderweg* (7,5 km) führt zu elf historischen Stationen wie einem Kohlemeiler, einer hochmittelalterlichen Glashütte oder einer Telegrafenstation. Herzstück ist die *Naturerbe Wanderwelt* im Waldnaturschutzgebiet Egge-Nord. Hier sind Besucher stets willkommen und haben die Möglichkeit, auf verschiedenen Kurz-, Halbtags-, Ganztags- oder sogar Mehrtagestouren den Naturerbe-Wald in OWL kennenzulernen. Auch Radwanderer werden auf dem *Viadukt-Radweg* rund um Altenbeken mit einzigartigen Ausblicken belohnt. Das Wegenetz hat Verbindung mit der *Paderborner Land Route*, der *Wellness-Radroute* und der *BahnRadRoute Weser-Lippe*.
Informationen: 🌐 www.naturerbe-wanderwelt.de, 🌐 www.hermannshoehen.de, 🌐 www.radroutenplaner.nrw.de

▸ Jagdliches Schießen
Der Jagdparcours des Landesjagdverbandes Nordrhein-Westfalen in Buke gehört zu den bekanntesten und schönsten seiner Art. Auf einem hügeligen und zum großen Teil bewaldeten Gelände sind 22 Schützenstände integriert, von denen aus der treffsichere Flintenschuss geübt werden kann. Ganzjährig kann das Jagdfieber auch im Jagd- und Schießkino Buke erlebt werden, einem der modernsten im Lande.
Kontakt: Dune 3 a, 33184 Altenbeken-Buke, ☎ 05255/1708, 🌐 www.jagdparcours-buke.de

Augustdorf

(Kreis Lippe)

Die Gemeinde im Herzen der Senne und zu Füßen des Teutoburger Waldes ist noch relativ jung. Erst 1775 begann der Graf Simon August zur Lippe mit der Besiedlung der kargen, unwirtlichen Sandlandschaft der Senne. Am Kreuzungspunkt uralter Heer- und Handelswege wurde der Dörenkrug zur Keimzelle des neuen Dorfes, das 1789 seinen Namen erhielt. Eine besondere Prägung erfuhr die Gemeinde ab 1937 durch ihre militärische Vergangenheit, vor allem nachdem die Bundeswehr ab 1957 hier einen ihrer größten Standorte des Landes einrichtete.

Gemeinde Augustdorf
Pivitsheider Str. 16
32832 Augustdorf
☎ 05237/71042
🌐 www.augustdorf.de

Sehenswertes

▸ Kulturdenkmäler
Zu den kulturhistorischen Denkmälern der Gemeinde zählen die **Alte Voksschule,** zwei **Fachwerkkotten** und eine ganze Reihe von **Hügelgräbern.** Sehenswert sind auch die alten **Grenzsteine,** die die ehemalige lippisch-preußische Grenze markieren.

Museen

Die Alte Volksschule in Augustdorf

▸ Heimatkeller Augustdorf

Mit einer umfangreichen Sammlung bäuerlicher Gerätschaften, Werkzeuge und Tischlerbänke, einer detailgetreu eingerichteten Wohnung, Tischlerwerkstatt und Frisörstube aus vergangenen Zeiten sowie alten Fotos und Büchern ruft der Heimatverein die Vergangenheit in Erinnerung. Der Keller kann nach Vereinbarung besichtigt werden.
Informationen: 🌐 www.heimatverein-augustdorf.de

▸ Militärgeschichtliche Sammlung Lippische Rose e. V.

Mit der „GFM Rommel Kaserne" ist eine der größten Kasernen der Bundeswehr in Augustdorf beheimatet. In der militärgeschichtlichen Sammlung kann man vieles über die mehr als 100-jährige Vergangenheit des Militär- und Garnisonsstandortes erfahren. Zudem wird der Alltag der Soldaten im Wandel der Zeit thematisiert. Da sich die Sammlung auf dem Kasernengelände befindet, müssen sich Besucher ausweisen. Eintritt und Führungen sind kostenlos.
Kontakt: Augustdorfer Allee 217, 32832 Augustdorf, ✆ 05237/912789, 🌐 www.mgs-augustdorf.de

Freizeit & Natur

▸ Wandern

Aufgrund der außergewöhnlichen, abwechslungsreichen Landschaft hat sich Augustdorf zu einem reizvollen Wanderrevier entwickelt. Besonders empfohlen werden das Augustdorfer Dünenfeld, ein Naturschutzgebiet mit einer der ältesten Binnendünen-Landschaften Deutschlands, der *Augustdorfer Rundwanderweg* und der *Furlbach-Wanderweg* durch ein urwaldartiges, tief eingeschnittenes Tal.

▸ Radfahren

Durch die Gemeinde verlaufen der *Europäische Fernradweg R1* und der 77 km lange *Senne-Radweg*, der die Städte und Gemeinden rund um die Senne und den Teutoburger Wald miteinander verbindet. Besonders reizvoll sind die Strecken durch die einmalige Heidelandschaft des Truppenübungsplatzes Senne (Sperrzeiten beachten).
Informationen: 🌐 www.senneradweg.de, 🌐 www.europaradweg-r1.de

▸ ☺ Senner Pferde

Augustdorf ist die Heimat der Senner Pferde. Sie gelten als älteste Pferderasse Deutschlands, die nach einer Legende den entlaufenen Artgenossen der römischen Legionen entstammt, die im Jahr 9 n. Chr. im Teutoburger Wald unterging. Die Nachkommen durchstreiften halbwild lebend die Senne und den Teutoburger Wald und wurden später im Jagdschloss und Gestüt Lopshorn

gezüchtet, das nach dem Zweiten Weltkrieg abbrannte. Seit einigen Jahren gibt es wieder Senner Pferde in Augustdorf. Die Gemeinde hat mithilfe des „Naturschutzgroßprojektes Senne“ Koppeln angelegt, die mit Senner Pferden besetzt wurden.
Informationen: www.ngp-senne.de

▸ Reiten
Im Naturschutzgebiet Ölbachtal mit dem Augustdorfer Dünenfeld sind Reitwege ausgewiesen, die unvergleichliche Naturerlebnisse bieten. Sie sind in das regionale und überregionale Reitwegenetz integriert.

Bad Driburg

(Kreis Höxter)

Mit seinen zehn Ortsteilen liegt die Stadt an der westlichen Kreisgrenze und am östlichen Steilabfall des Eggegebirges. Wahrzeichen und vermutliche Namensgeberin ist die Burgruine Iburg aus der Zeit der Sachsenkriege (8. Jh.), die sich hoch über der Stadt erhebt. Bereits 1420 entstand unweit der Stadt die erste Glashütte und begründete den Ruf als Glasbläserstadt. Bis heute zählt Bad Driburg mit den Marken „Leonardo“ und „Ritzenhoff & Becker“ zu den bedeutenden Glashandelsplätzen Europas. Mit der ersten Badesaison 1782 begann Driburgs Geschichte als Kurort, der sich seit 1919 „Bad“ nennen darf. Nach dem Ersten Weltkrieg entwickelte sich die Stadt zu einer modernen Kur- und Badestadt.

Bad Driburger Touristik GmbH
Lange Str. 140
33014 Bad Driburg
05253/98940
www.bad-driburg.de

Sehenswertes

▸ Burgruine Iburg
Nur gut einen Kilometer nordöstlich der Innenstadt ruhen auf dem Gipfel des Ibergs die Ruinen der Iburg, deren Anfänge im 8. Jh. liegen. Zeitweise lebten auf der Fluchtburg Ordensschwestern, bevor 1189 der Paderborner Bischof Bernhard II. eine steinerne Burg errichten ließ. Die Festung wurde 1444 zerstört und danach nicht wieder erneuert. Erhalten blieben die Wallanlage („Sachsenmauer“) sowie der renovierte Bergfried. Die Anlage ist ganzjährig unentgeltlich zugänglich. Ganz in der Nähe erlaubt der Kaiser-Karls-Turm von 1904 einen hervorragenden Blick auf Bad Driburg und das Eggegebirge.
Adresse: Westenfeldmark 6, 33014 Bad Driburg

Die Burgruine Iburg

▸ Burg Dringenberg
Unweit von Bad Driburg erhebt sich über dem Tal der Öse die trutzige Höhenburg Dringenberg aus den Jahren 1318–23. Die viereckige Ringmaueranlage ist von einer Wehrmauer mit Wehrturm sowie einem breiten Burggraben umgeben. Im großen Innenhof beeindruckt der 40 m tiefe Ziehbrunnen. Neben einem Brauhaus, mehreren Heimatstuben und einer Amtsstube sind auf der Burg ein naturkundliches Museum

sowie wechselnde Kunstausstellungen zu besichtigen.
Kontakt: Burgstr. 1, 33014 Bad Driburg-Dringenberg, ✆ 05259/515 o. 220

▸ Wasserschloss St. Hubertus Heerse
Kaiserlich, freiweltlich und hochadlig war das ehemalige Damenstift im Ortsteil Neuenheerse. Heute befinden sich die Gebäude im Besitz einer Kulturstiftung, die ca. 20 000 Exponate aus dem Bereich Naturkunde, Jagdkultur und Kolonialgeschichte zeigt. Die Außenanlagen werden von zahlreichen Skulpturen aus der ganzen Welt geprägt. Tägliche Führungen für Gruppen nach Anmeldung.
Kontakt: Stiftsstr. 2, 33014 Bad Driburg-Neuenheerse, ✆ 05259/930333, 🌐 www.wasserschloss-neuenheerse.de

▸ Stiftskirche Neuenheerse (Eggedom)
Die Stiftskirche Neuenheerse wurde als dreischiffige Säulenbasilika 1100–1130 errichtet und später zur gotischen Hallenkirche umgebaut. Sie besitzt einen der ältesten und wertvollsten Reliquienschätze sowie den ältesten Bischofssiegelabdruck Deutschlands. Die Krypta mit Confessio stammt aus dem Jahr 1107, die historische Orgel aus dem Jahr 1713. Kirchenführungen nach Absprache.
Kontakt: Stiftsstr., 33014 Bad Driburg-Neuenheerse, ✆ 05259/512

▸ Dreifaltigkeitskloster Bad Driburg
1924 entstand in Bad Driburg die deutschlandweit erste Niederlassung der „Genossenschaft der Dienerinnen des Hl. Geistes von der Ewigen Anbetung", die aufgrund der Farbe ihrer Ordenstracht als „Rosa-Schwestern" bezeichnet werden. Als Zeichen der Zurückgezogenheit trennt in der Anbetungskapelle ein kunstvolles Gitter Besucher und Schwestern. Sie ist täglich von 5.15–20 Uhr geöffnet.
Kontakt: Helmtrudisstr. 23, 33014 Bad Driburg, ✆ 05253/3320, 🌐 www.dreifaltigkeitskloster.de

▸ Pfarrkirche St. Peter und Paul
Die Silhouette der Stadt wird seit 1897 von der beeindruckenden kath. Pfarrkirche St. Peter und Paul geprägt. Ihr dreischiffiger Innenraum wurde 1909 in Formen des Jugendstils ausgemalt. Vom Inventar der Vorgängerkirche sind heute noch ein romanischer Taufstein (um 1260), zwei Barockfiguren (1676) sowie der Grabstein des im Jahr 1463 verstorbenen Domherrn Heinrich von Driburg vorhanden.
Adresse: Lange Str., 33014 Bad Driburg

Die historische Mühlenpforte

▸ Mühlenpforte
Die historische Mühlenpforte in der Innenstadt Bad Driburgs ist ein Teilstück der mittelalterlichen Stadtmauer. An dieser Stelle am Kesselbach lag die „Piepsmühle", eine der letzten sieben Mühlen der Stadt.
Adresse: Dringenberger Str., 33014 Bad Driburg

▸ **Gräflicher Park**
Bereits mehrfach ausgezeichnet und zu einem der schönsten Parks in Deutschland gewählt, wurde die 65 ha große Grünanlage sogar im „European Garden Heritage Network" aufgenommen. Bei einem Spaziergang kann man Hinweise auf berühmte Gäste wie Friedrich Hölderlin sowie Annette von Droste-Hülshoff entdecken. Eine Besonderheit ist der einzige öffentlich zugängliche „Piet Oudolf Garten" in Deutschland, der 2009 eröffnet wurde. Es ist ein ganzjährig blühender Staudengarten aus mehreren Hundert verschiedenen Pflanzen.
Kontakt: Brunnenallee 1, 33014 Bad Driburg, 05253/95230, www.graeflicher-park.de

Im Piet Oudolf Garten

▸ **Park Bad Hermannsborn**
Der neobarocke Kurpark entstand zwischen 1924/25 nach Plänen des Gartenarchitekten Richard Hartnauer. Neben der Kastanienallee und dem großen Blumenrondell macht die 18 ha große Anlage mit einigen Teichen, Wassertreppen und bunten Pflanzbeeten einen vollendeten Eindruck.
Kontakt: Hermannsborn 1, 33014 Bad Driburg, 05253/407000, www.kbh.de

▸ **Leonardo Glass Cube**
Auf dem Gelände der westfälischen Firma Glaskoch im Industriegebiet Herste östlich von Bad Driburg beeindruckt seit 2007 ein rundum verglaster Kubus. Das futuristische Gebäude, das dem hiesigen Hersteller edler Trinkgefäße und Glas-Accessoires als Präsentationszentrum dient, wurde mit zahlreichen internationalen Architektur- und Designpreisen ausgezeichnet und zählt zu den 1000 wichtigsten Architekturen Europas.
Adresse: Industriestr., 33014 Bad Driburg-Herste

Museen

▸ **Friedrich Wilhelm Weber Museum**
Der Arzt, Politiker und Dichter Friedrich Wilhelm Weber (1813–1894) war mit seinem Hauptwerk „Dreizehnlinden" bis weit ins 20. Jh. der wohl meistgelesene westfälische Autor. In seinem Geburtshaus, einem Vierständer-Ackerbürgerhaus am Weberplatz, zeigt eine Ausstellung sein Leben und Wirken und gibt einen Einblick in die Lebens- und Wohnverhältnisse des 19. Jhs.
Kontakt: Weberplatz 1, 33014 Bad Driburg-Alhausen, 05253/98940, www.friedrich-wilhelm-weber-ges.de

▸ **Glasmuseum**
Das Glasmuseum Bad Driburg befasst sich mit der 500-jährigen Geschichte der Glasherstellung und -veredelung in der Region sowie mit der Geschichte Driburgs als Kur- und Badestadt. Es werden Werkzeuge, historische Gebrauchsgläser und Glasmacherkunst gezeigt. Spannend ist auch die Verknüpfung der Wirtschaftszweige Glas und Heilbad.
Kontakt: Schulstr. 7 (Heinz-Koch-Haus), 33014 Bad Driburg, 05253/974494, www.glasmuseum-bad-driburg.de

Freizeit & Natur

Wildgehege
Über den Hang des Rosenberges erstreckt sich im Gräflichen Park ein 7,5 ha großes Damwild-Gehege mit ca. 50 Bewohnern, die sich gerne mit Futter aus dem Automaten füttern lassen. Manchmal tauchen auch ein paar Jacobsschafe auf, die hier ebenfalls leben.
Adresse: Brunnenallee, 33014 Bad Driburg, www.graeflicher-park.de

Buddenberg Arboretum
Auf einer Fläche von etwa 10 ha beheimatet der exotische Baumpark auf dem Steinberg über 200 einheimische und exotische Baumarten wie Ginkgo, Japanischer Kuchenbaum, Urweltmammut-, Taschentuch- und Federbuschbaum. Große Sichtachsen eröffnen herrliche Ausblicke auf das Eggegebirge und bei guter Sicht bis weit hinein ins Weserbergland. Weitere Besonderheiten sind ein geologischer Steinbruch und 20 Hügelgräber aus der Bronzezeit. Das Gelände ist jederzeit und kostenfrei zugänglich.
Adresse: Hufelandstr., 33014 Bad Driburg

Schwimmbäder
Das *Freizeitbad* Bad Driburg ist ein modernes Freibad, das für jeden Gast etwas zu bieten hat: 50-m-Schwimmbecken, ein großes Abenteuerbecken mit Grotte, Wasserfall, Wasserstrudel und riesiger 40-m-Rutsche sowie einem eigenen Kinderspielbereich, großzügige Liegewiesen und Gastronomie. Auch im Schwimmer- und Nichtschwimmerbereich des *Eggefreibades* finden Groß und Klein Spaß am kühlen Nass. Zudem werden im beheizten *Hallenbad* mit 25-m-Bahn und Hubbodenanlage allerlei Aktivitäten angeboten.
Informationen: www.stadtwerke-bad-driburg.de, www.egge-freibad-neuheerse.de

Die Driburg Therme

Driburg Therme
Gespeist wird die Therme aus einer staatlich anerkannten mineralischen Thermalwasser-Heilquelle. Hier dreht sich alles ums Entspannen und Wohlfühlen. Neben den großzügigen Innen- und Außenbecken erwartet den Besucher eine vielfältige Saunalandschaft von Blockhaus-Erdsauna und römischem Dampfbad bis Trockensalznebelsauna und Zirkuswagensauna.
Kontakt: Georg-Nave-Str. 24, 33014 Bad Driburg, 05253/70116, www.driburg-therme.de

Die SalzGrotte
Dem Salz wird eine heilende Wirkung zugesprochen. Das Meeresklima in der Salzgrotte wird durch 20 Tonnen Kristall- und Meeres-

salze u. a. vom Toten Meer in Verbindung mit vier kleinen Salinen erzeugt. Es ist vergleichbar mit dem der Nordsee. Hier herrschen ca. 19–20 °C und eine Luftfeuchtigkeit von 50–60 %.
Kontakt: Am Hellweg 10, 33014 Bad Driburg, ☏ 05253/974238, 🌐 www.salzgrotte-bad-driburg.de.

▸ Golf

Die sehr abwechslungsreich angelegten Spielbahnen der 18-Loch-Anlage des Bad Driburger Golfclubs e. V. sind eine Herausforderung für Könner und ein besonderes Abenteuer für den interessierten Golfeinsteiger. Auch internationale Persönlichkeiten wie König Konstantin von Griechenland oder Prinz Claus der Niederlande haben hier schon den Schläger geschwungen.
Kontakt: Georg-Nave-Str. 24 a, 33014 Bad Driburg, ☏ 05253/7104, 🌐 www.bad-driburger-golfclub.de

▸ Wandern

In und um Bad Driburg führen 26 gut ausgeschilderte Wanderwege durch den Naturpark Teutoburger Wald/Eggegebirge. Ein Weg sticht dabei jedoch besonders heraus: der mehrfach mit dem Gütesiegel „Qualitätsweg Wanderbares Deutschland“ prämierte *Eggeweg*, Teilstück der Hermannshöhen, der mit grandiosen Aussichten das Wandererherz höherschlagen lässt. Auch spezielle Themenwanderwege wie der *Kaleidoskopweg* sowie verschiedene regionale Weitwanderwege wie der *Jakobsweg* oder der *Bäderweg* verlaufen allesamt im Wandergebiet Bad Driburg und laden dazu ein, seltene Pflanzen und Blumen in der buchenreichsten Region Nordrhein-Westfalens zu entdecken.

▸ Radfahren

Über bewaldete Höhenzüge, durch ausgedehnte Felder oder entlang der Flussläufe eröffnet sich rund um Bad Driburg eine Vielzahl an Möglichkeiten für Tages- oder Mehrtagestouren mit dem Fahrrad. Insgesamt fünf *Bad Driburger Radtouren* sind ausgewiesen, über die man Anschluss an 32 Fernradwege hat.

▸ ☺ Reiten

Das idyllisch gelegene und uralte Gut Wertheim beherbergt seit 1996 ein Islandpferdegestüt. Die große Herde gibt Gelegenheit für Reitunterricht, Ferienfreizeiten, diverse Lehrgänge und Beritt.
Kontakt: Wertheim2, 33014 Bad Driburg, ☏ 05259/8161, 🌐 www.islandpferde-gutwertheim.de

▸ Manifattura

Einfach in die Historie und Herstellung von Glas eintauchen kann man im ehemaligen Stammsitz der Firma Glaskoch. Hier gibt es viel zu entdecken und immer wieder Neues zu erleben, da die Manifattura nicht nur ein Factory Outlet eines weltweit bekannten Glasproduzenten, sondern gleichzeitig ein Ort für kulturelle Anlässe oder besondere Events ist.
Kontakt: Lange Str. 127, 33014 Bad Driburg, ☏ 05253/369, 🌐 www.leonardo.de

▸ Bilster Berg Drive Resort

Der Bilster Berg ist eine Test- und Präsentationsstrecke im Ortsteil Pömbsen. Die multifunktionale Anlage bietet neben einem Naturrundkurs mit 19 Kurven und 26 Prozent Gefälle einen anspruchsvollen Offroad-Parcours und eine bewässerbare Dynamikfläche für klassische Fahrsicherheitstrainings. Zu besonderen Terminen bietet das Drive Resort im Rahmen der „Open House Days“ auch Privatpersonen die Gelegenheit, die Anlage mit dem eigenen Fahrzeug kennenzulernen.
Kontakt: Bilster Berg 1, 33014 Bad Driburg, ☏ 05253/9739001, 🌐 www.bilster-berg.de

Bad Lippspringe

(Kreis Paderborn)

Im Grenzgebiet zum Kreis Lippe liegt die Stadt Bad Lippspringe. Von Wald und Bergen umgeben, hat das Quellgebiet der Lippe ein reizarmes Klima. Zusammen mit vier warmen Heilquellen sorgt es seit 1832 für die Entwicklung zu einem modernen Gesundheitsort. Im Jahre 1312 errichtete das Paderborner Domkapitel an der Lippequelle die Burg Lippspringe und erhob die inzwischen befestigte Siedlung 1445 zur Stadt. 1913 bekam der Ort die amtliche Bezeichnung „Bad Lippspringe“ verliehen, wurde 1975 „Staatlich anerkanntes Heilbad“ und darf sich zudem seit 1982 als einzige Kurstadt in Nordrhein-Westfalen „Heilklimatischer Kurort der Premium Class“ nennen.

Tourist-Information
Lindenstr. 1 a
33175 Bad Lippspringe
05252/26260
www.bad-lippspringe.de

Sehenswertes

▸ Burgruine
Die erstmals 1312 erwähnte und vom Paderborner Domkapitel erbaute Burg ist das älteste Wahrzeichen der Badestadt. Sie bestand aus einer von Wasser umgebenen Hauptburg und der von Palisaden geschützten Vorburg. Zahlreiche kleine Fehden, besonders aber der Dreißigjährige und der Siebenjährige Krieg setzten der Burg stark zu, die 1873 endgültig aufgegeben wurde. Im Sommer finden auf dem großzügigen Burgvorplatz volkstümliche Feste und Feiern statt, der Burginnenhof wird zur traumhaften Hochzeitskulisse und im historischen Burgkeller wird zum Rittermahl geladen.

▸ Kurparks
Das vielseitige Erscheinungsbild der Badestadt wird durch drei Kurparks betont: den weitläufigen Arminiuspark mit seinem alten Baumbestand, den noch urwüchsigen Jordanpark und den gärtnerisch sehr aufwendig gestalteten Kaiser-Karls-Park.
Der 6,2 ha große **Arminiuspark** soll um 1840 in Anlehnung an die Pläne von Peter Josef Lenné, dem berühmten Gartenbaudirektor der preußischen Könige, angelegt worden sein. Im Expo-Jahr 2000 erfolgte die grundlegende Umgestaltung in einen „Allergologischen Kommunikationspark“. U. a. wird ein künstlicher Nebel erzeugt, der die Reduzierung des Pollenfluges bei feuchter Witterung verdeutlicht. Übrigens: Das Betreten der weiten Rasenflächen ist ausdrücklich erwünscht.
Der um 1900 angelegte **Jordanpark** schließt sich fast nahtlos an den Arminiuspark an und weist einen geschlossenen waldartigen Charakter auf.

Die Lippequelle in Bad Lippspringe mit der Burg im Hintergrund

Der **Kaiser-Karls-Park** ist der jüngste Park. Er entstand in den 1950er-Jahren als „Ersatzpark" für den Arminiuspark, der von den Briten beschlagnahmt war. Besonderer Anziehungspunkt ist eine große Niewels-Fontäne, die bei Dunkelheit bunt illuminiert wird.

▸ Heilwald
Der am Nordwestrand gelegene mehr als 200 ha große Heilwald wurde zu Beginn des 19. Jhs. angelegt, um die Stadt vor Sandverwehungen zu schützen. Heute bietet der Heilwald mit seinen ca. 25 km steigungsfreien Wanderwegen und zahlreichen Ruhebänken Erholung. Mitten im Wald sind der Strothesee und die Friedenskapelle zu entdecken. 2017 war der Heilwald ein zentraler Baustein im Konzept der Landesgartenschau.
Informationen: www.heilwald-badlippspringe.de

▸ Lippequelle
In unmittelbarer Nachbarschaft zur Burgruine befindet sich der tiefblaue Quellteich der Lippe, der im Volksmund „Odinsauge" genannt wird. Die Sage will wissen, dass der germanische Göttervater „Odin" sein Auge herausriss und in die trockene Sennelandschaft warf, um sie so mit Feuchtigkeit und blühendem Leben zu segnen. Die Quelle tritt aus ca. 8 m Tiefe zutage und zählt mit einer Schüttung von etwa 740 Litern in der Sekunde zu den stärksten Flussquellen in Deutschland.

▸ Heilquellen
Bad Lippspringe verdankt seine Tradition als Bad dem „quellgesunden Wasser". Die älteste Heilquelle ist die 20,5 °C warme **Arminiusquelle,** die 1832 entdeckt wurde. Ihr Wasser und das der **neuen Arminiusquelle** und der **Liborius-Quelle** bieten sich vor allem zur Trinkkur an. Die drei verschiedenen Heilwasser können in der renovierten Kaiser-Karls-Trinkhalle verkostet werden. 1962 wurde zudem im Kurwald die **Martinus-Quelle** erbohrt, deren 27,9 °C warmes Thermal- und Heilwasser für die Freibäder genutzt wird.

Auf dem Spielplatz in der Gartenschau Bad Lippspringe

Museum

▸ Heimatmuseum
Im ersten Stock von Haus Hartmann kann der Besucher die Geschichte des Ortes vom Mammutzahn bis zum Bierkrug des letztjährigen Stadtfestes verfolgen. Führungen nach Vereinbarung.
Adresse: Kirchplatz 1, 33175 Bad Lippspringe

Freizeit & Natur

▸ Arminius-Therme und Spa
In der Bade- und Saunalandschaft des Best Western Premier Park Hotels gehört ein Naturschwimmteich mit Bad Lippspringer Quellwasser zu den Höhepunkten der Entspannung. Umgeben vom farbenprächtigen Kaiser-Karls-Park entfaltet die Therme besonders im Frühjahr und Sommer ihren unvergleichlichen Charme.
Kontakt: Peter-Hartmann-Allee 4, 33175 Bad Lippspringe, 05252/9630, www.parkhotel-lippspringe.de

Thermal-Freibad

Direkt am Rande des Kurwaldes, umgeben von mächtigen Fichten und Kiefern, liegt das Thermal-Freibad. Gespeist vom bis zu 26 °C warmen Wasser der Martinus-Quelle bietet die großzügige Freizeitanlage mit zwei Schwimmbecken von Mai bis September kurzweilige Entspannung und Erholung.

Adresse: Schwimmbadstr. 10, 33175 Bad Lippspringe

Westfalen-Therme

Der Freizeit- und Erholungsspaß der Superlative bietet eine faszinierende Erlebniswelt mit abenteuerlichen Wasserattraktionen: Erlebnisbecken mit 150 und 70 m langen Wasserrutschen, großer Wasser-Indoorspielplatz Piratenland, Sportbecken mit Sprungbrett, Hot Whirlpools, eine große Saunawelt auf drei Ebenen und ein einzigartiges Salinarium mit Gradierwerk und Salzstollensauna mit Solevernebelung. Das Hallenbad in der Westfalen-Therme ist ein öffentliches Schwimmbad und kann unabhängig von allen anderen Bereichen der Westfalen-Therme genutzt werden.

Kontakt: Schwimmbadstr. 14, 33175 Bad Lippspringe, 05252/9640, www.westfalen-therme.de

Gartenschau Bad Lippspringe

Die 30 Hektar große Gartenschau steht im Frühling und Sommer in voller Blüte und lädt mit Hunderttausenden Blumen, inspirierenden Mustergärten und einer einzigartigen Dünen- und Teichlandschaft dazu ein, eine belebende Auszeit mitten in der Natur zu verbringen. Zahlreiche Waldspielplätze und Deutschlands einziger *Grüffelo Pfad* mit fünf großen Holzfiguren aus dem beliebten Kinderbuch machen den Ausflug perfekt.

Informationen: www.gartenschau-badlippspringe.de

Golf

Der Golfclub Bad Lippspringe e.V. ist auch als British Army Golfclub Sennelager bekannt. Die 27-Loch-Anlage besteht aus dem 18-Loch-Meisterschaftsplatz Forest Pines und dem 9-Loch-Old-Course, für den keine Handicapbeschränkungen gelten.

Kontakt: Senne 1, 33175 Bad Lippspringe, 05252/932308, www.gc-badlippspringe.de

Planetenweg

Die *Wanderung der Dimensionen* folgt einem der schönsten Planetenwege Deutschlands. Er besteht aus insgesamt zehn Stationen mit der Zentralstation Sonne (1,40 m Durchmesser) im Arminiuspark. Hier beginnt und endet der Weg nach etwa 8 km. An allen Stationen geben ausführliche Informationstafeln Auskunft über die kosmischen Verhältnisse.

Wandern & Radfahren

Auf den verschiedenen Wanderwegen lässt sich das Heilklima besonders gut erleben. Sehr beliebt sind die vom Eggegebirgsverein geführten Wanderungen (Mi und Sa, 13.15 Uhr ab Rathausplatz).

Die unglaubliche Vielseitigkeit der Gegend begeistert viele Radfahrer, da mit Teutoburger Wald, Eggegebirge und Senne sehr unterschiedliche Naturlandschaften zur Auswahl stehen. Sie alle warten mit einer Fülle von Sehenswürdigkeiten und historischen Städten und Stätten auf. Auf den ausgeschilderten Radrundkursen *Quellen-Route, Kurwald-Route, Hochwald-Route, Stadt-Route* und *See-Route* mit unterschiedlichen Längen und Schwierigkeitsgraden geht es durch den innerstädtischen Bereich und die nähere Umgebung. Darüber hinaus ist die Stadt an fünf überregionale Radwege angebunden: die *Römer-Lippe-Route*, die *Landesgartenschau-Route*, die *Paderborner-Land-Route*, die *Bahn-Rad-Route* und den *Senneradweg*.

Bad Oeynhausen

(Kreis Minden-Lübbecke)

Das „Königliche Bade Oeynhausen“ war in der Mitte des 19. Jahrhunderts eine der seltenen Neugründungen eines Kurortes durch den preußischen Staat. Nach dem Fund warmer Solequellen verfügte König Friedrich Wilhelm IV. die Anlage einer mondänen Badeanlage unter der Mitarbeit bekannter Architekten der Schinkel-Schule und des berühmten Gartenkünstlers Peter Joseph Lenné. So entstand im Laufe von 80 Jahren ein einmaliges Ensemble klassizistischer und historistischer Kurgebäude und Parkanlagen, welche bis heute das Gesicht des „kleinen Potsdams in Westfalen“ prägt. Neben der romantischen Kuranlage entwickelte sich die Stadt Bad Oeynhausen zu einem der wichtigsten Gesundheitsstandorte NRWs. Die lebendige Innenstadt bietet ganzjährig ein buntes Kultur- und Veranstaltungsprogramm.

Tourist-Information im Kurpark
32545 Bad Oeynhausen
05731/1300
www.staatsbad-oeynhausen.de

Sehenswertes

Kurpark

Der ca. 26 ha große Kurpark wurde zwischen 1851 und 1853 nach Plänen von Peter Joseph Lenné, dem bedeutendsten Gartenbaumeister seiner Zeit, als Landschaftspark angelegt und beständig erweitert. Besucher treffen hier auf Zeugnisse einer glanzvollen und mondänen Kur- und Bäderwelt: das klassizistische **Badehaus I**, das 1852 bis 1857 erbaut wurde, das **Badehaus II** von 1885 im Stile der Neorenaissance, das neobarocke **Kurhaus** aus dem Jahre 1908, das **Theater** von 1915 sowie die neoklassizistische **Wandelhalle** von 1926.
Führungen: Sa, 15 Uhr, ab Tourist-Information

Aqua Magica mit Wasserkrater

Der etwa 20 ha große Landschafts- und Kulturpark, der genau zwischen Bad Oeynhausen und Löhne zur Landesgartenschau 2000 gebaut wurde, ist zu einem ausgezeichneten Naherholungsgebiet geworden. Höhepunkt ist ein 18 m tiefer Krater, aus dem eine Wasserfontäne bis über den Kraterrand hinaus aufsteigt. Daneben bieten die Allee des Weltklimas mit ihren 240 Platanen, das Café im Glasgewächshaus, ein Biotop, die wunderschöne Naturbühne und kreativ gestaltete Spielplätze viele Möglichkeiten der Entspannung und der Entdeckung.
Informationen: 05731/3020012, www.aquamagica.de

Parkanlagen

Neben dem Kurpark und der Aqua Magica finden sich zentrumsnah drei weitere Landschaftsgärten mit einem großzügigen Wegenetz und ganz unterschiedlichem Cha-

Das Kaiserpalais im Kurpark von Bad Oeynhausen

rakter. Die **Oeynhausener Schweiz** präsentiert sich als Stadtwald mit Damwildgehege, Spielplatz und Naturlehrpfad. Ausreichend Platz und Gelegenheit für Sport und Freizeitaktivitäten bietet der ausgedehnte **Sielpark** an den Ufern der Werre. Wer die westfälische Kulturlandschaft und ein wunderbares Panorama über das Ravensberger Land genießen möchte, wandert durch das circa 140 ha große **Siekertal** zur Loher Höhe.

Das Badehaus im Kurpark

▸ Werre-Weser-Kuss

Im Oeynhausener Stadtteil Rehme, dem ältesten urkundlich erwähnten Dorf der westfälischen Geschichte, fließt die Werre in die Weser. Die Aussichtsplattform liegt unmittelbar am *Weser-* und *Else-Werre-Radweg* und ist eine einmalige Gelegenheit, die reizvolle Landschaft rund um den Kurort mit der Kamera einzufangen. In Blickrichtung liegen die Porta Westfalica mit dem Kaiser-Wilhelm-Denkmal, die sanft geschwungenen Höhenzüge von Wiehen- und Wesergebirge und das Costedter Seengebiet. In unmittelbarer Nähe laden die „Weserhütte" und das „Alte Fährhaus" zum Verweilen und Genießen ein.

▸ Energie-Forum-Innovation

Seit 1995 kann das traditionsreiche Staatsbad mit einem echten Hingucker im Zeichen neuester und modernster Industriearchitektur aufwarten, das zu den Top 3 aller Tagungsstätten in ganz Deutschland zählt. Das Verwaltungs- und Tagungshaus EFI (Mindener Str. 44) wurde von dem amerikanischen Architekten Frank O. Gehry entworfen, der auch alle Details der Ausstattung, von den Fliesen bis zu Wandfarben und Mobiliar, festgelegte. Und mit dem Ronald-McDonald-Elternhaus am Kurpark (Westkorso 19), das ebenfalls von Gehry stammt, ist Bad Oeynhausen vermutlich der einzige Ort, in dem es gleich zwei Bauten des Stararchitekten gibt.

Museen

▸ ☺ Deutsches Märchen- und Wesersagenmuseum

Das Deutsche Märchen- und Wesersagenmuseum in der Paul-Baehr-Villa direkt am Kurpark wurde 1973 eröffnet. Es geht auf eine private Märchensammlung zurück und macht mit seiner Austellung und unterschiedlichsten Veranstaltungen die Welt der Märchen und Sagen lebendig.

Kontakt: Am Kurpark 3, 32543 Bad Oeynhausen, ✆ 05731/143410, 🌐 www.badoeynhausen.de

▸ ☺ Museumshof

Stadtnah im reizvollen Siekertal gelegen, zeigt das 1969 eröffnete Freilichtmuseum eine für den Minden-Ravensberger Raum typische Hofanlage der vorindustriellen Zeit. Zu dem Fachwerkensemble gehören Haupthaus, Heuerlingshaus, Scheune, Speicher, Backhaus und Mühle. Alle Gebäude stammen aus der Umgebung von Bad Oeynhausen und wurden hier wieder aufgebaut. Besonders die Vorführungen alter Handwerkstechniken haben hier eine lange Tradition.

Kontakt: Schützenstr. 35 a, 32545 Bad Oeynhausen, ☏ 05731/143410, 🌐 www.badoeynhausen.de

Freizeit & Natur

▸ Oldtimer-Bustouren

Die Nostalgiereisen der Oldtimer-Bustouren sind ein unvergessliches Erlebnis. In einem „Schweizer Alpenpostbus" fahren Sie gemütlich durch die Landschaft und besuchen attraktive Sehenswürdigkeiten.
Kontakt: Dalpke Oldtimer-Bustouren, ☏ 05731/22525, 🌐 www.oldtimerbustouren.de

▸ ☺ Touristenbahn

„EMIL – Der Wolkenschieber" ist die erste elektrisch betriebene Touristenbahn Deutschlands und fährt die Besucher auf vier unterschiedlichen Routen zu den Sehenswürdigkeiten der Stadt. Der Zustieg für Rollstühle, Rollatoren und Kinderwagen ist kein Problem. Startpunkt für „Emil": am Verkehrshaus Café & Weinstube am Inowroclaw-Platz.
Fahrzeiten: Sa, So u. Feiertage 12–19 Uhr, Fr 14–19 Uhr

▸ GOP Varieté-Theater im Kaiserpalais

Im ehemaligen Kurhaus von 1908 geht es heute hoch her. Umbenannt zum Kaiserpalais, beherbergt das Gebäude seit dem Jahr 2000 ein GOP Varieté-Theater. In aufwendig inszenierten Produktionen präsentieren internationale Künstler alle Facetten der Varietékunst und verknüpfen Live-Entertainment auf höchstem Niveau mit erstklassiger Küche und herzlichem Service. Alle zwei Monate wechselt das Showprogramm.
Kontakt: Im Kurgarten 8, 32545 Bad Oeynhausen, ☏ 05731/74480, 🌐 www.variete.de

▸ Mercure Spielbanken NRW Bad Oeynhausen

Wer sein Glück auf die Probe stellen möchte, findet in der Mercure Spielbank Bad Oeynhausen zahllose Möglichkeiten: Im Klassischen Spiel erwarten Sie Tische für American Roulette, Black-Jack sowie Poker und Ultimate Texas Hold'em. Darüber hinaus warten über 125 Glücksspielautomaten auf Glückspilze. Wer diese Art der Spannung erleben möchte, wird um angemessene, gepflegte Garderobe gebeten.
Kontakt: Mindener Str. 36, 32547 Bad Oeynhausen, ☏ 05731/18080, 🌐 www.casino-badoeynhausen.de

▸ Hochseilgarten

Auf dem Gelände der Aqua Magica, direkt am Wasserkrater, befindet sich ein Hochseilgarten mit über 80 Kletterelementen und 1000 m Kletterstrecke – damit zählt er zu den größten seiner Art in Deutschland.
Kontakt: Bültestr. 93, 32545 Bad Oeynhausen, ☏ 0541/99899841, 🌐 www.teammotion.de

▸ Wandern & Radfahren

Zahlreiche Wanderwege mit einer Streckenlänge von insgesamt 150 km führen durch die schöne Umgebung, z. B. der 42 km lange Rundwanderweg *Rund um den Jordansprudel*, der durch alle Stadtteile bis hin zum Wiehengebirge führt. Auch die vier Hauptwanderwege führen zu kleinen Naturschönheiten, die am besten zu Fuß entdeckt und erkundet werden können.
Bad Oeynhausen liegt zudem am *Weser-Radweg*. Beliebte Routen sind auch der *Else-Werre-Radweg* und der *Vitalwanderweg Vielfalt*.

▸ Golfplatz Bad Oeynhausen

Unter dem Motto „Golf für jedermann" ist man auf dem zentral gelegenen Golfplatz der Stadt auch ohne Platzreife willkommen. Driving Range, Chipping- oder Puttinggrün stehen jedem offen, der seine ersten Schritte im Golfsport wagen möchte oder sein Golfspiel vertiefen möchte.

Kontakt: Hermann-Löns-Str. 67, 32547 Bad Oeynhausen, 05731/7622505, www.golfplatz-badoeynhausen.de

Bali Therme

In der großen Wellnessanlage direkt am Kurpark erwartet den Besucher eine exotische Bade- und Saunalandschaft auf 10 000 qm: Thermal-, Mineral- und Thermal-Sole-Becken, eine Grottenlandschaft, ein Wildwasserströmungskanal, eine balinesische Saunalandschaft und vieles mehr. Ein separater Fitness- und Entspannungsbereich garantiert absolutes Wohlgefühl vom sportlichen Workout bis zur erholsamen Massage.
Kontakt: Morsbachallee 5, 32545 Bad Oeynhausen, 05731/30530, www.balitherme.de

Kombibad Sielbad

Erst 2022 wurde das brandneue Kombibad Sielbad eingeweiht. Im Außenbereich warten im Sommer ein Sprungbecken, ein Sportbecken, ein Nichtschwimmerbecken und ein ausgedehnter Kinderbereich auf die Gäste. Im Inneren des modernen Baus liegt ein beheiztes Sport- und ein Multifunktionsbecken mit verstellbarem Boden. Auf die kleinen Besucher warten der Indoor-Spray-Park und eine Kleinkindrutsche.
Kontakt: Kanalstr. 1, 32545 Bad Oeynhausen, 05731/139600, www.stadtwerke-badoeynhausen.de

Freibad Lohe

Klein, aber fein präsentiert sich das Freibad Lohe. Ein Schwimmerbecken mit Sprungtürmen, ein Nichtschwimmerbecken und ein vielseitiger Kleinkinderbereich mit Planschbecken, Wasserspielelementen und Matschanlage bieten allerlei Abwechslung. Für die Kleinsten gibt es zudem einen besonderen Spielbereich.
Kontakt: Loher Str. 30, 32545 Bad Oeynhausen, 05731/92434, www.freibad-lohe.de

Bad Salzuflen

(Kreis Lippe)

Salzuflen gehört zu den ältesten Salzgewinnungsstätten im deutschsprachigen Raum. Zwischen 1036 und 1051 schenkte der Paderborner Bischof dem Kloster Abdinghof eine Salzstätte in Uflen („locum salis in Uflon"). 1488 erhielt Salzuflen durch den lippischen Landesherrn Bernhard VII. die Stadtrechte. Da Salzuflen das Salzmonopol in Lippe besaß und der Handel mit dem „weißen Gold" auch über die Landesgrenzen hinaus florierte, gelangte der Ort zu bemerkenswertem Reichtum. Vom Wohlstand der Salzufler Bürgerschaft zeugen noch heute die vielen Renaissancebauten in der historischen Altstadt. Mit der Gründung des „Fürstlich-Lippischen Solbades" im Jahre 1818 begann schließlich der Aufschwung als Badeort. Seit 1914 trägt die Stadt den Namenszusatz „Bad".

Tourist Information
Kurgastzentrum
Parkstr. 20
32105 Bad Salzuflen
05222/9525200
www.staatsbad-salzuflen.de

Sehenswertes

Fachwerkhäuser

Allein in der Innenstadt von Bad Salzuflen lassen sich ca. 60 denkmalgeschützte Fachwerkhäuser und prachtvolle Steinbauten aus der Renaissance bewundern. Besonders hervorzuheben ist die Lange Straße, an der die giebelständigen und reich verzierten Fachwerk-Dielenhäuser eines der bedeutendsten noch erhaltenen Weserrenaissance-Ensembles in Ostwestfalen bilden. An der Wenkenstr. 10 a steht das älteste Fachwerkhaus der Stadt (1520).

▸ Katzenturm

Der Name des alten Wehrturms an der Turmstraße geht vermutlich auf das mittelhochdeutsche „Katte“ (Schanze) zurück. Später nannte man ihn auch „Diebesturm“, weil hier die Gauner und Diebe eingesperrt wurden. Weitere Überreste der alten Stadtmauer sind an der Mauerstraße und zwischen Osterstraße 46 und Otto-Künne-Promenade erhalten.

▸ Bäderarchitektur

Die erfolgreiche Entwicklung zum lippischen Staatsbad führte u. a. zu einer ganzen Reihe neuer Gebäude im Stil der Zeit. So entstanden zwischen 1855 und 1906 im Bereich des Rosengartens einige klassizistische Bade- und Anwendungshäuser wie beispielsweise das **Badehaus I** (1855–56), das **Leopold-Bad** (1903) und das Inhalatorium (1903), die noch heute, wenn auch teilweise in anderer Funktion, gut erhalten sind. Zudem entstanden diverse Pensionshäuser und Villen, von denen die **Villa Dürkopp** (1917, Obernbergstr. 2) sicher zu den eindrucksvollsten gehört.

Das Rathaus Bad Salzuflen

▸ Konzerthalle Bad Salzuflen

Die Bad Salzufler Konzerthalle wurde 1963 eingeweiht. Der wegen seiner hervorragenden Akustik gelobte „Wunderbau“ im Kurpark misst 88,8 mal 33,3 m und teilt sich in die Bereiche Foyer, Konzertsaal und Bühnenhaus auf. Die denkmalgeschützte Konzerthalle wurde umfangreich saniert und bietet Platz für 1123 Musikliebhaber.

▸ Schloss Stietencron

Das Schloss im Ortsteil Schötmar wurde 1729–32 im Stil des Spätbarocks erbaut. Auftraggeber war der Besitzer des Rittergutes Schötmar, der schwedische und kurhessische Staatsminister August Moritz Abel Plato von Donop. Nach wechselnden Besitzern wurde die Anlage 1831 Sitz der Familie von Stietencron und ging 1949 in das Eigentum der Stadt Schötmar über. Heute wird das feudale Haus in der Schlossstraße von der städtischen Musikschule genutzt.

▸ Gradierwerke

Die oft fälschlich als Saline bezeichneten Gradierwerke sind die wohl markantesten Relikte der einstigen Salzgewinnung. In Salzuflen haben sich zwei der ursprünglich vier Gradierwerke vollständig erhalten. Ein drittes musste wegen Baufälligkeit abgebrochen werden. Es wurde als Erlebnisgradierwerk wieder aufgebaut. Heute werden die Schwarzdornwände, durch die täglich bis zu 600 000 Liter Sole rieseln, dabei zu feinstem Nebel zerstäuben und ein meerähnliches Klima bilden, nur noch zu Kurzwecken eingesetzt. Das große Gradierwerk am Rosengarten gehört zu den größten Freiluft-Inhalatorien Deutschlands und ist das Wahrzeichen der Stadt.

Freizeit & Natur

▸ Radfahren

Wunderschöne Radrouten führen durch eine abwechslungsreiche Landschaft. Die Rundstrecken sind zwischen 20 und

40 km lang, teils familiengerecht und mit geringer Steigung, teils anspruchsvoll und sportlich. Die Tourist Information unterhält einen Fahrrad- und E-Bike-Verleih und stellt GPS-Leihgeräte zur Verfügung, in denen die Wander- und Radwege vorinstalliert sind.
Kontakt: Tourist Information, 05222/9525200

Am Gradierwerk

Paulinchen

Während der 35-minütigen Rundfahrt mit Paulinchen, einer touristischen Wegebahn, lernt man den Landschaftsgarten und die historische Altstadt mit allen wichtigen Sehenswürdigkeiten kennen. Die kleine Bahn hält an neun Stationen, wo man aus- und später wieder einsteigen kann, da das Rundfahrt-Ticket für den ganzen Tag gilt. Ein Wagen bietet einen behindertengerechten Einstieg und Platz für den Kinderwagen.
Fahrplan: 1. März – letzten So im Okt, tägl. alle 45 Min. ab Kurpark-Haupteingang (Pause 12.45–13.45 Uhr)

Kutschfahrten

Auf ganz besondere Weise lässt sich die Stadt per Kutsche erleben. Die Fahrten werden bei guter Witterung täglich ab dem ErlebnisGradierwerk angeboten. Eine Fahrt dauert ca. 50 Minuten, auf Wunsch auch länger. Individuelle Kutschfahrten können vereinbart werden.
Kontakt: Hermann Haumering, 05222/600929 o. 0177/7535169

Reiten

Hoch zu Ross kann man in Bad Salzuflen auf drei Reiterhöfen seine Fähigkeiten austesten.
Informationen: www.silber-ranch.de, www.reiterhof.de, www.reitverein-badsalzuflen.de

Bega-Bad

Das Erlebnis-Freibad für Groß und Klein bietet u. a. eine Riesenrutsche, einen Strömungskanal, Wasserpilze und -speier sowie einen Regenvorhang. Kinder können sich im Wasserspielgarten z. B. auf dem Seeräuberboot oder der Elefantenrutsche vergnügen. Eine großflächige Sport- und Liegewiese mit Beachvolleyball-Feldern, Beachsoccer-Spielfeld und Streetball-Anlagen ergänzen das Angebot.
Kontakt: Begakamp 10, 32105 Bad Salzuflen, 05222/808408, www.stwbs.de

Lohfeld Bad

Das kleine Hallenbad im Schulzentrum verfügt über drei Becken: eins für Schwimmer, und eins für Nichtschwimmer und ein Baby-Planschbecken.
Kontakt: Wasserfuhr 25 e, 32108 Bad Salzuflen, 05222/808408, www.stwbs.de

VitaSol-Therme

Auf über 1700 qm können Erholungssuchende hier in sechs Innen- und Außenbecken das Bad Salzufler Thermalwasser genießen. Ein raffiniertes Farbspiel in der Thermenlandschaft, ein 12-Prozent-Intensivsolebecken,

Unterwassermusik und eine gläserne Soleinhalation sorgen für Entspannung. Im 6000 qm großen Saunapark findet man zudem eine Feuersauna, eine Waldsauna und einen Naturbadeteich. In der Wellnesslounge kann sich der Besucher mit Massagen, Peeling oder Beautypackung verwöhnen lassen. Abwechslung verspricht auch der Fitnessclub. Und für die kleinen Besucher gibt es ein großes Angebot von AquaBaby-Kursen bis hin zu Kinderschwimmkursen. Aufgrund der vielfältigen Angebote wurde die Therme 2016 zu einem der abwechslungsreichsten und interessantesten Ausflugsziele in Deutschland gewählt.
Kontakt: Extersche Str. 42, 32105 Bad Salzuflen, ✆ 05222/807540, 🌐 www.vitasol.de

▸ ErlebnisGradierwerk
Im Juli 2007 wurde das von Grund auf neu erbaute ErlebnisGradierwerk eröffnet. Es wird nicht nur von außen, sondern auch von innen berieselt. Ein Gang mit kleinen Ruhenischen führt in eine Sole-Nebelkammer und modernste Lichttechnik setzt das gesamte Bauwerk stimmungsvoll in Szene. Eine Aussichtsplattform bietet herrliche Ausblicke auf Stadt und Kurpark.

▸ Kanufahrten
Die reizvolle Umgebung Bad Salzuflens mit den Flüssen Bega und Werre eignet sich hervorragend für Ausflüge mit dem Kanu. Der Veranstalter Rio Negro Kanutouristik ist Profi für umweltbewusste Kanutouren.
Informationen: ✆ 05222/8509600, 🌐 www.rionegro.de

▸ ☺ Minigolf
Am Waldrestaurant „Zur Loose“ befindet sich eine turnierfähige Minigolfanlage. Die Saison beginnt mit den Osterferien und endet mit den Herbstferien.
Kontakt: Loosestr. 1, 32108 Bad Salzuflen, ✆ 05222/13466, 🌐 www.minigolf-loose.de

▸ Golf
Der 18-Loch-Platz des Golf- und Landclub Bad Salzuflen e. V. liegt inmitten einer hügeligen Parklandschaft mit reichlich altem Baumbestand. Das großzügige Gelände und die Natürlichkeit der idyllischen Bahnen sind für Spieler jeglicher Stärke eine Herausforderung.
Kontakt: Schwaghof 4, 32108 Bad Salzuflen, ✆ 05222/10773, 🌐 www.golfclub-bad-salzuflen.de

▸ ☺ Landschaftsgarten und Wildgehege
Direkt am großen Kurparksee befindet sich der Landschaftsgarten. Im Stil englischer Parks angelegt, wird er von weiten Rasenflächen, schönen Einzelbäumen, Baumgruppen, Raumfolgen und Blickfenstern geprägt. Seit einigen Jahren sind hier Weidenbauwerke zu finden, lebendige Skulpturen, die die Blicke auf sich ziehen. Die Wasserwege „Salze“ und „Salzekanal“ durchziehen ihn. Am nördlichen Rand des Landschaftsgartens beherbergt ein großes Wildgehege etwa 50 Stück Damwild und rund 15 Kamerunschafe. Zudem gibt es verschiedene Volieren mit ornithologischen Besonderheiten.

▸ Rosengarten
Zwischen Fußgängerzone und Kurpark befindet sich, umrahmt von Gradierwerken und dem Leopold-Bad mit dem alten Inhalatorium, der nach historischem Vorbild angelegte Rosengarten. Mit über 3000 Rosen und 800 dazu passenden Stauden wie Lavendel, Salbei, Schleierkraut bekommen Besucher eine beeindruckende Blütenpracht zu sehen.

▸ Wandelhalle
Im Mittelpunkt der markanten, 1600 qm großen Wandelhalle steht das Brunnenhaus mit der Brunnenausgabe. Hier wird aus Sophien-, Insel- und Loosebrunnen Wasser für die Trinkanwendungen ausgeschenkt. Grünpflanzen, Blumen und Zierfisch-Aquarien laden von März bis Oktober zum Verweilen ein.

Bad Wünnenberg

(Kreis Paderborn)

Der beschauliche Ort, der schon seit 1308 Stadtrechte genießt, gehört landschaftlich größtenteils zur Paderborner Hochfläche, wobei der südliche Teil des Stadtgebietes schon zum nördlichen Sauerland zählt. Je nach Standort wird die Stadt daher auch als „Tor zum Sauerland“ oder „Tor zum Paderborner Land“ bezeichnet. Seit 1999 darf sich Wünnenberg Kneipp-Heilbad nennen.

Bad Wünnenberg Touristik GmbH, „KuGA“
Im Aatal 1
33181 Bad Wünnenberg
02953/99880
www.bad-wuennenberg.de

Sehenswertes

Spanckenhof

Rund 400 Jahre nach Gründung der Oberstadt entstanden die ersten Siedlungen am Fuße des Berges – die heutige Unterstadt. Der Rentmeister des Paderborner Fürstbischofs ließ den Hof im 18. Jh. als eines der ersten Gebäude im Tal errichten. Mit aufwendig gestalteter Fassade und luxuriösem Interieur war er ganz auf Repräsentation ausgerichtet. Im eindrucksvollen Stucksaal kann man sich trauen lassen. Der Zugang ist auch für Rollstuhlfahrer geeignet.
Adresse: Leiberger Str. 10, 33181 Bad Wünnenberg

Wehrturm

Trutzig und weithin sichtbar erhebt sich die lange verfallene Wehranlage wieder über der Oberstadt. Im Jahre 2000 sorgte der örtliche Heimatverein dafür, dass der Turm aus dem 13. Jh. originalgetreu wieder aufgebaut wurde. In seinem Inneren wurde eine kleine historische Ausstellung eingerichtet. Es ist auch möglich, sich in dem alten Gemäuer das Jawort zu geben. Besichtigungen am 1. Sonntag im Monat.
Adresse: Burgstr. 1, 33181 Bad Wünnenberg

Der trutzige Wehrturm

Museum

Gerichtsmuseum Fürstenberg

An der Zufahrt zum Schloss der Grafen von Westphalen liegt das alte Gerichtsgebäude. 1736 erbaut, war es

bis 1848 die private Gerichtsstätte der Herren von Westphalen. Nach Instandsetzung des gesamten Gebäudes beherbergt es seit 2009 ein Museum, das 700 Jahre Rechtsgeschichte im Paderborner Land anschaulich präsentiert. Neben der Besichtigung an jedem 1. Sonntag (Sommerzeit 14–17 Uhr) kann in der ehemaligen Richterstube heute geheiratet werden.
Kontakt: Schlosspark 5, 33181 Bad Wünnenberg-Fürstenberg, 02953/963142, www.altes-gericht-fuerstenberg.de

Freizeit & Natur

▸ Aabach-Talsperre
Der 1983 in Betrieb genommene Stausee ist ein Paradies für Naturliebhaber. In naturbelassener Landschaft und entspannender Atmosphäre fühlen sich Wanderer und Jogger, Fahrradfahrer und Inline-Skater in ihrem Element, wenn sie den See auf dem 9 km langen asphaltierten Weg umrunden.
Kontakt: Touristik GmbH oder Wasserverband Aabach-Talsperre, 02953/98770, www.aabachtalsperre.de

An der Aabach-Talsperre

▸ Wildtiergehege
Im Naturerlebnis-Aatal, in unmittelbarer Nähe von Paddelteich und Hochseilgarten, liegt das weitläufige Wildtiergehege. Es beherbergt einige „wilde“ Tiere zum Füttern und Streicheln, darunter Ziegen, Dam- und Rotwild sowie eine Herde Heckrinder.
Adresse: Am Kurpark, 33181 Bad Wünnenberg, www.bad-wuennenberg.de

▸ Wandern
Mit wunderschönen Wäldern, sanften Bergen und der Paderborner Hochfläche bietet Bad Wünnenberg eine abwechslungsreiche Landschaft, die für Wanderfreunde wie geschaffen ist. Es wurden insgesamt 28 Wanderwege neu markiert. Entstanden sind 14 Bad Wünnenberger Wanderschleifen. Zu entdecken gibt es sowohl kurze Strecken, Halb- und auch Ganztagestouren. Rund 300 Kilometer wanderbare Strecke führen durch das gesamte Stadtgebiet und alle Ortsteile. Dabei trägt jeder Rundweg einen eigenen Namen. Der Anschluss an verschiedene Fernwanderwege (z.B. *Sintfeld-Höhenweg* ca. 144 km) verspricht ein großartiges Wandererlebnis. Zudem finden ganzjährig geführte Wanderungen statt.

▸ Radfahren
Zahlreiche gut ausgeschilderte Radwege bieten für jede Wadenstärke die passende Route. Zu den schönsten Wegen zählt der *Auenradweg:* Der 45 km lange Weg führt entlang der reizvollen Flusstäler und ist auch von mäßig trainierten Radfahrern als Tagestour zu bewältigen.

▸ **Kneippen**
Als Kneipp-Heilbad stellt Bad Wünnenberg mit seinen Ortsteilen das Thema „Kneippen" in den Mittelpunkt. Auf vier beschilderten Kneipp-Wegen lässt sich's prima wandern und entspannen. Insgesamt sieben Tretbecken, teilweise mit Armbecken, sowie zwei Wassertretstellen im Fluss beleben müde Glieder.

Auf dem Barfußpfad

▸ **Barfußpfad**
Diese sehr abwechslungsreiche und gepflegte Anlage ist Bestandteil eines Erholungsgebiets mit vielseitigen Erlebnismöglichkeiten. Auf einer Länge von über einem Kilometer können von April bis Oktober ein erfrischender Bachlauf, wärmender Rindenmulch, feine und grobe Kiesel, Holzpflaster oder einfach nur Rasen erlebt werden. Die Überquerung einer Hängebrücke und ebenso die darauf folgende Matschstrecke und die Furt durch den kristallklaren Aabach, in dem die Füße wieder sauber werden, ist nicht nur für Kinder reizvoll.
Adresse: Am Kurpark, 33181 Bad Wünnenberg

Barntrup

(Kreis Lippe)

Am östlichen Rand des Lipperlandes, schon an der Grenze zu Niedersachsen gelegen, bezaubert die Kleinstadt Barntrup die Besucher. Auf einem Hügelrücken oberhalb der Bega bildet die „Stadt mit Herz und Zukunft" den Mittelpunkt eines bevorzugten Erholungsgebietes. Zwischen 1317 und 1359 gründeten und errichteten die Grafen von Sternberg auf dem Thornesberg die neue Siedlung „Bernictorp". Das Dorf wurde im typischen Dreistraßensystem lippischer Gründungsorte errichtet, das noch heute den alten Stadtkern bildet. Bereits 1373 verliehen die Grafen Barntrup die Stadtrechte.

Stadt Barntrup
Mittelstr. 38
32683 Barntrup
05263/4090
www.barntrup.de

Sehenswertes

▸ **Schloss Barntrup**
Den westlichen Stadtrand dominiert ein eindrucksvolles Herrenhaus (Obere Str. 74), das sich heute in Privatbesitz befindet und nur von außen zu besichtigen ist. Nach dem Ehemann seiner Bauherrin Anna von Canstein wird es auch als Kerßenbrocksches Schloss bezeichnet. Der zweigeschossige Bau mit drei Ecktürmen, markantem Treppenturm und reich verzierter Fassade wurde 1584–88 errichtet. Die verschiedenen Schmuckformen sind, erstmalig im gesamten Weserraum, der italienischen Renaissance entlehnt und wurden später zum charakteristischen Merkmal der Weserrenaissance.

▸ Fachwerkgiebel
Im Ortskern von Barntrup haben sich bis heute mehrere giebelständige Fachwerk-Dielenhäuser aus dem 16. bis 18. Jh. erhalten. Bis weit in das letzte Jahrhundert hinein prägten diese in erster Linie von Handwerkern bewohnten Gebäude ganze Straßenzüge. Das wohl älteste noch erhaltene Wohnhaus der Stadt ist Untere Straße 33, das laut Inschrift 1596 errichtet wurde.

▸ Kirche Sonneborn
Die kleine Kirche im Ortsteil Sonneborn geht in Teilen bis in das 13. Jh. zurück und gilt als kunst- und kirchengeschichtliches Kleinod. Das schlichte Kirchenschiff ist fast vollständig mit Wandmalereien aus der Renaissancezeit geschmückt, einem in Norddeutschland einmaligen Zeugnis der Reformation.
Kontakt: Gegenüber Hauptstr. 43, 32683 Barntrup-Sonneborn, ✆ 05263/2740

Museum

▸ Heimatmuseum Alverdissen
Unmittelbar neben der Kirche im Zentrum befindet sich das Heimatmuseum von Alverdissen. Die heimat- und kulturgeschichtliche Ausstattung des Hauses geht zunächst auf eine umfangreiche Privatsammlung zurück, die im Laufe der Jahre durch verschiedene Leihgaben und Schenkungen aus der Bevölkerung ergänzt wurde. Die gezeigten versteinerten „Seelilien" aus dem hiesigen Steinbruch gelten als die schönsten ihrer Art. Führungen auf Anfrage.
Kontakt: Vordere Str. 4, 32683 Barntrup-Alverdissen, ✆ 05262/56164 o. 5047, 🌐 www.heimatmuseum.alverdissen.net

Freizeit & Natur

▸ Pilgern
Barntrup sowie die Ortsteile Sonneborn und Alverdissen sind Stationen am Pilgerweg der Lippischen Landeskirche.
Informationen: 🌐 www.pilgern-in-lippe.de

▸ Wandern
Mit einigen steilen Anstiegen erfordert der 6,3 km lange *Dachsweg* durchaus ein wenig Kondition. Schmale Pfade und gut ausgebaute Forstwege führen durch Wald und Flur und verschaffen mit schönen Ausblicken ein abwechslungsreiches Wandererlebnis.
Der 5,2 km lange *Hasenweg* führt über ausgebaute Waldwege rund um den Hettberg. Oberhalb der Exter begleitet Sie das Hasensymbol durch schattigen Hochwald bis ins Tal des Eimker Baches und hinauf auf eine Kuppe mit schöner Aussicht auf Alverdissen. Nur bedingt für Kinderwagen geeignet.
Ohne übermäßige Steigungen und mit einer Länge von 3,3 km über ruhige und gut ausgebaute Waldwege bietet sich der *Eichhörnchenweg* besonders für Kinder und ältere Menschen an.
Start- und Zielpunkt: Parkplatz am Sportplatz Alverdissen, Nordhagenweg 98, 32683 Barntrup

▸ Windmühlenpott
Auf dem Saalberg nahe Sonneborn erhebt sich der „Windmühlenpott", der Stumpf einer alten Windmühle. Seit Errichtung zu Beginn des 18. Jhs. ging der Müller hier bis zu einem verheerenden Feuer im Jahr 1882 seinem Handwerk nach. Nach dem Brand blieb nur die Ruine erhalten, auf die schon 1928 eine Aussichtsplattform gebaut wurde. Seither bietet sie 330 m ü. NN einen fantastischen Ausblick. Bei gutem Wetter ist sogar das Hermannsdenkmal erkennbar. Die renovierte Plattform ist ganzjährig frei zugänglich. Vom Windmühlenpott aus bietet sich ein Besuch der Kirche in Sonneborn an.
Adresse: Kaltendornweg, 32683 Barntrup-Sonneborn

Beverungen

(Kreis Höxter)

Die kleine Siedlung an der Mündung der Bever in die Weser wurde schon Mitte des 9. Jhs. urkundlich erwähnt. Im Jahre 1417 erhielt Beverungen seine Stadtrechtsurkunde und die Erlaubnis, sich mit Mauern, Toren und Türmen zu schützen. Das 27 m hohe Turmhaus des früheren Burgkomplexes zeugt noch von jenen wehrhaften Zeiten und ist das Wahrzeichen der Stadt. Die Ackerbürgerstadt mit Hafenfunktion erlebte bald einen wirtschaftlichen Aufschwung, der sich an den prächtigen Fachwerkfassaden ablesen lässt.

Tourist Information Beverungen
Weserstr. 16
37688 Beverungen
05273/392221
www.beverungen.de

Sehenswertes

Burg Beverungen

Um die einträgliche Weserschifffahrt sicherer zu machen, ließ der Bischof von Paderborn um 1330 in Beverungen eine Trutzburg errichten. Jeweils im Jahre 1632 und 1860 wurde die ursprüngliche Wasserburg fast bis auf die Grundmauern zerstört. Der letzte Wiederaufbau begann 1914. Heute zeugt nur noch der quadratische, fünfgeschossige Wohnturm aus Bruchstein von jenen kriegerischen Zeiten.

Historische Gebäude

Viele sehenswerte Gebäude berichten von der bewegten Geschichte der einstigen Hafenstadt. In der Altstadt von Beverungen sind dies z. B. das zweigeschossige Cordt-Holstein-Haus, das 1662 aus rund 300 Eichenstämmen errichtet wurde, oder das ehemalige Altdeutsche Gasthaus von 1611, mit prachtvollem Fachwerkgiebel und Utlucht das älteste Privatgebäude der Stadt. Direkt daneben das prächtig gestaltete Christoph-Sieker-Haus. Auch der Michaelsbrunnen auf dem Kellerplatz, direkt vor dem Rathaus, ist ein Foto wert. Die Tourist Information bietet Stadtführungen an.
Kontakt: 05273/392221

Pfarrkirche St. Johannes Baptist

Die kath. Pfarrkirche St. Johannes Baptist wurde 1698 an der Stelle eines Vorgängerbaus von einem Tiroler Baumeister fertiggestellt. In der einschiffigen Hallenkirche, die mit dreifacher welscher Haube bekrönt ist, verdienen die holzgeschnitzte Ausstattung aus der Erbauungszeit sowie das Altarbild „Die heilige Familie" (1681) besondere Aufmerksamkeit.
Adresse: An der Kirche 7, 37688 Beverungen

Schloss Amelunxen

Im Ortsteil Amelunxen, der erstmals 811 in einer Urkunde von Karl dem Großen erwähnt wurde, errichteten die Brüder Gerd und Ludolf von Amelunxen ein stattliches Herrenhaus mit spiegelbildlich angeordneten Wohnungen. Das 1554 erbaute Schloss im Stile der frühen Weserrenaissance ist jedoch samt Gut Amelunxen und Gutspark im Privatbesitz und nicht öffentlich zugänglich. Ebenfalls lohnenswert: ein Ausflug zur Wildburg, von wo sich ein herrlicher Blick auf das Weser- und Nethetal ergibt.

Schloss und Schlosspark Wehrden

1696 ließ der Paderborner Fürstbischof auf den Ruinen einer alten Wasserburg ein Schloss errichten, das sich bis heute in Familienbesitz befindet. Berühmtester Gast des Hauses war die Dichterin Annette von Droste-Hülshoff, die hier ihre Tante besuchte und gerne im Park verweilte. Heute befinden

Das Cordt-Holstein-Haus

sich im Schloss exklusive Mietwohnungen sowie ein Trauzimmer. Jeweils am letzten Wochenende im Oktober werden beim „Herbst-Cocktail" hochwertige Waren angeboten. Der nach Originalplänen von 1895 wieder instand gesetzte Schlosspark mit dem geheimnisvollen „Drosteturm" ist zum Teil öffentlich zugänglich.

▸ Kloster Herstelle

In der Ortschaft Herstelle findet sich die Benediktinerinnenabtei vom Heiligen Kreuz. Sie wurde 1899 in den Gebäuden eines ehemaligen Minoritenklosters von 1657 gegründet. Die hier lebenden Schwestern heißen alle Gäste stets willkommen, ob es Tagesgäste sind, die das Kloster besichtigen wollen, oder Besucher, die ein Leben im Kloster „auf Zeit" wünschen. Im Klosterladen werden u. a. auch handgefertigte Artikel aus der eigenen Keramik- und Kerzenwerkstatt angeboten. Besucher des Klosters können nicht nur an den Gottesdiensten teilnehmen, sondern auch an Führungen, Tagungen sowie speziellen Besucherprogrammen.
Kontakt: Carolus-Magnus-Str. 9, 37688 Beverungen, 05273/8040, www.abtei-herstelle.de

Im Korbmacher-Museum

Museen

▸ Korbmacher-Museum

Weil die enge Tallage Landwirtschaft nur bedingt ermöglichte, andererseits an den nahen Flüssen und Bächen viele Weiden wuchsen, entwickelte sich Dalhausen zu einem Dorf der Korbmacher. Ein kleines Museum mit angeschlossener Korbmacher-Werkstatt hält die Geschichte und Kultur des traditionsreichen Handwerks lebendig.
Kontakt: Lange Reihe 23, 37688 Beverungen, 05645/1823, www.korbmacher-museum.de

▸ Bauernhofmuseum

Rund 500 originale Exponate dokumentieren auf rund 550 qm Ausstellungsfläche bäuerliches Leben. Neben erlebbarer Heimatkunde wird auch gezeigt, wie die zunehmende Technisierung nicht nur Pferde- und Ochsengespanne, sondern auch den Menschen verdrängte. Mit einem großen Spielplatz, einer Tretgokartbahn, einem Mais-Bad, Hüpfburg und Minigolfplatz kommt auch bei den kleinen Gästen keine Langeweile auf.
Kontakt: Erlenhof 2, 37688 Beverungen-Herstelle, 05273/7461, www.erlenhof-cafe.de

Stuhlmuseum

Das 1979 in der Burg Beverungen eröffnete Stuhlmuseum zog 2004 auf die gegenüberliegende Weserseite nach Lauenförde. Das private Museum trägt seither den Titel Kragstuhlmuseum/Tecta-Archiv Lauenförde. Es zeigt eine umfassende Sammlung zur Geschichte des modernen Möbeldesigns und dokumentiert die Entwicklung des „Hinterbeinlosen Stuhls" (Kragstuhl) von der abstrakten Konstruktion bis zum federnden Freischwinger.

Adresse: Sohnreystr. 8, 37697 Lauenförde, www.tecta.de/kragstuhlmuseum

Freizeit & Natur

Hannoversche Klippen & Weser-Skywalk

Nahe Würgassen, dem einzigen auf der rechten Weserseite gelegenen Ortsteil von Beverungen, ragt ein Ensemble von sieben Klippen in die Höhe. Die bis zu 80 m hohen Hannoverschen (früher Würrigser) Klippen aus Wesersandstein gehören zum gleichnamigen Naturschutzgebiet und sind seit jeher ein beliebtes Ausflugsziel. Auf der östlichsten und höchsten der sieben Klippen wurde 2011 eine neue Aussichtsplattform eröffnet. Der Weser-Skywalk ragt etwa fünf Meter über den Klippenrand hinaus und eröffnet eine spektakuläre Aussicht über das Wesertal. Von Würgassen aus geht man am besten ab dem Dampferanleger über den sogenannten Holzweg.

Navi zum Parkplatz: Würrigser Str. 4, Würgassen

Höhenweg um Dalhausen

Im Jahre 2011 wurde der Höhenweg um Dalhausen eröffnet. Der Weg führt über die für diese Gegend typischen Kalkmagerrasen und bietet dabei einen Einblick in die Besonderheit dieser Landschaftsform. Die Beweidung der Steilhänge durch Ziegen sorgt dafür, dass die Flächen nicht verbuschen und so nur hier vorkommende Pflanzen- und Tierarten ihren Lebensraum behalten.

Mit dem Kanu auf der Weser

Radfahren

Ob sportlich aktiv oder eher genussorientiert, die leicht hügelige Landschaft in Kombination mit der Weser bietet für jeden Radfahrer etwas. So z. B. den *Weser-Radweg R 99*, der bereits mehrfach zum beliebtesten Radweg Deutschlands gewählt wurde. Oder den erst 2014 eröffneten *Alleenradweg*, der einer stillgelegten Bahntrasse folgt.

Eisbahn

Alljährlich von November bis März ist in Beverungen auf der 1400 qm großen überdachten Eisbahn ein schwungvolles Eisvergnügen

garantiert. Seit einigen Jahren wird hier die offene Beverunger Stadtmeisterschaft im Eisstockschießen ausgetragen.
Kontakt: Am Weseranger 33, 37688 Beverungen, 05273/367359, www.beverunger-eisbahn.de

Fähren
Für Besucher ist eine Fahrt mit einer der kleinen Personenfähren auf der Weser, die zur Fortbewegung die Strömung des zu überquerenden Flusses ausnutzen (Gierseilfähre), ein Erlebnis.
Fährzeiten: Im Ortsteil Wehrden Mai–Sep tägl. 10–18 Uhr, im Ortsteil Herstelle-Würgassen Mai–Sep tägl. 8–18 Uhr

„Seh-Fahrt“
Von Ende April bis Anfang Oktober fahren die Schiffe der „Flotte Weser“ jeweils dienstags bis sonntags auf der Strecke von Bad Karlshafen nach Höxter und zurück. Eine „Seh-Fahrt“ auf der Weser, die im Stadtgebiet Beverungen von drei Anlegestellen aus möglich ist, eröffnet völlig neue Perspektiven, die märchenhafte Weserlandschaft zu entdecken. Der *Weserradweg R99* lädt zudem dazu ein, eine Radtour mit einer Dampferfahrt zu kombinieren.
Informationen: www.flotte-weser.de

Freibad Beverungen
Das an der Bever gelegene Erlebnisfreibad, das man hier nur „die Batze“ nennt, bietet viele Attraktionen für Jung und Alt, darunter eine Rutsche, eine Wasserkaskade und einen Strömungskanal. Die kleinsten Gäste fühlen sich im Planschbecken und auf der Kinderrutsche wohl. Auch bei kühler Witterung wird die Wassertemperatur bei 25 °C gehalten. Naturnahe Liegeflächen, Beachvolleyballfeld, Hüpfkissen sowie ein Strandcafé laden zum Verweilen ein.
Kontakt: Bevertrift 23, 37688 Beverungen, 05273/1330, www.diebatze.de

Bielefeld

(Kreisfreie Stadt)

Die grüne Metropole von OWL kann – trotz hartnäckiger Gerüchte über ihre Nichtexistenz – auf eine 800-jährige Geschichte zurückblicken. Um das Jahr 1214 gründete der Graf von Ravensberg an einem Pass über den Teutoburger Wald eine kleine Kaufmannsstadt, zu deren Schutz ab 1240 die Burg Sparrenberg errichtet wurde. Bald entwickelte sich neben der Altstadt eine selbstständige Neustadt. Beide Städte schlossen sich erst 1520 zusammen.
Mit dem florierenden Leinenhandel im 17. Jh. brachten es Kaufleute und Stadt zu großem Wohlstand und begründeten Bielefelds Ruf als „Leinenstadt“. Nach der Krise des Leinenhandwerks im 19. Jh. sorgten zunächst die Tabak-, später die Textil- und, mit der Erfindung des Backpulvers durch Dr. Oetker, schließlich die Nahrungsmittelindustrie für Aufschwung und Fortschritt.

Tourist-Information im Neuen Rathaus
Niederwall 23
33602 Bielefeld
0521/516999
www.bielefeld.jetzt.de

Sehenswertes

Sparrenburg
Wie alt das hoch über Bielefeld liegende Wahrzeichen wirklich ist, weiß keiner so genau. Urkundlich wurde die Burg Sparrenberg erstmals im Jahre 1256 erwähnt und seither mehrfach um- und ausgebaut. Die heute sichtbare Festungsanlage entstand weitgehend in der Mitte des 16. Jhs. Bei einem Rundgang über das ganzjährig geöffnete Burggelände kann man der wechselhaften

Geschichte der Anlage auf den Grund gehen und vom 37 m hohen Burgturm den herrlichen Panoramablick über Stadt und Region genießen. Für Kinder wird eine besondere Rallye angeboten. Von Apr. bis Okt. tägl. Führungen durch die Kasematten.
Kontakt: Am Sparrenberg 40, 33602 Bielefeld, 0521/516999, www.sparrenburg.info

Der Große Kurfürst bei der Sparrenburg

Ravensberger Spinnerei

Auf den ersten Blick sieht das mächtige Bauwerk an der Bleichstraße aus wie ein Schloss. Allerdings wurde in den zwischen 1855 und 1857 errichteten Gebäuden nicht Hof gehalten, sondern schwer gearbeitet. Zeitweise liefen hinter den grauen Mauern bis zu 20 000 Spindeln und beförderten die Fabrik im 19. und frühen 20. Jh. zu einer der größten Flachsspinnereien in Europa. Das gesamte Gelände rings um die „Raspi" konnte vor Abriss und Überbauung bewahrt werden und hat sich mit zwei Museen, Programmkino, Volkshochschule und gastronomischen Angeboten zu einem beliebten Ort für Kultur und Veranstaltungen gemausert.
Adresse: Ravensberger Park 1, 33607 Bielefeld, www.ravensberger-park.de

Alter Markt

Prächtige Giebel und historische Fassaden rings um einen plätschernden Brunnen markieren das Herz der Bielefelder Altstadt. Bemerkenswert ist vor allem das **Crüwell-Haus,** ein altes Patrizierhaus mit spätgotischem Staffelgiebel von 1530. Und sollte der Alte Markt einmal nicht im Zentrum einer der zahlreichen Veranstaltungen, Märkte und Feste stehen, dann laden inmitten des städtischen Trubels verschiedene Cafés zum Verweilen ein.

Leineweber-Denkmal

Im Park der Altstädter Kirche steht das Leineweber-Denkmal von 1909, ein weiteres Wahrzeichen von Bielefeld. Der bronzene Leineweber mit Pfeife und Schlapphut, Knotenstock und Holster erinnert an die wirtschaftliche Bedeutung des Leinengewerbes für die Entwicklung der Stadt und ist ein beliebter Treffpunkt. Überall im Stadtbild stößt man auf die bunten Kunststoff-Geschwister der brummig schauenden Figur.
Adresse: Altstädter Kirchplatz, 33602 Bielefeld

Altes Rathaus und Stadttheater

Das Alte Rathaus mit Elementen der unterschiedlichsten historischen Baustile wurde im Jahre 1904 eingeweiht. Besonders sehenswert ist das große Stadtmodell im Erdgeschoss, das Bielefeld um das Jahr 1650 zeigt. Direkt daneben entstand ebenfalls 1904 das Stadttheater mit einer interessanten Mischung aus Barock und Jugendstil. Nach umfangreicher Renovierung entspricht das Opern- und Schauspielhaus den modernsten Anforderungen und ist mit seinen jährlich rund 600 Vorstellungen verschiedenster Sparten eines der größten Theater der gesamten Region.
Adresse: Niederwall 25 und 27, 33602 Bielefeld

‣ Rudolf-Oetker-Halle
Das markante, 1930 eingeweihte Gebäude an der Lampingstr. 16 zählt aufgrund seiner einzigartigen Architektur und der anerkannt hervorragenden Akustik zu den bemerkenswertesten Konzerthallen Europas. Neben den weithin geschätzten hochkarätigen Klassikkonzerten ist die Halle auch viel geschätzter Veranstaltungsort für Kleinkunst- und Kulturveranstaltungen. Der direkt angrenzende Bürgerpark zählt zu den beliebtesten innerstädtischen Ausflugszielen.
Informationen: www.rudolf-oetker-halle.de

‣ Kirchen
Die **Altstädter Nicolaikirche** (Niedernstr. 4) von 1340 ist Bielefelds älteste Stadtkirche. Herausragendes Ausstattungsstück des gotischen Gotteshauses ist der kostbare Schnitzaltar mit insgesamt 250 Figuren aus der Werkstatt der Antwerpener Lucasgilde (1524). Ein Glockenspiel erklingt um 9.58, 12.58, 15.58 und 18.58 Uhr. Die doppeltürmige, kreuzförmig angelegte **Neustädter Marienkirche** (Kreuzstr.) entstand im späten 13. Jh. als Stiftskirche des Ravensberger Grafen Otto III. Im Inneren stellt der „Bielefelder Marienaltar" von 1400 eine Kostbarkeit im Rang eines europäischen Kulturerbes dar. **St. Jodokus** (1511) am Klosterplatz ist die ehemalige Kirche des Franziskanerordens. Als bedeutendste Kostbarkeit gilt die „Schwarze Madonna" aus dem Jahre 1220. Von Bedeutung ist auch die einschiffige **Süsterkirche** am Süsterplatz, die 1491 von den Schwestern (Süstern) des Augustinerinnenordens errichtet wurde.

‣ Kesselbrink und Skatepark
Jahrzehntelang war dem tristen Platz am Rande der Fußgängerzone ein Dasein als graue Parkfläche beschieden. Nach umfangreichen Umbaumaßnahmen erstrahlt der Kesselbrink heute in neuem Glanz und lädt mit Bäumen, Springbrunnen und unterschiedlichsten Sitzgelegenheiten zum Verweilen ein. Das Highlight des neuen Herzstücks der Bielefelder Innenstadt ist der riesige Skatepark im östlichen Bereich. Er ist der größte innerstädtische Skatepark Deutschlands und sorgt seit seiner Eröffnung in der Szene der Extremsportler für Aufsehen (9–22 Uhr, kostenlos und auf eigene Gefahr).
Adresse: Kesselbrink 1, 33602 Bielefeld

‣ Siegfriedplatz
Der Siegfriedplatz, den der Volksmund als „Siggi" kennt, ist so etwas wie das Zentrum des Bielefelder Westens. Umgeben von herrlichen Altbaufassaden finden hier regelmäßig Wochen- und Flohmärkte statt und bieten die Kulisse für verschiedenste Aktionstage. Und wenn gerade einmal nichts Besonderes los ist, lässt sich der ganz normale Trubel wunderbar von den Biertischen an der Bürgerwache oder der alten Tram beobachten.

‣ Botanischer Garten
Unweit des Stadtzentrums bietet der Garten nicht nur botanisch Interessierten ein vielfältiges Bild der Pflanzenwelt. Sehenswert sind vor allem die Rhododendren- und Azaleensammlungen sowie die Präsentation der verschiedenen Lebensräume: Steingarten, Alpinum, Arznei- und Gewürzgarten, Heidegarten und Buchenwaldflora.
Adresse: Am Kahlenberg, 33617 Bielefeld,
🌐 www.botanischer-garten-bielefeld.de

‣ Historischer Park Johannisberg
Die liebevoll restaurierte Parkanlage am Fuß des Teutoburger Walds lockt mit wundervollen Details und historischen Kleinarchitekturen und bietet eine beeindruckende Sicht auf die Bielefelder Stadtkulisse und die Sparrenburg. Das lange vergessene und zunehmend verwilderte Areal wurde seit 2008 wieder hergestellt und zu neuem Leben erweckt. Aufgrund seiner zentralen Lage

und komfortabler Parkmöglichkeiten ist der Johannisberg ein idealer Ausgangspunkt für viele Ausflugsziele in der Umgebung.
Adresse: Dornberger Str. 53, 33617 Bielefeld

Museen

Museum Wäschefabrik

In dem Fabrikgebäude für Tisch- und Bettwäsche, Damenwäsche und Herrenhemden wurde von 1913 bis in die 1980er-Jahre produziert. Nach Stilllegung erwarb ein Förderverein das Gebäude und gestaltete es ab 1993 zu einem in Deutschland einmaligen Museum um. Zu sehen sind die noch original eingerichteten Betriebsräume.
Kontakt: Viktoriastr. 48 a, 33602 Bielefeld, 0521/60464, www.museum-waeschefabrik.de

MAFA

2013 eröffnete der DSC Arminia Bielefeld sein eigenes Museum/Archiv/Forum Arminia in der Westtribüne der SchücoArena. Besucher können dort in die wechselhafte Geschichte des ostwestfälischen Traditionsvereins eintauchen und diese in verschiedenen Facetten erleben.
Kontakt: Melanchthonstr. 31 a, 33615 Bielefeld, 0521/966110, www.arminia.de

Deutsches Fächer Museum/Barisch Stiftung

Im Herzen der Altstadt präsentiert die Ausstellung des kleinen Museums Fächer aus fünf Jahrhunderten. Führungen nach Vereinbarung.
Kontakt: Am Bach 19, 33602 Bielefeld, Eingang Neustädterstr. 16, 0521/64186, www.faechermuseum.de

Bielefelder Kunstverein im Waldhof

In einem Adelshof aus dem 16. Jh. im Stil der Weserrenaissance befassen sich vier Ausstellungen pro Jahr mit zeitgenössischen Themen und aktuellen Kunstproduktionen aller Medien.
Kontakt: Welle 61, 33602 Bielefeld, 0521/178806, www.bielefelder-kunstverein.de

Dr. Oetker Welt

Eine multimediale Ausstellung des bekannten Familienunternehmens präsentiert neben Firmengeschichte, Produktionsvorgängen und Produktvielfalt auch das Thema Marke und Werbung. Im ersten Stock befindet sich die gläserne Versuchsküche, in der man den Profis über die Schulter schauen kann. In der Seminarküche finden zudem Vorführungen und Seminare statt. Ein weiteres Geschoss zeigt Besonderheiten aus dem Firmenarchiv, einen Kolonialwarenladen sowie ein Oldtimer-Dienstfahrzeug. Besuch nach Anmeldung und Terminbestätigung.
Kontakt: Lutterstr. 14, 33617 Bielefeld, 0521/1550, www.oetker.de/dr-oetker-welt

Naturkunde-Museum namu & Museums-Schaufenster

Im Spiegelshof, einem der erhaltenen Adelshöfe der Stadt (1540), wird unter dem Motto „Zukunft – Gegenwart – Vergangenheit" ein faszinierender Einblick in die Naturgeschichte gegeben. Bei der umgekehrten Abfolge traditioneller Ausstellungen begibt sich der Besucher in die Zukunft, von der aus der heutige Zustand von Natur und Umwelt beschrieben wird. Im Mittelpunkt stehen daher die Themen Klimawandel, Trinkwasser- und Umweltschutz, zu denen ein umfangreiches Bildungs- und Vermittlungsprogramm für Kinder und Erwachsene entwickelt wurde. Eine kleine Zeitreise kann man auch mit der Stadtbahn erleben. Auf einem Zwischenstopp in den drei Stationen Oetkerhalle – Hauptbahnhof – Jahnplatz können Besucher einem Ur-Lurch, einem Fischsaurier und einem Wollnashorn begegnen, die einst hier lebten.

Kontakt: Kreuzstr. 20, 33602 Bielefeld, 0521/516734, www.namu-ev.de

▸ Museum Huelsmann

In der ehemaligen Direktorenvilla der Ravensberger Spinnerei von 1865 werden angewandte Kunst und Design gezeigt. Die herausragenden Sammlungen mit Meisterwerken des europäischen Kunsthandwerks erlauben einen Rundgang durch die verschiedenen Stilepochen. In der benachbarten Weißen Villa widmet sich eine Ausstellung dem modernen Design.
Kontakt: Ravensberger Park 3, 33607 Bielefeld, 0521/513766, www.museum-huelsmann.de

▸ BauernhausMuseum

Bei dem schon 1917 eingerichteten Ensemble auf der Bielefelder Ochsenheide handelt es sich um das älteste Freilichtmuseum Deutschlands. Zentrales Gebäude ist der Hof Möllering von 1590, der aus dem Kreis Herford hierher verbracht wurde. Auf dem Gelände befinden sich weitere historische Gebäude wie die Bockwindmühle (1686), das Backhaus, der Spieker, die Scheune, das Bienenhaus, in denen verschiedene Aspekte des Hoflebens vor rund 150 Jahren thematisiert werden. In einer Scheune (1807) ist ein gemütliches Café untergebracht. Das ebenso abwechslungs- wie umfangreiche Begleitprogramm von Melken bis Märchenstunde lässt auch einen wiederholten Besuch nicht langweilig werden.
Kontakt: Dornberger Str. 82, 33619 Bielefeld, 0521/5218550, www.bielefelder-bauernhausmuseum.de

▸ Historisches Museum

In der ehemaligen Ravensberger Spinnerei wird die Geschichte Bielefelds und seiner Region anschaulich und lebendig dargestellt. Schwerpunkt ist das Industriezeitalter, das seit der Mitte des 19. Jhs. die Stadt und ihr Umland am nachhaltigsten geprägt hat. Zahlreiche originale Maschinen aus den wichtigsten Industriezweigen, die berühmten Bielefelder Nähmaschinen und Fahrräder ebenso wie Zeugnisse der Arbeiterkultur und des Bürgertums, erläutern Arbeitsweisen und Lebensformen der städtischen Bevölkerung.

Die Ravensberger Spinnerei

Öffentliche Führungen: So 11.30 Uhr
Kontakt: Ravensberger Park 2, 33607 Bielefeld, 0521/513635, www.historisches-museum-bielefeld.de

▸ Kunsthalle Bielefeld

1966 bis 1968 nach den Entwürfen des amerikanischen Architekten Philip Johnson erbaut, gilt der rote Sandsteinkubus als einer der bedeutendsten Museumsbauten der Nachkriegszeit. Im Inneren widmet sich das renommierte Haus der deutschen und internationalen Kunst des 20. und 21. Jhs.

Der Skulpturenpark bietet Natur und Kunst mit herausragenden Werken bedeutender Künstler.
Öffentliche Führungen: Mi 19 Uhr, So 11.30 u. 16 Uhr
Kontakt: Artur-Ladebeck-Str. 5, 33602 Bielefeld, 0521/32999500, www.kunsthalle-bielefeld.de

Museumshof Senne
Fünf historische Fachwerkhäuser aus verschiedenen Jahrhunderten demonstrieren beispielhaft die Besiedlung der Senne. Während zwei Gebäude der Gastronomie vorbehalten sind, werden in Handwerkerhaus, Schmiede und Backhaus traditionelle Handwerke der Region dokumentiert. Besichtigung und Führungen nach Absprache.
Kontakt: Buschkampstr. 75, 33659 Bielefeld, 0521/492800, www.museumshof-senne.de

Historische Sammlung Bethel
Die Ausstellung der historischen Sammlung im Haus Alt-Ebenezer zeigt, wie Pflege vor 100 Jahren aussah, welche Behandlungs- und Therapiemöglichkeiten es gab und wie die Entwicklung Bethels dadurch beeinflusst wurde. Ein weiterer Bereich widmet sich den beiden Anstaltsleitern v. Bodelschwingh sowie der Zeit des Nationalsozialismus.
Kontakt: Kantensiek 9, 33617 Bielefeld, 0521/1442024, www.bethel.de/historische-sammlung

Museum Osthusschule
1995, genau einhundert Jahre nach ihrer Errichtung, wurde die letzte erhalten gebliebene preußische Landschule der Stadt in ein Schulmuseum umgewandelt. Zu sehen sind ein historisches Klassenzimmer sowie eine umfangreiche Lehr- und Lernmittelsammlung. Ein weiteres Gebäude dokumentiert das Leben eines Dorfschullehrers vor 200 Jahren. In den großzügigen Außenanlagen befinden sich Staudenbeete, ein Kleinrosarium und ein sehenswerter Kräutergarten.
Kontakt: Senner Str. 255, 33659 Bielefeld, 05209/2783, www.museum-osthusschule.de

Pädagogisches Museum
Im Sommersemester 1982 entstand das Museum im Universitätsgebäude aus privaten Sammelbeständen als zentrale Einrichtung der Fakultät für Pädagogik. Es zeigt ein vollständig ausgestattetes Klassenzimmer aus der Zeit des ausgehenden 19. Jhs. Zudem wurde hier eine Dokumentationsstelle für regionale Kultur- und Schulgeschichte eingerichtet. Öffnung nach Vereinbarung.
Kontakt: Universitätsstr. 25, 33615 Bielefeld, Galerie im Bauteil V, 0521/1063320, www.universitaetssammlungen.de

Krankenhausmuseum
Zahlreiche interessante Objekte aus Medizin und Pflege dokumentieren die Geschichte des Krankenhauswesens in Bielefeld. Besondere Bereiche des Museums im Klinikum Mitte sind das historische Krankenzimmer und ein Pflegearbeitsraum/Labor.
Kontakt: Eduard-Windthorst-Str. 23 (Eingang), 33604 Bielefeld, 0521/5812267, www.krankenhausmuseum-bielefeld.de

Feuerwehr-Museum
Auf 300 qm Ausstellungsfläche wird im zweiten Obergeschoss der Hauptfeuerwache die Feuerwehrgeschichte Bielefelds erläutert. Großfotos und Schriften, über 500 ausgestellte Exponate und vorführbare Geräte zeigen eine spannende Chronologie. Besichtigung und Führungen nach Anmeldung.
Kontakt: Am Stadtholz 18, 33609 Bielefeld, 0521/512301

Freizeit & Natur

Heimat-Tierpark Olderdissen

Mit seiner landschaftlich reizvollen Lage direkt am Teutoburger Wald gehört der ganzjährig geöffnete Tierpark zu den beliebtesten Ausflugzielen der Stadt. Was 1930 aus einer Rehkitzbetreuung des Stadtförsters entstand, umfasst heute ein 16 ha großes Areal mit Teichen, Wiesen und Wäldern, auf dem über 450 Tiere aus 80 verschiedenen Arten leben. Neben seltenen, teils vom Aussterben bedrohten Tierarten gehört das Bärengehege zu den Hauptattraktionen. Zu den Angeboten gehören Führungen, Fütterungen, Geburtstagsfeiern, Rallyes und die Zooschule.

Kontakt: Dornberger Str. 149 a, 33619 Bielefeld, 0521/512956

Oetker Eisbahn

Von Oktober bis April bietet die überdachte Eisbahn ein witterungsunabhängiges Eisvergnügen. Zudem finden in der Saison regelmäßig die Eis-Disco (Mi 18–22 Uhr) sowie der Oldie-Abend (jeden 2. Fr 19–22 Uhr) statt.

Kontakt: Duisburger Str. 8, 33647 Bielefeld, 0521/511400, www.bielefelderbaeder.de

Kletterpark auf dem Johannisberg

Ganz gleich, ob unvergessliches Klettererlebnis im wunderschönen Laubwald oder Höhenabenteuer in der Mastenanlage – verschiedene Höhen und Schwierigkeitsgrade halten für Anfänger und Profis immer die passende Herausforderung bereit. Zudem wurde ein traditioneller Hochseilgarten als Teampark für erlebnispädagogische Programme integriert.

Kontakt: Am Johannisberg, 33615 Bielefeld, 05232/699920, www.interakteam.de

Golf

Die 18-Loch-Anlage des Bielefelder Golfclub e. V. in Hoberge-Uerentrup erstreckt sich über die landschaftlich reizvollen Hänge des Teutoburger Waldes und ist nur wenige Autominuten vom Bielefelder Zentrum entfernt. Als Clubhaus mit Gastronomie dient ein restaurierter Bauernkotten von 1839. Nachweis einer Clubmitgliedschaft und Handicap 36 erforderlich.

Kontakt: Dornberger Str. 377, 33619 Bielefeld, 0521/105103, www.bielefelder-golfclub.de

Minigolf

Minigolfer finden in Bielefeld gleich fünf verschiedene, teilweise genormte Anlagen zum gekonnten Einlochen. Eine traditionelle Anlage mit großen Betonbahnen zum Weitschlag ist die **Minigolfanlage Sennestadt** (Travestr. 30, 33689 Bielefeld, 05205/105573).

Im Bielefelder Süden befindet sich die über 50 Jahre alte, überaus fantasievolle und farbenprächtige **Minigolfanlage Brackwede** (Kollostr. 40, 33649 Bielefeld, 0521/412327).

Weithin einzigartig sind die genormten Betonbahnen mit Filzoberfläche und teilweise verstellbaren Hindernissen der **Minigolfanlage Nordpark** (Bünder Str. 25 a, 33613 Bielefeld, 0521/8950664).

Eine Miniaturgolfanlage – mit den kürzesten genormten Minigolfbahnen – findet man in Schildesche auf dem Gelände des Restaurants Seekrug am Obersee. Diese Anlage ist ganzjährig geöffnet und auch abends unter Beleuchtung bespielbar: **Miniaturgolfanlage Obersee** (Loheide 22 a, 33609 Bielefeld, 0521/81081).

Wem Normen und perfekt gerade Bahnen nicht so wichtig sind, der kann schräg gegenüber der Radrennbahn einlochen. Diese 16-Loch-Anlage ist die älteste Anlage in Bielefeld und außer in den Schulferien nur an den Wochenenden geöffnet: **Minigolfanlage Am Venn** (Am Venn 16, 33607 Bielefeld).

Informationen: www.minigolf-bielefeld.de

Frei- und Hallenbäder

Insgesamt laden zwölf Frei- und Hallenbäder in Bielefeld zum Sport- und Freizeiterlebnis ein. Die Auswahl reicht vom modernen Erlebnis- und Sportbad mit riesigen Wasserflächen, Saunabereichen und unendlichen Betätigungsmöglichkeiten bis hin zum gemütlichen Familienbad und kleinen Naturbad.
Kontakt: BBF – Bielefelder Bäder und Freizeit GmbH, 0521/511400, www.bielefelderbaeder.de

Radfahren

Zum Erkunden der modernen Großstadt auf kleinen Ausflügen oder Tagestouren bieten sich die ausgedehnten Grünzüge an, die der Leineweberstadt ihren besonderen Charakter verleihen. Zehn Radtour-Routen (*BI 1–BI 10*) führen durch die einzelnen Stadtteile. Das Umweltamt schlägt sechs Touren zu den Besonderheiten in Natur und Umwelt vor, und der ADFC Bielefeld und Bielefeld Marketing bieten zudem geführte Radtouren an. Über die städtischen Radwanderwege hinaus erfreuen sich die überregionalen *BahnRadRouten* großer Beliebtheit. So führen die *Radwander-Routen Teuto-Senne* (Osnabrück–Paderborn), *Weser-Lippe* (Bremen–Paderborn) und *Hellweg-Weser* (Soest–Hameln) direkt durch Bielefeld.
Informationen: www.adfc-bielefeld.de

Wandern

Bielefelds Lage am Teutoburger Wald macht die Großstadt zu einem idealen Ausgangspunkt für ausgedehnte Wandertouren. Insgesamt stehen 762 km Wanderwege zur Verfügung, die zeitgemäß modernisiert und erneuert den Ansprüchen aller Wanderfreunde entsprechen. Erwähnenswert ist vor allem der *Hermannsweg*, einer der beliebtesten deutschen Wanderwege, der als Höhenweg direkt durch die Innenstadt verläuft.
Informationen: www.hermannshoehen.de

Sparrenmobil

Von April bis Oktober kann man die markanten Orte und Sehenswürdigkeiten Bielefelds aus einer liebevoll gestalteten Ausflugsbahn erkunden. Das Vergnügen mit dem Sparrenmobil für Groß und Klein dauert etwa eine Stunde und kann an vielen verschiedenen Haltestellen begonnen werden. Da die Lok „Emma“ die Bimmelbahn auch über holperige Strecken zieht, ist ein eigenes Sitzkissen eine gute Idee.
Informationen: www.moBiel.de

Segway-Touren

Es sieht schwieriger aus als es ist, bereitet nach kurzer Eingewöhnung enormen Spaß und ist ein ideales „Besichtigungsmobil“ für eine Großstadt: der Segway. In Bielefeld wird eine sportliche Rundtour von 19 km angeboten. Die Route führt rund um den Obersee, durch die Grünzüge Bielefelds und anschließend in den Bielefelder Westen bis zum Ausgangspunkt zurück. Termine werden für Einzelpersonen und Gruppen (ab 10 Personen) angeboten.
Informationen: Tourist-Information, 0521/516999

Blomberg

(Kreis Lippe)

Blomberg gehört zu den Stadtgründungen der Edelherren zur Lippe aus der Mitte des 13. Jhs. Die Stadt wurde nach dem typischen „Drei-Straßen-Schema“ angelegt und von einer Stadtmauer umgeben. Doch die Befestigungen schützten nicht vor der völligen Zerstörung im Verlauf der Soester Fehde (1447). Nach dem Wiederaufbau sorgte die günstige Lage für Wohlstand. Blomberg wurde zu einem angesehenen Ort der Handwerkskunst, insbesondere der Schuh- und Zeugmacher. Zu Beginn des 19. Jhs. entstand eine Nelkenzucht, die der Stadt den Beinamen „Nelkenstadt" gab. Mit einer Stuhlfabrik und dem ersten Sperrholzwerk Deutschlands entwickelte sich schließlich die Holzindustrie zum wirtschaftlichen Schwerpunkt.

Blomberg Marketing e. V.
Neue Torstr. 9
32825 Blomberg
05235/5028342
www.blomberg-urlaub.de
www.blomberg-lippe.net

Sehenswertes

Altstadt

Ein Highlight ist das 1587 erbaute **Rathaus** mit seinen drei gleich großen Fachwerkgiebeln an der nördlichen Marktplatzseite. Links davor steht der **Schandpfahl** (Pranger, 16. Jh.), an dem Verurteilte zur Schau gestellt wurden. Unweit davon der **Alheyd-Brunnen**, der an ein bedeutendes Ereignis im 15. Jh. erinnert. In der Nähe des Marktplatzes befindet sich das älteste Bauwerk Blombergs: der **Martiniturm**. Der Turm der früheren Stadtpfarrkirche St. Martini ist eines der wenige Bauwerke, die während der Soester Fehde keinen Schaden genommen haben. Im historischen Stadtkern haben sich rund 250 Fachwerkhäuser bewahrt. Besonders in der Kuhstraße, dem **„Großen Viertel"**, reihen sich stattliche Kaufmanns- und Handwerkerhäuser aneinander. Sehenswert ist auch das **Niedere Tor** (Niederntor) von 1520/30, durch das die alte „Kölnische Landstraße" in die Stadt führte. Es ist das einzige noch erhaltene Stadttor in Lippe.

Der Alheyd-Brunnen auf dem Marktplatz

Blomberger Burg

Vermutlich schon im 13. Jh. errichtet, diente die Burg zunächst als Festung und dann als Residenz der lippischen Landesherren. Nachdem die Burg in der Soester Fehde (1414–1463) weitestgehend zerstört wurde,

Das Rathaus im Herzen von Blomberg

baute man sie als zweigeschossige Dreiflügelanlage wieder auf. Auch danach diente sie teilweise noch als Residenz der Edelherrn. Beachtenswert ist die prächtige „Utlucht“ vor der Mittelfront und der farbenfrohe Fachwerkgiebel. Heute beherbergt die Burg ein Hotel mit Restaurant. Deftig und sehr westfälisch geht es bei der Rittertafel oder Sauhatz zu.
Kontakt: Burg 1, 32825 Blomberg, 05235/50010, www.burghotel-blomberg.de

▸ Klosterkirche
Im Jahre 1460 soll eine Frau namens Alheyd Pustekoke 45 geweihte Hostien aus der Martinikirche gestohlen und in einen Brunnen geworfen haben. Für diesen „Hostienfrevel" wurde sie verbrannt, doch galt der Brunnen fortan als wundertätig und lockte Scharen von Pilgern an. Die Blomberger Wallfahrt wurde so bedeutsam, dass der damalige Landesherr eine Kapelle über dem Wunderbrunnen errichten ließ. Im Jahre 1468 wurde schließlich das Augustinerkloster „Zum Heiligen Leichnam“ gegründet, dessen 1473 geweihte Klosterkirche eine der bedeutendsten Leistungen spätgotischer Kirchenbaukunst in Westfalen-Lippe darstellt. Das Kloster wurde 1536 aufgelöst und das Gotteshaus später zur ev.-ref. Pfarrkirche.

Museum

▸ Museum „SchuhWerk“
Vom 17. bis 20. Jh. war in Blomberg kein Handwerk häufiger vertreten als das des Schusters. So gab es um 1800 etwa 100 Schuhmachermeister, die ihre Produkte auf den Märkten verkauften. Um über die Geschichte dieses alten Handwerksberufes zu informieren, wurden im Haus der Stadtbücherei eine Ausstellung sowie eine rekonstruierte Schuhmacherwerkstatt eingerichtet.
Kontakt: Kuhstr. 16, 32825 Blomberg,

Weg zur Blomberger Burg

05235/5028342, www.heimatverein-blomberg.de

Freizeit & Natur

▸ Wandern & Radfahren
Um unberührte Natur fernab vom Trubel zu erleben, wurden rings um Blomberg zahlreiche gut markierte Rad- und Wanderwege wie der *Nelkenweg* angelegt, die garantiert keine ausgetretenen Touristenpfade sind. Als Geheimtipp gelten die Rundwege um die Ortsteile Reelkirchen oder Eschenbruch.

▸ Fliegen
Am südlichen Rand des Blomberger Beckens haben Luftsportbegeisterte eine Heimat. Im Ortsteil Borkhausen kann man die Faszination des lautlosen Fliegens erleben, ob als Zuschauer oder Mitflieger. Es werden Schnupperflüge von 30 oder 60 min angeboten. Mutige steigen bei „Kopps Über“ zu einem Kunstflugpiloten in die Maschine.
Kontakt: Nessenbergstr., 32828 Blomberg, 05235/97252, www.lsg-lippe.de

▸ Golf
Anspruchsvolle Schräglagen, alter Baumbestand, Wasserhindernisse und naturbelassene Biotope des Lippischen Golfclubs e.V. bieten sowohl Anfängern als auch erfahre-

nen Golfern ein abwechslungsreiches Spiel. Die 18er-Bahn endet an einem 200 Jahre alten Fachwerkhaus mit Gastronomie.
Kontakt: Huxoll 14, 32825 Blomberg, 05236/459, www.lippischergolfclub.de

Borchen

(Kreis Paderborn)

Die große Landgemeinde Borchen entstand 1969 bzw. 1975 aus dem Zusammenschluss der heutigen Ortsteile Alfen, Nordborchen und Kirchborchen sowie Dörenhagen und Etteln. In unmittelbarer Nachbarschaft zur alten Bischofsstadt Paderborn hat sich Borchen sein unverwechselbares Profil bewahrt und bietet mit viel Landschaft und Natur reichlich Freiraum mit Erholungswert.

Gemeinde Borchen
Unter der Burg 1
33178 Borchen
05251/38880
www.borchen.de

Sehenswertes

Alfen
Die erste Erwähnung datiert aus dem Jahre 1031. Damals schenkte Kaiser Konrad II. der Kirche zu Paderborn seine Güter zu „Alflaan“, was so viel bedeutet wie die „Wasserwäldchen“. Sehenswert ist die dreischiffige Hallenkirche **St. Walburga**, deren Ursprünge vermutlich im 12. Jh. liegen. Darin eine gotische Madonnenfigur von 1420, eine seltene Kostbarkeit hochmittelalterlicher Steinmetzkunst. Der **Dorfkern** wird noch immer von Fachwerk- und Bruchsteingiebeln geprägt, die eine lebendige bäuerliche Tradition des Almedorfes dokumentieren.

Dörenhagen
Um das Jahr 1220 stellte Bischof Bernhard III. den Bewohnern des wüstgefallenen „Imminchusen“ das heutige Dorfgelände zur Verfügung. Die **Alte Kirche St. Meinolfus** gilt mit ihren Wandmalereien und den hochgotischen Maßfenstern als eine der schönsten Dorfkirchen Westfalens. Etwas abseits liegt die **Kreuzkapelle „Zur Hilligen Seele“** aus dem 9. und 10. Jh. Sie ist ein Zentrum der Heiligen-Kreuz-Verehrungen im Paderborner Land.

Die Kreuzkapelle in Dörenhagen

Etteln
Eingebettet in das Altenautal gilt Etteln als der Ferienort der Gemeinde. Die zahlreichen Freizeiteinrichtungen und das vielfältige gastronomische Angebot können sich sehen lassen. Man findet viele Zeugnisse für die frühe Besiedlung dieses Gebietes, wie z. B. das **Steinkistengrab** auf dem Lechtenberg. Auf einem Bergsporn oberhalb der Altenau kann man die Reste einer **Wallburganlage** erkennen.

Nordborchen
Der 1684–86 errichte **Mallinckrodthof** bildet auch heute noch einen zentralen Punkt im alten Ortsbild. In der Gartenanlage befindet sich das **Annetten-Tempelchen**, von dem man erzählt, die Dichterin Annette von

Droste-Hülshoff habe sich hier gerne aufgehalten und sogar einen Teil der „Judenbuche“ verfasst. Heute wird der Hof u.a. vom Jobcenter, dem Studieninstitut Soest, der Volkshochschule sowie einem Café genutzt. Das barocke Herrenhaus mit Rosen- und Bauerngarten, großzügigem Landschaftspark und historischem Felsenkeller ist öffentlich zugänglich.

Der Mallinckrodthof in Nordborchen

Kirchborchen
Eine erste urkundliche Erwähnung fand Kirchborchen 1268. Wahrzeichen ist die ehemalige Wehr- und heutige kath. Pfarrkirche **St. Michael** mit dem markanten Turm. Ein Kleinod ist die **Gallikapelle**, 1663 errichtet an Stelle der St. Gallus-Kirche des wüstgefallenen Dorfes Südborchen. Zu Kirchborchen gehört zudem das bereits im 9. Jh. erwähnte **Schloss Hamborn**, welches u.a. die Rudolf-Steiner-Schule beherbergt.

Freizeit & Natur

Radfahren
Mehrere Touren stehen zur Auswahl: Die *Altenau-Buchholz-Tour* führt vom Rathaus in Borchen über 25 km zum Paddelteich in Etteln bis zum Forsthaus Eggeringhausen weiter nach Schloss Hamborn, dann über Haxterberg und Nordborchen und zurück. Der *Altenauradweg* führt 28 km von den Quellen der Altenau in Lichtenau-Blankenrode bis zur Mündung in die Alme bei Nordborchen. Der *Rundweg Alfen-Borchen* führt von der alten Kirche St. Walburga 9 km bis zum Zusammenfluss von Alme und Altenau in Nordborchen und wieder zurück nach Alfen. Ein wenig mehr Kondition verlangen dagegen die *Ellerbachroute* (63 km), der *Almeradweg* (70 km) sowie der beliebte Rundkurs *Paderborner Land Route* (252 km).

Wandern
Besonders empfehlenswert ist der *archäologisch-geschichtliche Lehrpfad*. Beginnend bei den Steinkistengräbern in Kirchborchen führt er zu einer Nachbildung eines Hügelgrabes, zur eisenzeitlichen Wallburg nahe Gellinghausen und zur ehemaligen Wehrkirche St. Michael. Etwas außerhalb von Etteln, direkt am Paddelteich, beginnt der *Waldlehrpfad*. Er schlängelt sich in nördlicher Richtung durch den Laubwald des Altenautals, vorbei an der Aussichtsplattform „Teufelsstein“. Ebenfalls empfehlenswert: Der *Vogellehrpfad*, der *Altenau-Wanderweg* durch eines der schönsten Täler des Paderborner Landes sowie der *Alte Pilgerweg*.

Freizeitpark
Der Paddelteich „Im Mirsch“ in Etteln lädt mit seinen Freizeitanlagen zu Sport, Spiel und Spaß ein. Wer sich sportlich betätigen möchte, kann in einer Parklandschaft laufen und joggen oder den Teich mit dem Kanu befahren. Zudem laden eine Reithalle, zwei Wassertretbecken und ein Spielplatz zur Aktivität ein. Angler finden am Forellenteich entspannende Möglichkeiten. Ein Stück weiter reizt der an Hügeln gelegene Laubwald mit seinen verschiedenen Aussichtspunkten und dem Waldlehrpfad zum ruhigen Spaziergang.

Borgentreich

(Kreis Höxter)

In der Warburger Börde an der Grenze zu Hessen liegt zwischen Eggegebirge und Weser die Kleinstadt Borgentreich. Erstmals wurde der Ort als „Borguntriche" im Jahr 1280 erwähnt, als der Paderborner Bischof vom Kölner Erzbischof die Erlaubnis zur Stadtbefestigung erhielt. Stadtsiegel und Wappen sind bereits im Jahre 1283 bezeugt. Seit 2012 darf sich die Stadt offiziell „Orgelstadt" nennen.

Orgelstadt Borgentreich
Am Rathaus 13
34434 Borgentreich
05643/8090
www.borgentreich.de

Sehenswertes

Pfarrkirche St. Nikolaus
Die Nikolauskirche im Ortsteil Natzungen (Deichstr.) beherbergt unter ihrem massiven Turm aus Bruchsteinmauerwerk ein Meisterwerk des Barock. Der Hochaltar aus dem Jahre 1692 mit dem Bild der Anbetung der „Heiligen Drei Könige" gilt vielen Kunstfreunden als der schönste Hochaltar des Hochstifts.

Lourdes-Grotte
Eine in den Jahren 1901 bis 1902 errichtete Nachbildung der Lourdes-Grotte am Rande von Borgentreich erhielt 1978 eine päpstliche Auszeichnung und ist Wallfahrtsort für Gläubige aus nah und fern.

Balkenturm
Um 1280 wurde rings um Borgentreich eine Festungsmauer mit sieben zinnengekrönten Türmen errichtet. Der einzige davon noch erhaltene Turm ist nach einer Familie „von Balken" benannt.

Steinernes Haus
Das Steinerne Haus in Borgentreich aus der Zeit um 1300 war eine Rarität – das einzige Gebäude aus Stein, das es im Dorf gab. Die Zisterziensermönche des Klosters Hardehausen nutzten das vermutlich älteste Gebäude des Ortes ab 1406 über vierhundert Jahre lang als Zehnthaus. Unter dem wuchtigen Gemäuer befindet sich gar der älteste Gewölbekeller der ganzen Region. Modern saniert, ist es heute Sitz der Landschaftsstation im Kreis Höxter und der Bürgerinitiative Lebenswertes Bördeland und Diemeltal.
Kontakt: Zur Specke 4, 34434 Borgentreich, 05643/948802, www.landschaftsstation.de

Burg Borgholz
Ein herausragender Baukomplex im Stadtbezirk Borgholz ist die Burg, mit deren Bau bereits 1290 begonnen wurde. Die einstige Fliehburg wurde um 1608 durch einen Fachwerkbau ersetzt. In den 1920er-Jahren erfolgte der massive Neubau zum Rittergut, wie er sich heute präsentiert. In der „ritterlichen" Atmosphäre der weitläufigen geschlossenen Anlage kann man großzügige Ferienwohnungen mieten. Der Außenbereich ist frei zugänglich.
Kontakt: Burg Borgholz (Navi: Auf der Freiheit 3), 34434 Borgentreich-Borgholz, 05645/213, www.burg-borgholz.de

Klus Eddessen
Still und abgeschieden liegt die Klus Eddessen in einem Waldstück zwischen Bühne und Haarbrück. Ursprünglich befand sich hier das 1447 im Verlauf der Soester Fehde zerstörte Dorf Eddessen. Die verfallene Pfarrkirche ersetzte man nach dem Dreißigjährigen Krieg durch eine Kapelle, die

1856 grundlegend renoviert wurde. Klause, Wallfahrtskapelle und der umgebaute Eselstall des langjährigen Eremiten Bruder Ubaldus bieten auch heute noch einen stillen Rückzugsort. Bis heute führen zahlreiche Prozessionen aus der Umgebung zu dieser Einsiedelei.
Kontakt: Klus Eddessen 1, 34434 Borgentreich-Borgholz, ☏ 05645/7888401, 🌐 www.klosterregion.de

▸ Synagoge Borgholz

Der rechteckige Saalbau aus dem Jahre 1838 wurde in der Reichspogromnacht teilweise zerstört. Nach umfangreichen Renovierungsarbeiten wurde er der Öffentlichkeit zugänglich gemacht und dient heute als kulturelle Begegnungsstätte.
Adresse: Kleine Str. 8, 34434 Borgentreich-Borgholz

Museen

▸ Orgelmuseum Borgentreich

Im historischen Rathaus (1850) von Borgentreich wurde das erste Orgelmuseum Deutschlands eingerichtet. Es ist ein Museum zum Anfassen und Mitmachen, wobei die Besucher viele Originalteile sowie verwendete Metalle, Hölzer und Werkzeuge bewundern und in zahlreichen wirklichkeitsgetreuen Anlagen selbst betätigen können. In der Pfarrkirche St. Johannes gegenüber dem Museum steht mit der Barockorgel aus dem 17./18. Jh. die größte und bedeutendste historische Orgel Westfalens. Wegen der nur noch selten anzutreffenden Springladentechnik – sie ist die größte erhaltene Springladenorgel der Welt – wird sie auch zu den berühmten Denkmalorgeln in Europa gezählt.
Kontakt: Marktstr. 6, 34434 Borgentreich, ☏ 05643/339 o. 1212, 🌐 www.orgelmuseum-borgentreich.de

▸ Museum „Dorfgeschichte“

Unter dem Motto „Altbewährtes neu entdecken“ bietet das Museum im Gewerbegebiet „Am Spiegelberg“ mit viel Liebe zum Detail einen Einblick in das Leben unserer Vorfahren. Dabei legt das kleine Museum Wert auf eine kritische Auseinandersetzung mit der Geschichte und Volkskunde und zeigt, dass die „alte Zeit“ nicht immer auch die „gute alte Zeit“ war.
Kontakt: Am Bahnhof 10, 34434 Borgentreich, ☏ 05645/788170 oder 9155, 🌐 www.gicom.de/dorfgeschichte

▸ Heimatstube Großeneder

Im Jahre 1987 wurde der Dachboden der kath. Grundschule Großeneder zu einer Heimatstube ausgebaut. Auf einer Fläche von ca. 300 qm finden sich Exponate etwa aus der Zeit zwischen 1850 und 1950.
Kontakt: Siekweg 5, 34434 Borgentreich, ☏ 05644/532, 🌐 www.grosseneder.de

Freizeit & Natur

▸ ☺ Schwimmbäder

Die Orgelstadt bietet allen Wasserratten Gelegenheit zum Planschen, Schwimmen und zur Wasserfitness, im Sommer im Freibad, im Winter im Hallenbad.
Kontakt:
Freibad: Alter Graben, 34434 Borgentreich, ☏ 05643/96198
Hallenbad: Platz der Stadt Rue 2 a, 34434 Borgentreich, ☏ 05643/9470383

▸ Wandern & Radfahren

In und um Borgentreich sind eine Vielzahl unterschiedlichster Wander- und Radfahrwege ausgewiesen, die zu den örtlichen Sehenswürdigkeiten führen. Besonders zu empfehlen ist der *Historische Grenzstein-Rundwanderweg*. Nahe dem Stadtbezirk Manrode führt er über fast 10 km entlang der ehemaligen Grenze zwischen Paderborn und Hessen.

Borgholzhausen

(Kreis Gütersloh)

Malerisch umgeben von den Hügeln des Teutoburger Waldes, ist Borgholzhausen ein idealer Ausgangspunkt für alle Naturliebhaber. Wer dem Alltag entfliehen möchte, findet hier perfekte Möglichkeiten, die Natur zu genießen. Besondere Wanderziele sind der Luisenturm und die Burg Ravensberg, die beide eine wundervolle Aussicht auf das Ravensberger Land und den Teutoburger Wald bieten. Die Burg Ravensberg wurde im 12. Jh. als Festungsanlage auf einem Bergfried errichtet. Der malerische Stadtkern wartet mit kleinen und feinen Sehenswürdigkeiten auf seine Besucher.

Stadt Borgholzhausen
Schulstr. 5
33829 Borgholzhausen
05425/8070
www.borgholzhausen.de

Sehenswertes

Burg Ravensberg

Hoch über Borgholzhausen thront die Burg Ravensberg, eine der bedeutendsten Sehenswürdigkeiten im Kreis. Um 1100 als Stammsitz der Grafen zu Ravensberg-Calvelage erbaut, gilt die Burg als Wahrzeichen der Region. Erhalten sind der mächtige, zugespitzte Bergfried und Reste der Umfassungsmauern sowie der tiefe Brunnen mit seiner uralten Fördertechnik. Auf dem Burggelände steht ein Forsthaus aus preußischer Zeit, in dem sich das Burgrestaurant befindet. Über das Jahr finden zahlreiche Veranstaltungen wie Mittelaltermarkt, Konzerte, Vorträge und Exkursionen statt.
Kontakt: Clever Schlucht 9, 33829 Borgholzhausen-Cleve, 05425/933544, www.burg-ravensberg.de

Wasserschloss und -mühle Haus Brincke

Im Ortsteil Barnhausen befindet sich eine bedeutende Wasserschlossanlage, deren Ursprünge im 13. Jh. liegen. Im Zentrum steht das prächtige Herrenhaus von 1674, das von einem doppelten Grabensystem umgeben ist. Zudem gibt es eine Schlosskapelle mit einem wertvollen Triumphkreuz, Torhäuser und Wirtschaftsgebäude (Remise, langer Jammer, Viehhaus). Das Schloss ist seit 1439 im Besitz der Familie von Kerssenbrock und bis heute in Privatbesitz. Die zum Haus Brincke gehörende Wassermühle am Violenbach ist ein beeindruckender Ziegelbau. Mit ihren neugotischen Zierelementen gilt sie als schönste und bedeutendste Wassermühle Westfalens. Heute dient sie als Künstleratelier.
Kontakt: Brincker Weg 13, 33829 Borgholzhausen-Barnhausen; Führungen: Graf von Kerssenbrock'schen, Gutsverwaltung, 05425/930151 o. 9545506

Fachwerkgebäude und Pfarrkirche

Im 14. Jh. erbauten sich die Grafen von Ravensberg im Zentrum der Stadt eine Eigenkirche, die heutige ev. Pfarrkirche. In ihrem Innern verdient der steinerne Altaraufsatz von 1501 besondere Beachtung.
Im Zentrum haben einige beachtenswerte Fachwerkgebäude die Zeiten überstanden. Eines der ältesten ist das zweigeschossige Welpinghus (Kirchstr. 9) mit typischen Schmuckformen des 16. Jhs. In der Tanfanastraße 5 steht ein eingeschossiger Fachwerkbau (1634), dessen Giebel mit Fächerrosetten verziert ist.

Museen

Kultur- und Heimathaus

Gemeinsam mit dem Heimatverein unterhält der Kulturverein das Museum im Zentrum der Stadt. Die Deele des denkmalgeschützten Ackerbürgerhauses dient auch

als Versammlungs- und Veranstaltungsraum. Neben den historischen Ausstellungen (u. a. Fotostudio, Apotheke) finden auch Kunstausstellungen von Künstlern, die in Borgholzhausen geboren sind oder gelebt haben, statt. Als Sensation gelten die weltweit größte Sammlung von Riesen-Ammoniten und die 240 Millionen Jahre alten Saurierfährten. Führungen nach Voranmeldung.
Kontakt: Freistr. 25, 33829 Borgholzhausen, ✆ 05425/1866 o. 9559095

▸ Künstlerhaus Kroe
Walter Krömmelbein, Künstername Kroe, gehört zur Bewegung der absoluten Malerei in Deutschland. Ab 1952 malte er im Stil des Informel. Seinen Lebensmittelpunkt hatten er und seine Familie nach dem Zweiten Weltkrieg in Borgholzhausen. Der von Kroe gestaltete Garten und das liebevoll eingerichtete Wohnhaus sollen erhalten und für die Öffentlichkeit erlebbar gemacht werden. Eine Stiftung kümmert sich um den Nachlass und bietet Führungen an.
Kontakt: Am Tempel 10, 33829 Borgholzhausen, ✆ 05425/933810, 🌐 www.kroe-stiftung.de

Freizeit & Natur

▸ Luisenturm
Vom Luisenturm, rund 300 m hoch auf der Johannisegge gelegen, eröffnen sich die besten Aussichten über die Landschaft. Von seiner obersten Plattform wandert der Blick über das Ravensberger Hügelland, die Münstersche Tiefebene, das Wiehengebirge und das Weserbergland. An manchen Tagen kann man sogar die Anfänge des Sauerlandes sehen. Der Turm kann jederzeit kostenlos bestiegen werden. Eine Wandergaststätte bietet Erholung und Stärkung.
Kontakt: Peter-Eggermont-Str., 33829 Borgholzhausen, ✆ 05425/1466, 🌐 www.luisenturmhuette.de

▸ Kontorhaus
In einem historisch bedeutenden Gebäude befindet sich seit 2015 eine Ateliergemeinschaft künstlerisch und kreativ wirkender Frauen. Im Kontorhaus der ehemaligen Segeltuchfabrik und späteren Lebkuchenfabrik finden sich die Arbeits- und Ausstellungsräume der Künstlerinnen. Gleichzeitig bietet das Haus Raum für künstlerische und kreative Angebote.
Adresse: Haller Weg 2, 33829 Borgholzhausen, 🌐 www.mensch-mal-mal.de

Das Wohnhaus des Künstlers Kroe

▸ Radfahren
Borgholzhausen verfügt über zwei lokale Radrundwege: *R10* und *R11*. Zu den überregionalen Radwegen zählen *Adel verpflichtet*, die *BahnRadRoute Teuto-Senne*, die mit vier Sternen zertifizierte *Grenzgängerroute Teuto-Ems* sowie der *Radweg für Genießer*.

▸ Wandern
Auf den fünf attraktiven und gut markierten örtlichen Rundwanderwegen sowie den vier überregionalen Wanderwegen erschließt sich die vielfältige Natur rund um Borgholzhausen. Der *Luisenturmweg* sowie der *Burg Ravensberg Weg* wurden vom Deutschen Wanderverband zu Traumtouren zertifiziert. Die Wegeführungen sind im örtlichen

Stadtplan eingezeichnet, der bei der Stadt Borgholzhausen erhältlich ist.

Brakel

(Kreis Höxter)

Der Ort im Tal von Nethe und Brucht wurde erstmals um 836 von Benediktinermönchen erwähnt. Aufgrund der günstigen Verkehrslage entwickelte sich Brakel frühzeitig zu einer florierenden Handelsstadt. Als Mitglied der Hanse erhielt sie ein eigenes Gerichts- und Marktrecht und zählte im 14. Jh. zu den bedeutendsten Orten im Fürstbistum Paderborn. Nach dem Dreißigjährigen Krieg verlor Brakel für lange Zeit an Bedeutung, bis es 1803 von den Preußen übernommen und kurzzeitig zur Kreisstadt erhoben wurde.

Tourist-Information
Haus des Gastes
Am Markt 5
33034 Brakel
05272/3601250
www.brakel.de

Sehenswertes

▸ Marktplatz

Im Herzen der Stadt kann man am Markt noch den mittelalterlichen Stadtgrundriss sowie manches Detail der alten Hansetradition erkennen. Die Ursprünge des zentralen Rathauses reichen bis in das 13. Jh. zurück. Es beeindruckt mit seinem auffällig verzierten Treppengiebel und dem kunstvollen Renaissanceportal (1573). Vor dem Rathaus bezeugt eine gotische Rolandssäule aus dem 14. Jh. die Marktrechte der Stadt. Später wurde die über 5 m hohe Säule auch als Pranger benutzt. Links neben dem Rathaus ist die Alte Waage mit ihrem Treppengiebel nicht zu übersehen. Das Steinhaus war um 1350 zunächst ritterlicher Stadtsitz, bis 1840 Stadtwaage und Kornmagazin, dann Gefängnis und Feuerwehrgerätehaus. Heute findet man hier das Stadtarchiv, den Ratssaal und Ausstellungsräume. Auf der gegenüberliegenden Seite prangt die kunstvolle Front eines Ackerbürgerhauses aus dem 16. Jh. Das ehemalige Rothenbergsche Haus ist heute als „Haus des Gastes" wichtigste Informationsquelle für Besucher.

▸ Pfarrkirche St. Michael

Am Kirchplatz ist vor allem das Innere der kath. Pfarrkirche sehenswert, deren Vorgänger vermutlich schon im 9. bis 12. Jh. existierte. Zu erwähnen ist die seltene Orgel mit Gemälden des Barockmalers Johann Georg Rudolphi, eine Kanzel von 1622 sowie der steinerne Hochaltar von 1748.

▸ Ostheimer Straße und Kapuzinerkirche

Am Ende der Königstraße findet man noch Reste der alten Stadtmauer. Dort zweigt die Ostheimer Str. ab, in der sich zahlreiche liebevoll sanierte Fachwerkhäuser aus dem 18. Jh. erhalten haben. Hier steht auch die schlichte, 1715–18 errichtete Kapuzinerkirche, das erste Werk des westfälischen Barockbaumeisters Johann Conrad Schlaun.

▸ Kloster Gehrden und Pfarrkirche

Das Kloster Gehrden ist eine ehemalige Benediktinerinnen-Abtei. In der Klosterkirche St. Peter und Paul, die um 1140 als romanische Pfeilerbasilika erbaut wurde, befindet sich das größte historische Glockengeläut Westfalens. Prachtvolle Messgewänder, liturgische Kostbarkeiten wie Kelche und Monstranzen sowie Bilder aus vier Jahrhunderten sind im Pfarrhaus zu besichtigen. Turmbesteigungen sind nach Voranmeldung möglich.
Kontakt: Kirchplatz 8, 33034 Brakel, 05272/5483, www.pr-brakel.de

Kaiserbrunnen
Die staatlich anerkannte Heilquelle liegt unterhalb der Hinnenburg nördlich von Brakel. 1825 wurde die erste Pumpe auf dem Brunnen aufgestellt. Der Kaiserbrunnen ist ein kohlensäurehaltiges Heilwasser (Säuerling) und wurde 1993 als Heilquelle staatlich anerkannt. Wasser kann man rund um die Uhr kostenlos an der Außenzapfstelle auf der Rückseite der Wandelhalle entnehmen.

Schlosspark Rheder
Die von außen äußerst schlicht wirkende Schlossanlage an der Nethe wurde im Jahre 1750 erbaut und befindet sich in Privatbesitz. Umgeben ist das Schloss von einem weitläufigen öffentlich zugänglichen Park nach Art eines englischen Landschaftsgartens. Seit 2007 gehört er zum Europäischen Gartennetzwerk EGHN und zählt somit zu den schönsten Gärten Europas.
In den Wirtschaftsgebäuden der Vorburg sind die mehr als 300 Jahre alte Gräflich von Mengersen'sche Dampfbrauerei und das Husarenmuseum untergebracht. In der Orangerie befindet sich ein Café. Die Schlosskapelle sowie der Gartensaal des Herrenhauses können für Trauungen angemietet werden.

Modexer Turm
Der Modexer Turm – oder Modexer Warte – ist Teil der mittelalterlichen Landwehr von Brakel, die in einiger Entfernung vor der eigentlichen Stadtbefestigung lag. Der Name stammt von einer nahe gelegenen Höfegruppe ab, die Mitte des 14. Jhs. wüstfiel. 1383 wurde der Turm erstmals erwähnt. Heute dient das über 12 m hohe Bauwerk als Aussichtsturm.

Bökerhof
Das Herrenhaus Bökerhof im Ortsteil Bökendorf entstand um 1770 auf den Resten einer alten Wasserburg. Im 19. Jh. war es Mittelpunkt des „Romantikerkreises" (1810–1834) mit den Schwestern Jenny und Annette von Droste-Hülshoff, den Brüdern Grimm, Clemens Brentano und Josef Görres. Auch andere bekannte Dichter wie August Heinrich Hoffmann von Fallersleben schlossen sich diesem Kreis an. In der weitläufigen Gartenanlage beeindrucken prachtvolle alte Bäume und der Laubengang aus Hainbuchen, der schon die Mitglieder des Dichterkreises inspirierte. Der Garten kann besichtigt werden.
Adresse: Haus Bökerhof, 33034 Brakel-Bökendorf

Museen

Stadtmuseum Brakel
Auf dem Dachboden im „Haus des Gastes" wird die Entwicklung der Stadt von der jungsteinzeitlichen Besiedelung bis zur Gegenwart dokumentiert. Zu sehen sind u. a. archäologische Funde, Repliken mittelalterlicher Urkunden, barockes Schnittglas, bäuerliches Gerät, Gemälde und Stadtansichten u. v. m.
Kontakt: Am Markt 5, 33034 Brakel, 05272/3601251, www.museumsinitiative-owl.de

Husarenmuseum Rheder
Seit 2003 zeigt ein neues Museum in der Vorburg des alten Wasserschlosses Rheder Uniformen und Ausrüstungsgegenstände des Rittmeisters Adolf Freiherr Spiegel von und zu Peckelsheim. Die Sammlung wird durch zahlreiche Dauerleihgaben ergänzt. Im Mittelpunkt stehen Ausrüstung und Uniformierung der blauen Husaren aus Paderborn und Schloß Neuhaus Mitte des 19. bis Anfang des 20. Jhs.
Kontakt: Nethetalstr. 24, 33034 Brakel, 05278/287, www.husarenmuseum.de

Urdorf Museum Bellersen
Da Bellersen das „Dorf B." in der „Judenbuche" von Annette von Droste-Hülshoff ist, wird dem historischen Hintergrund der Novelle besonderes Augenmerk zuteil. Zu besichtigen ist ferner eine aktive Obstbrennerei, die das Obst der gemeindeeigenen Streuobstwiese verarbeitet. Interessierte können hier zudem eine der größten Imkereien Deutschlands besuchen.
Kontakt: Meinolfusstr. 28, 33034 Brakel, 05276/7202, www.bellersen.de

Freizeit & Natur

12-Apostel-Linde
Im Schlosspark zu Gehrden steht einer der ältesten Bäume Deutschlands: die „12-Apostel-Linde" (Tilia cordata), deren Stammumfang beachtliche 10 m beträgt. Das Alter wird nach unterschiedlichen Schätzungen mit 400 bis 800 Jahren angegeben. Unter diesem Baum sind auch standesamtliche Hochzeiten möglich.

Weidenpalais Rheder
Am „Weidenpalais im Nethetal" in der Ortschaft Rheder entstand ab Frühjahr 2012 nahe dem Flüsschen Nethe ein fast 10 m hohes und über 30 m langes „lebendiges" Gebäude aus Weidenruten. In den Sommermonaten werden in dem natürlichen Bauwerk auch standesamtliche Hochzeiten angeboten.

Werkhaus und „Die Judenbuche"
Das in der Dorfmitte von Bellersen gelegene Werkhaus dient als Tourist-Info und ist ein gern besuchter Veranstaltungsort. Während der Öffnungszeiten kann im direkt angrenzenden ehemaligen Spritzenhaus eine außergewöhnliche künstlerische Arbeit besichtigt werden: eine begehbare Raumskulptur zur „Judenbuche".
Kontakt: Meinolfusstr. 17 a, 33034 Brakel-Bellersen, 05276/7202

Wandern
Der Rundwanderweg *Brakeler Bergland* erschließt mit einem Netz von sechs eigenständigen Rundkursen von 12 bis 24 km Länge das Stadtgebiet und die Umgebung. Zu empfehlen sind auch der *Gewässer- und Obstbaumlehrpfad* in Gehrden sowie *der Agrarhistorische Rundwanderweg*, der *Erfahrungsweg für die Sinne* und der *Weg zu alten Tierrassen* in Bellersen. Im Winter wird im Modexer Wald eine Langlaufloipe gespurt.

Radfahren
Brakel ist in ein Netz von regionalen und überregionalen Radwanderwegen eingebunden, das Radfahrern vielfältige Möglichkeiten bietet, die Stadt und Umgebung kennenzulernen. So hat man über den *R 2 Brakel-Höxter* direkten Anschluss an den beliebtesten Flussradweg Deutschlands, den *Weser-Radweg (R 99)*, während der *Radweg R 53* unmittelbar zum Anschluss an den *Europaradweg R 1* führt.
Informationen: www.kulturland.org

Schlossbrauerei
Seit inzwischen 325 Jahren wird im heutigen Torhaus von Rittergut Rheder Bier gebraut. Die regelmäßigen Brauereifeste (Hoffest im Mai, Bockbier-Anstich im Sept.) der Gräflich von Mengersen'schen Dampfbrauerei erfreuen sich stets größter Beliebtheit.
Kontakt: Nethetalstr. 10, 33034 Rheder, 05272/39230, www.schlossbrauerei-rheder.de

Generationenpark Lütkerlinde
Auf dem Gelände einer ehemaligen Kaserne in Brakel entstand im Rahmen eines städtebaulichen Projektes ein Generationenpark. Der ehemalige Abstellplatz wurde in eine

Sport- und Freizeitanlage umgebaut. Es gibt Spiel- und Sportmöglichkeiten für Jung und Alt sowie einen Rundwanderweg mit Aussichts- und Ruhepunkten.
Adresse: Zum Holzer Feld 995, 33034 Brakel

Kletterzentrum

Das Kletterzentrum in der Lütkerlinde gilt als größtes und modernstes Kletterzentrum in ganz OWL. Auf insgesamt 85 verschiedenen Routen können sich Kletterer Herausforderungen bis zur Schwierigkeitsstufe zehn stellen. Allein im Boulderbereich stehen 60 Routen zur Verfügung.
Kontakt: Lütkerlinde 12, 33034 Brakel, 05272/3949999, www.kletterzentrum-owl.de

Modellbundesbahn

Die Modellbahnminiaturwelt in Brakel lädt Eisenbahnfans zum Besuch ein. Auf 675 qm Ausstellfläche und mit 1100 m Gleisen, 900 Wagen, 80 Triebfahrzeugen u. v. m. bildet sie originalgetreu einen Ausschnitt der Deutschen Bundesbahn von 1975 in 87-facher Verkleinerung dar.
Kontakt: Rieseler Feld 1 b, 33034 Brakel, 05272/3939850, www.modellbundesbahn.de

Bünde

(Kreis Herford)

Bünde liegt vorwiegend in den Flussniederungen der Else und findet erstmals im Jahre 853 in einer Urkunde von König Ludwig dem Deutschen Erwähnung. Neben der Landwirtschaft bestimmten im Laufe der Jahrhunderte immer mehr Handwerker und Kaufleute die Geschicke der Stadt, die ab dem 15. Jh. mit der Flachsverarbeitung eine Blütezeit erlebte. Während der Industrialisierung entwickelte sich Bünde zu einem Zentrum der deutschen Tabakindustrie und wurde als „Zigarrenstadt“ weithin bekannt. Vom wirtschaftlichen Erfolg des „braunen Goldes“ zeugen bis heute zahlreiche noble Fabrikantenvillen.

Stadt Bünde Stadtmarketing
Bahnhofstr. 13
32257 Bünde
05223/161389
www.buende.de

Sehenswertes

Fabrikantenvillen

Von der Blütezeit der Bünder Tabakindustrie zeugen die über das ganze Innenstadtgebiet verteilten Villen der Tabakfabrikanten. Besonders sehenswert sind die **Villa Rehling** des Zigarrenfabrikanten Carl-Heinrich Rehling (Hindenburgstr. 3, 1893/1904) und die neubarocke **Villa André** des Zigarrenfabrikanten Georg (Hindenburgstr. 11, 1891).

Tabakspeicher

In rotem Backstein errichtet, ist der Tabakspeicher in der Nähe des Bahnhofs (Wasserbreite 5) ein markantes Wahrzeichen der Zigarrenstadt und erinnert an hanseatische Lagerhäuser. Es ist der einzige in Westfalen verbliebene Tabakspeicher, der noch immer seinem ursprünglichen Zweck dient. Der 1896 von einer Bremer Zigarrenfirma erbaute Speicher dient heute als Tabaklager für die Zigarrenfabrik André und als Maschinenlager des Deutschen Tabak- und Zigarrenmuseums.

Laurentiuskirche

An der Bahnhofstr. 12 im historischen Zentrum Bündes befindet sich die ev.-luth. Kirche St. Laurentius, die zu den ältesten Kirchengründungen Westfalens zählt. Nach einer Urkunde Kaiser Ludwigs des

Frommen (788–840) ist die Vermutung erlaubt, dass die Kirche bereits im 8. Jh. als Eigenkirche zu einem Königshof entstanden ist. Nach mehreren Bau- und Umbaumaßnahmen entstand im 13. Jh. der noch heute im Kern erhaltene spätromanische Kreuzsaal. Der romanische Turm ist wesentlich älter.

▸ Bauernhäuser
In vielen Ortsteilen Bündes haben sich sehenswerte historische Fachwerkhäuser erhalten. Beispielsweise in Ennigloh der **Hof Claus** (1740er-Jahre), in Hunnebrock der **Hof Wittemeier** (um 1840), in Südlengern der **Hof Tiemeyer** (1605) und in Werfen der **Hof Wortmann** (Ende 18. Jh.). Ebenfalls in Werfen findet sich an **Webers Kotten** der wohl prächtigste beschnitzte Torbogen (1821).

Der Bünder Tabakspeicher

Museen

▸ Deutsches Tabak- und Zigarrenmuseum
Hinter der malerischen Fachwerkfassade des Striedieckschen Hofes von 1828 informiert das Museum seit 1937 anschaulich über die einzigartige Geschichte der Tabakverarbeitung im Raum Bünde. Es können Maschinen und Geräte der Tabakherstellung, Marketingartikel und Erzeugnisse der Tabakindustrie besichtigt werden, darunter auch die größte rauchbare Pfeife der Welt (über 3,50 m lang) sowie die angeblich größte rauchbare Zigarre (1,60 m). Heute geben über 2200 Exponate und mehr als 30 Medienstationen einen spannenden Einblick in die Welt des Tabaks und des Tabakkonsums. Zudem zeigt das Museum eine der größten Sammlungen historischer Bauernmöbel in Westfalen.
Kontakt: Fünfhausenstr. 8–12, 32257 Bünde, ✆ 05223/793300

▸ Dobergmuseum
Die geologische Dauerausstellung des Dobergmuseums bietet auf ca. 550 qm Ausstellungsfläche, neben nahezu 1000 vor allem aus der Region stammenden Exponaten, verschiedene interaktive Stationen, mit deren Hilfe sich die Besucher selbstständig in die faszinierende Welt der regionalen Erdgeschichte einarbeiten können.
Kontakt: Fünfhausenstr. 8–12, 32257 Bünde, ✆ 05223/793300

▸ Heimatmuseum
Auf der Museumsinsel steht das Hurlbrinksche Haus, ein ehemaliges Handwerker- und Ackerbürgerhaus, in dem sich eine Ausstellung zur allgemeinen Regionalgeschichte befindet. Daneben der 1797 erbaute Spieker mit der Ausstellung „Vom Flachs zum Leinen". Auch ohne die Ausstellungen lohnt sich der Besuch des malerischen Fachwerkensembles, zu dem auch das Dammhaus von 1595 gehört.

Kontakt: Fünfhausenstr. 8–12, 32257 Bünde, ☏ 05223/161750

Freizeit & Natur

▸ Naturschutzgebiet Doberg
Im Stadtteil Südlengern-Heide liegt das Naturschutz- und Naherholungsgebiet Doberg. Die durch den Abbau von Mergel zerklüftete Landschaft ist über Deutschland hinaus bei Geologen und Paläontologen bekannt, da es sich um eine der umfangreichsten Fossilienlagerstätten nördlich der Alpen aus der Zeit des Oligozän (vor 23–33 Mio. Jahren) handelt. Die gefundenen Exponate sind im Dobergmuseum in Bünde ausgestellt.

▸ Radfahren
Das 120 km lange Radverkehrsnetz verbindet über 13 Routen alle Bünder Stadtteile und die umliegenden Gemeinden. Der Mittelpunkt aller beschilderten Strecken von 10, 20 und 35 km Länge befindet sich im Stadtzentrum an der Bolldammbrücke. Zudem verlaufen durch das Stadtgebiet u. a. der *Else-Werre-Radweg* und die *BahnRadRoute Weser-Lippe*. Als „fahrradfreundliche Stadt“ ausgezeichnet, verfügt Bünde über eine elektronisch gesteuerte Fahrradabstellanlage am Bahnhof und wirbt mit Aktionen wie dem Bünder Radelsommer, Volksradfahren „1000 Räder Bünde“ und dem Nachtradeln für die Fahrradnutzung.

▸ ☺ Reiten
In der Reitanlage am Dustholz bietet der Reit- und Fahrverein Bünde e. V. ein umfangreiches Angebot für kleine und große Pferdefreunde an. Dafür stehen am Stadtrand von Bünde zwei Reithallen und ein Außenplatz zur Verfügung.
Kontakt: Bültstr. 2, 32257 Bünde, ☏ 0175/5781486, 🌐 www.reiterverein-buende.de

Büren

(Kreis Paderborn)

Am Rand der Paderborner Hochfläche, dort, wo die Afte in die Alme mündet, liegt Büren. Im Jahre 1195, als die Gründung der Stadt vom Bischof von Paderborn und den Edelherren von Büren beschlossen wurde, war die Ortschaft bereits einige Jahrhunderte alt. Mit der Befestigung der Siedlung sowie dem Münz- und Zollrecht nahm die Zahl der Einwohner ständig zu und bald folgten erste Erweiterungen. 1661 starb der letzte Bürener Edelherr und setzte den Jesuitenorden als Erben über die Herrschaft Bürens ein. Mit dem Jesuitenkolleg und der dazugehörigen Kirche prägten die Jesuiten fortan Bild und Geschichte der Stadt.

Tourist-Information Büren
Königstr. 16
33142 Büren
☏ 02951/970-204
🌐 www.bueren.de

Sehenswertes

▸ Kirche Maria Immaculata
Rokoko ist eine ausgesprochen „heitere“ Architektur. So stimmt auch die Innenausstattung der Jesuitenkirche in Büren beschwingt auf ihre Schönheit ein. Die Kirche der „unbefleckten Maria“ ist eine der prächtigsten Barockkirchen Westfalens. Sie wurde 1754 bis 1773 im Auftrag des Jesuitenordens erbaut und gilt als eine der wenigen Kirchen im italienisch beeinflussten Stil nördlich des Mains. Das Innere der „Jesuitenkirche“ ist vom Rokoko-Stil bestimmt und zeigt zahlreiche sehenswerte Decken- und Wandgemälde. Zusammen mit dem ehemaligen Jesuitenkolleg bildet sie ein Ensemble, das die Ansicht der Stadt seit über 250 Jahren prägt.

Öffentliche Führungen: jeden 3. So, 16 Uhr
Kontakt: Burgstr. 4, 33142 Büren; Tourist-Information, 02951/970-204

Jesuitenkirche Maria Immaculata

▸ Jesuitenkolleg
Das dreiflügelige Schulgebäude wurde in den Jahren von 1719 bis 1728 als Jesuitenkolleg unter Beteiligung von Johann Conrad Schlaun im Stil des Barock erbaut. Die Mittel hierzu stammten aus dem Verkauf der Gemäldesammlung des Freiherrn Moritz von Büren, auf dessen testamentarische Verfügung und Initiative hin das Kolleg Büren gegründet wurde. Die „Burg der Bürener" – das heutige Mauritius-Gymnasium – beeindruckt durch elegante Schmuckelemente wie Portale, Rundbögen, korinthische Säulen, Vasen und Postamente.
Kontakt: Burgstr. 2, 33142 Büren; Tourist-Information, 02951/970-204

▸ Sakramentskapelle
Die achteckige Barockkapelle mit geschwungener Haube und Laterne entstand 1720 nach den Plänen des jungen Architekten Johann Conrad Schlaun, der als einer der größten westfälischen Barockmeister gilt. Zuvor stand hier eine Corpus-Christi-Kapelle, die aus Sühnegeldern für einen Judenmord errichtet worden war. Nach dem Zweiten Weltkrieg wurde die Kapelle zur Gedenkstätte umfunktioniert. Das Innere ist nur im Zuge einer Führung zu besichtigen.
Kontakt: Kapellenstr. 2, 33142 Büren; Tourist-Information, 02951/970-204

▸ Pfarrkirche St. Nikolaus
Die dreischiffige romanische Kreuzbasilika ist das älteste Bauwerk der Bürener Innenstadt. Im 12. Jh. erbaut, wurde sie immer wieder durch Brände und Stürme versehrt und mehrfach restauriert und umgebaut. In ihrem Innern verdienen ein Sakramentshäuschen und ein gotisches Triumphkreuz (16. Jh.) sowie eine Doppelmadonna und eine aus Holz geschnitzte Kanzel (um 1600) Beachtung. Die barocke Johann-Patroclus-Möller-Orgel, die ursprünglich im Kloster Böddeken stand, gehört zu den bedeutendsten Orgeln in ganz Westfalen.
Kontakt: Königstr. 20, 33142 Büren, 02951/91193, www.pv-bueren.de

▸ Burgruine Ringelstein
Auf einem Bergkamm oberhalb des Almetales können die Reste der Burg Ringelstein besichtigt werden. Bei Grabungen wurden ein Gewölbekeller, unterirdische Gänge sowie ein wehrhafter Wohnturm freigelegt, die den imposanten Umfang dieser mittelalterlichen Burganlage verdeutlichen, die um 1385 von den Edelherren von Büren erbaut wurde. Im Dreißigjährigen Krieg war die Burg, die auch Gerichtsstätte

war, Schauplatz zahlreicher Hexenprozesse. Zeugnisse dieser Prozesse finden sich im „Hexenkeller“ der Ruine. Da weiterhin Ausgrabungen durchgeführt werden, sind Besichtigungen nur nach Vereinbarung möglich.
Kontakt: Harthberg 16, 33142 Büren-Harth; Tourist-Information, 02951/970-204

Die Burgruine Ringelstein oberhalb des Almetals

Kloster Gut Böddeken

Die äußerst schön gelegene Anlage ist das älteste Kloster des Hochstiftes Paderborn.
Es wurde im Jahr 836 durch den Paderborner Archidiakon Meinolf zunächst als Frauenstift gegründet. Das spätere Augustinerkloster wuchs im 15. Jh. zu einem der bedeutendsten und einflussreichsten Ordenshäuser des Landes heran. Nach seiner Auflösung 1802 wird es bis heute als Wirtschaftsgut, seit 1978 mit einem Internat, weitergeführt. Das Gut kann nur von außen besichtigt werden.
Adresse: Böddeken 1, 33142 Büren-Wewelsburg

Klostergut Holthausen

Das ehemalige Zisterzienserinnenkloster Holthausen wurde 1243 von den Edelherren von Büren erbaut. Mit der Säkularisation (1810) erlosch das klösterliche Leben. Das Gut ist heute Wohnsitz der Familie von Fürstenberg. Der Großteil der Einrichtung stammt aus der Werkstatt des Bürener Bildhauers und Malers Johann Leonhard Falter. Besonderheiten sind das kunstvoll geschnitzte Gitter der Nonnenempore, die mit einem 14-sitzigen Chorgestühl (1778) und einer Orgel (1764) ausgestattet ist. Die deutsche Fatima National-Madonna hat hier ihren Stammsitz.
Adresse: Philipp Freiherr von Fürstenberg, Briloner Straße 80, 33142 Büren

Mittelmühle und Bohrmühle

Mitten in den malerischen Almeauen liegt die **Mittelmühle**. Anfang des 16. Jhs. als Getreidemühle erbaut, wurde sie später als Mineralmühle zur Erzeugung von Steinmehl (z. B. als Farbzusatz) umgebaut. Sie stellt damit eine Besonderheit unter den Mühlen dar. Heute beherbergt das historische Gebäude ein wertvolles technisches Denkmal. Die alte Mühleneinrichtung ist noch vollständig erhalten.
Direkt gegenüber der Mittelmühle liegt die **Bohrmühle**. Seit dem 17. Jh. wurden in dieser Mühle Baumstämme zu Wasserrohren verarbeitet. Damit wurden die „Kümpe“ (Wasserschöpfbecken) der Stadt mit frischem Wasser aus einer Quelle oberhalb der Stadt versorgt. Die Bohrmaschine wurde rekonstruiert und der Besucher erfährt Interessantes über die Wasserversorgung im 16. bis 19. Jh. Die Mühlen sind regelmäßig geöffnet, z. B. am Deutschen Mühlentag (Pfingstmontag).
Adresse: Mühlenstr. 2, 33142 Büren, www.heimatverein-bueren.de

Niedermühle

Das historische Kleinod ist Bestandteil des Erbes des Moritz von Büren und gehört zu den ältesten Gebäuden der Stadt. In den letzten Jahrzehnten hat die ehemalige

Wassermühle den Wandel zum modernen, kulturellen Bürgerhaus vollzogen. Die Kulturinitiative Niedermühle e.V. organisiert ein ambitioniertes Kulturprogramm und stellt die Räumlichkeiten für Veranstaltungen zur Verfügung.
Kontakt: Kulturinitiative Niedermühle, Bahnhofstraße 20, 02951/7639, www.niedermuehle-bueren.de

Museen

Wewelsburg

Die einzigartige Dreiecksburg, die sich im Ortsteil Wewelsburg hoch über der Alme erhebt, wurde von 1603 bis 1609 im Stile der Weserrenaissance erbaut. Von 1934 bis 1945 wurde die Residenz der Paderborner Fürstbischöfe von der SS genutzt und teilweise umgestaltet. Heute befindet sich hier das Historische Museum des Hochstifts Paderborn. Die Dauerausstellung zeigt kulturhistorisch bedeutsame Objekte und Inszenierungen zur Geschichte des Fürstbistums Paderborn von den Anfängen der Besiedlung bis ins Jahr 1802. Im ehemaligen SS-Wachgebäude am Burgvorplatz wurde die Erinnerungs- und Gedenkstätte „Wewelsburg 1933–1945“ mit der Ausstellung „Ideologie und Terror der SS“ eingerichtet – die weltweit einzige umfassende museale Gesamtdarstellung der Geschichte der Schutzstaffel (SS) der NSDAP.
Kontakt: Kreismuseum Wewelsburg, Burgwall 19, 33142 Büren, 02955/76220, www.wewelsburg.de

Bernhard-Wolff-Schulmuseum

Das Schulmuseum lädt zu einer Schulstunde wie zu Kaisers Zeiten ein. Anhand von Mobiliar, Bildern, Dokumenten und Plakaten wird das Schulleben Anfang des 20. Jhs. dargestellt. Das Prunkstück ist ein Klassenzimmer wie es vor dem Ersten Weltkrieg allgemein üblich war.
Kontakt: Schulmuseum Büren, Kleffnerstr. 4, 33142 Büren, Tourist-Information, 02951/970-204

Schützenmuseum im Eulenturm

Die St.-Sebastian-Bruderschaft Büren hat im Eulenturm ein Schützenmuseum eingerichtet. Der Turm ist einer von zwei erhaltenen Türmen der mittelalterlichen Stadtbefestigung. Es werden alte Dokumente, Gebrauchsgegenstände, Uniformen und Fahnen ausgestellt.
Kontakt: Ostmauer 8, 33142 Büren; Tourist-Information, 02951/970-204

Krankenhausmuseum

Das ehemalige Bürener Krankenhaus lebt hier im Museum weiter. Bei der Schließung des Krankenhauses konnte eine frühere Mitarbeiterin besonders interessante Stücke „retten“, die im Museum ausgestellt werden.
Adresse: Rosenstraße 14, 33142 Büren

Quax Hangar

Dieser Hangar ist ein fliegendes Museum, bei dem die Flugzeuge dort sind, wo sie hingehören: in der Luft. Die Vereinsmitglieder sind stolz auf ihren „lebenden" Hangar mit lufttüchtigen Flugzeugen. Hier wird geschraubt, hier werden alte Schätze wieder zum Leben erweckt und hier darf jeder mal hinter die Kulissen schauen.
Informationen: www.quax-flieger.de

Freizeit & Natur

Radfahren

Auf über 300 km ausgeschilderten und vorbildlich ausgebauten Routen werden die Radfreunde zu den vielen landschaftlichen und kulturellen Sehenswürdigkeiten navigiert. Zu den beliebtesten regionalen Radwegen gehören der *Alme-Radweg*, der *Auen-Radweg* und die *Paderborner Land Route*.

Informationen: 🌐 www.alme-radweg.de, 🌐 www.auen-radweg.de, 🌐 www.paderbornerlandroute.de

‣ Wandern
Mit über 250 km markierten und ausgeschilderten Wanderwegen bildet Büren den Wanderknotenpunkt im Paderborner Land. Eine der schönsten Wanderrouten ist der 17 km lange *Grenzstein-Weg*, der zu den über 400 Jahre alten historischen Grenzsteinen im Ringelsteiner Wald führt. Historisch Interessierte folgen dem 27 km langen *Jesuiten-Pfad* auf den Spuren des Edelherren Moritz von Büren. Größte Abwechslung zwischen Kultur und Natur ist auf dem *Sintfeld-Höhenweg* zu erleben. Der 144 km lange Rundwanderweg verbindet die Städte Bad Wünnenberg, Büren und Lichtenau. Neben zahlreichen weiteren Wanderattraktionen bietet Büren alljährlich besondere Wanderveranstaltungen wie den Wandermarathon (1. So im Mai), geführte Nachtwanderungen (Ende Juni) oder die Bürener Wanderwoche im Herbst. Und zur Förderung der Umweltbildung organisieren die Förster Walderlebnisse für Kinder und Jugendliche.

‣ Hundewandern
Wandern mit dem besten Freund des Menschen und im Rudel Gleichgesinnter erfreut sich immer größerer Beliebtheit. Die Veranstaltungen stehen stets unter einem besonderen Motto und werden von kompetenten Referenten sowie geprüften Hundeausbildern begleitet.
Kontakt: Max & Moritz Hundewandertouren, Drosselweg 4, 33142 Büren-Brenken, ✆ 02951/9911922 o. 0152/06544824, 🌐 www.hundewandertouren.de

‣ Angeln
Auf einer Strecke von 6 km haben Angler am Ufer der Alme die Chance, Forellen, Äschen und vielleicht einen Aal an den Haken zu bekommen. Tagesangelscheine erhalten Sie jährlich ab dem 1. Mai im Bürgerbüro der Stadt Büren.

‣ Kanufahren
Eine Kanutour durch den Flusslauf der Alme bietet Ihnen der Kanu- und Skiclub Büren e. V.
Kontakt: Alfons Henneböhl, Weiner Kirchweg 24, 33142 Büren-Siddinghausen, ✆ 0177/1675665

‣ ☺ Reiten
Im Bürener Land kommen Pferdeliebhaber auf ihre Kosten. Auch für die Kleinen wird eine Menge geboten. Ponyreiten, Geburtstag in der Kutscherdeele, Kutschfahrten oder Übernachten im Stroh, all das kann man auf dem *Ponyhof Okental*.
Die *Pferde-Werkstatt* strebt eine individuelle Ausbildung von Mensch und Pferd/Pony an. Franca Lange hat sich auf die Ausbildung von Fahrponys spezialisiert und bietet zusammen mit dem Fahrsportverein Alt-Bürener-Land e. V. Schnupperkurse, Abzeichen Lehrgänge und den Kutschenführerschein A an.
Die Anlage des *Reit- und Fahrvereins Büren* befindet sich im Almetal (Gut Holthausen) in unmittelbarer Nähe der Stadt Büren. Sie besteht aus zwei Reithallen, zwei Außenplätzen, einer Geländstrecke, Stallungen sowie weiträumigen Weiden und lässt damit keine Wünsche offen.
Kontakt:
Ponyhof Okental: Okental 1, 33142 Büren-Hegensdorf, ✆ 02951/935937
Pferde-Werkstatt: Tiggstraße 3, 33142 Büren-Ahden, ✆ 0163/1413008, 🌐 www.pferde-werkstatt.de
Reit- und Fahrverein Büren: Briloner Str. 80, 33142 Büren, 🌐 www.reitundfahrverein-bueren.de

‣ Kartfahren
Die 1000 m lange Kartbahn Büren ist als offizielle Rennstrecke anerkannt. Sie bietet

optimale Voraussetzungen für packende Action, die sowohl Hobby- als auch aktive Rennkartfahrer begeistert.
Kontakt: Motor Sport Weis, Westring 27, 33142 Büren, ☏ 02951/92692, 🌐 www.kartbahn-bueren.de

▸ Paderborn-Lippstadt Airport
Mit dem Air Hangar mit seiner spektakulären Aussichtsterrasse lädt der Heimathafen zum Einkehren ein. Für begeisterte Aviation-Liebhaber werden regelmäßig Führungen angeboten und im Quax Hangar können historische Flugzeuge bestaunt werden. Auch Rundflüge und Fallschirmsprünge ermöglichen einen atemberaubenden Blick auf die Region und sorgen für Nervenkitzel.
Kontakt: Flughafen Paderborn/Lippstadt GmbH, Flughafenstr. 33, 33142 Büren, ☏ 02955/770, 🌐 www.airport-pad.com

▸ Segelfliegen
Wer die landschaftlichen Schönheiten des Paderborner Landes einmal aus der Vogelperspektive betrachten möchte, findet dazu am Flugplatz „Büren am Schwalenberg" Gelegenheit. Der Aero-Club Büren e. V. bietet Rundflüge im Segelflugzeug, Motorsegler oder Motorflugzeug an.
Adresse: Vikar-Schlepphorst-Weg, 33142 Büren, 🌐 www.ac-bueren.de

▸ ☺ Almeauen
Am Ufer der Alme lädt eine angelegte Parklandschaft zu vielen Aktivitäten ein. Ein großer Kinderspielplatz, eine Boule-Anlage und ein Basketballplatz sowie die große Hängebrücke über der Alme inmitten der grünen Landschaft versprechen vor allem für Familien mit Kindern ein großes Vergnügen. Zudem findet man am Fluss ein Wassertretbecken, Rundwander- und Fahrradwege, ausgezeichnete Nordic-Walking-Strecken und einen Mountainbike-Parcours.

Delbrück

(Kreis Paderborn)

Westlich von Paderborn, zwischen Lippe und Ems gelegen, erstrecken sich die zehn Stadtteile der Stadt Delbrück. Der Name der Stadt lässt sich auf Dellebruggen (Dielenbrücken) zurückführen, die in sumpfigen Flussniederungen errichtet wurden. Die geschlossene Dorfanlage mit einer zentralen Wehrkirche wurde 1292 erstmals erwähnt und im 14. Jh. erweitert. Anfang des 15. Jhs. erhielten die Delbrücker wichtige politische und wirtschaftliche Privilegien. 1802 verlor die Stadt ihre Selbstverwaltung und fiel zunächst an Preußen, 1807 an das Königreich Westfalen und wurde 1815 schließlich Teil der neu gegründeten Provinz Westfalen.

Stadt Delbrück
Lange Str. 45
33129 Delbrück
☏ 05250/996112
🌐 www.stadt-delbrueck.de
🌐 www.komm-nach-delbrueck.de

Sehenswertes

▸ Kirchenring
Delbrück verfügt über eine nahezu geschlossen erhaltene Kirchringbebauung mit Fachwerkbauten des 17. bis 19. Jhs. Besonders sehenswert ist das außerhalb des Kirchringes gelegene Pfarrhaus, das 1716 nach Plänen von Johann Conrad Schlaun errichtet wurde.

▸ Pfarrkirche St. Johannes Baptist
Der schiefe Kirchturm der kath. Pfarrkirche ist das Wahrzeichen der Stadt. Der hohe Turmhelm wurde um 1400 aus Holz erbaut, das sich mit der Zeit witterungsbedingt

verzogen hat. Das heutige Mittelschiff mit dem eingezogenen Turm wurde um 1180 als Wehrkirche in der alten Kirchenburg errichtet. Bedeutendste Ausstattungsgegenstände sind ein Gnadenkreuz von 1496, eine Pietà aus dem 14. Jh. und der barocke Hochaltar aus dem Kloster Böddeken.

Boker-Heide-Kanal

Benannt nach der Heidelandschaft rund um den Ortsteil Boke verläuft der künstliche Wasserlauf zwischen Paderborn und Lippstadt. Der 32 km lange Kanal wurde in den Jahren 1850–53 gebaut und sorgte dafür, dass sich in dem Gebiet mit kargen Sandböden eine florierende Landwirtschaft entwickelte. Bis Mitte der 1970er-Jahre war er in Betrieb. Heute zählt der Bewässerungskanal mit seinen 16 Schleusen zu den technischen Kulturdenkmälern in Westfalen und steht zum Teil unter Denkmalschutz. Entlang des baumgesäumten Wasserlaufs laden die Wege zum Spazierengehen und Radfahren ein.

Freier Stuhl

Auf einem Sandhügel neben dem Boker-Kanal erinnert ein dreieckiger Stein an die Gerichtsstätte „Zum freien Stuhl". Einst wurden hier unter einem Baum Freistuhl- oder Femegerichte abgehalten, bei denen es zumeist um Beurkundungen von Pflichten, Verkäufen etc. ging. Da genau hier die Kreise Paderborn, Gütersloh und Soest aufeinandertreffen, ist die geschichtsträchtige Stätte auch als „Dreiländereck" bekannt.
Adresse: Am Freien Stuhl, 33129 Delbrück

Das gastliche Dorf

Im Ortsteil Sudhagen steht ein Ensemble verschiedener original restaurierter Bauernhöfe aus dem 16. bis 18. Jh. mit Kapelle, Backhaus und Dorfladen. Das Idyll an der Deutschen Alleenstraße erinnert an die gute alte Zeit und lädt zum Verweilen ein. Spielplatz und Tiere machen das Dorf zum idealen Ausflugsziel für Familien mit Kindern.
Kontakt: Lippstädter Str. 88, 33129 Delbrück, 05250/5141 67, www.das-gastliche-dorf.de

Museen

Römerlager Anreppen

1968 entdeckt, zählt das 23 ha große Lager zu den wichtigsten frührömischen Denkmälern in Deutschland. Die Römer legten das befestigte Lager, das bis zu 6000 Soldaten beherbergt haben soll, im Jahre 4 bis 5 n. Chr. am heutigen Südufer der Lippe im Ortsteil Anreppen an. Von der Informationshütte führt ein archäologischer Lehrpfad mit 13 Stationen durch das Gelände.
Kontakt: Stadt Delbrück, 05250/996116, www.anreppen.de

Heimatmuseum Ostenland

Im Feuerwehrgerätehaus von Ostenland sind Raritäten, Trachten und bäuerliches Kulturgut aller Art, Zeugnisse der Ortsgeschichte, geologische und paläontologische Stücke ausgestellt. Besichtigungen und Schulunterricht vor Ort sind auf Anfrage möglich.
Kontakt: Auf dem Haupte 33, 33129 Delbrück, 0151/53105530, www.ostenland.de

Heimatstube Delbrück

Im Heimathaus kann man original Delbrücker Trachten, historische Fahnen und andere interessante Exponate bestaunen. Zwei weitere Ausstellungsräume werden vom Schützenverein St. Johann Baptist und dem Karnevalsverein Eintracht Delbrück von 1832 betreut. Besichtigungen und Führungen sind auf Anfrage möglich.
Kontakt: Kirchplatz 10, 33129 Delbrück, 05250/930162 o. 50342

Freizeit & Natur

Naturschutzgebiet Steinhorster Becken
Das ca. 83 ha große Naturschutzgebiet gilt als das größte von Menschenhand geschaffene Biotop in Nordrhein-Westfalen. Seit 1991 finden in diesem künstlichen Biotop aus Flachwasserflächen, Inseln und Feuchtgrünland zu beiden Seiten der Ems heimische, aber auch viele durchziehende Wat- und Wasservögel störungsfreie Bereiche zum Brüten, Rasten oder zur Nahrungsaufnahme. Auch fischfressende Vogelarten, verschiedene Taucher und Schnepfenvögel sind häufig zu Gast. Zur Beobachtung der Natur- und Tierwelt bieten sich die Deichkrone und der Beobachtungsturm im nördlichen Bereich an.
Kontakt: Biologische Station Kreis Paderborn Senne, Birkenallee 2, 33129 Delbrück-Ostenland, 05250/708410, www.bs-paderborn-senne.de

Tierpark Nadermann
Besonders für Kinder ist der Besuch des Tierparks mit über 600 Tieren aus aller Welt ein aufregendes Erlebnis. Eine Märchen-Bimmelbahn und der riesige Spielplatz mit vielen Attraktionen bieten zusätzlichen Spaß.
Kontakt: Grafhörsterweg 5, 33129 Delbrück-Schöning, 05244/5163 o. 902930, www.tierpark-nadermann.de

Trinkwasserlehrpfad
Die zukunftsweisende Technologie des Wasserwerkes „Boker Heide" in Delbrück-Anreppen erhielt von der EXPO 2000 die Anerkennung als „weltweites Expo-Projekt". Neben dem Behältergebäude informiert der Trinkwasserlehrpfad über die Besonderheiten der unterirdischen Wasseraufbereitung. Der Pfad liegt an der *WasserRoute*.

Reiten
Mit 1000 Aktiven in drei Vereinen, zahlreichen Reithallen sowie privaten Reitställen und Pferdepensionen ist Delbrück eine Hochburg für den Reit- und Fahrsport. Absolute Publikumsmagneten sind die großen und hochklassigen Reittuniere.
Informationen: www.rv-westenholz.de, www.reitverein-delbrueck.de, www.reitverein-ostenland.de

Ein Paradies für Radler

Radfahren
Die flache Landschaft zwischen Lippe und Ems ist ein Paradies für Radler und Skater. Zahlreiche Radwege und über 500 Kilometer befestigte Wirtschaftswege versprechen viel Freizeitspaß für den Familienausflug oder die sportliche Herausforderung. Die Touren *De 1* bis *De 10* und die *WasserRoute* stellen bei Distanzen von 12 bis 22 Kilometern keine allzu hohen Ansprüche. Die *Spargelroute* (33 km), der *Kapellenweg* (45 km) und die *Genuss-Route* (80 km) führen durch mehrere Stadtteile.

Erlebnispark Meiwes
Swin-Golfspielen kommt ohne Etikette und komplizierte Regeln aus und ist kinderleicht zu erlernen – Golf für jedermann und der ideale Freizeitspaß für die ganze Familie. Neben der rustikalen Golfvariante werden im Ortsteil Westenholz auch diverse andere Geschicklichkeits- und Spaßspiele für Freizeitsportler jeden Alters angeboten: z. B. Soccer Goal, Fußball-Golf, Indoor-Minigolf, 3D-Minigolf. Darüber hinaus bietet die Anlage ein Maislabyrinth, ein Heuhotel, ein Gästehaus und Gastronomie.
Kontakt: Wiebelerstr. 24, 33129 Delbrück-Westenholz, 02944/974432, www.erlebnispark-meiwes.de

Detmold

(Kreis Lippe)

Mit rund 73 000 Einwohnern ist Detmold die größte Stadt im Kreis Lippe. Der Ort wurde erstmals 783 erwähnt, als Karl der Große in dieser Gegend von den Sachsen besiegt worden sein soll. 1263 erhielt die Siedlung von den Edelherrn zur Lippe das Stadtrecht. Bereits zu Beginn des 14. Jhs. war die gesamte Stadt von Graben, Wall und Mauer umgeben, von der sich Teile erhalten haben. Die weitere Entwicklung verlief zögerlich, da Detmold wiederholt von Plünderungen, Bränden und Fehden heimgesucht wurde. Schließlich baute man die Stadt zu einer starken Festung aus, die Graf Bernhard VII. 1468 zu seiner ständigen Residenz erwählte. Pest und Krieg, Hexenverfolgung und Reformation hinterließen deutliche Spuren, bevor sich die Stadt gegen Ende des 19. Jhs. von einer Handwerker- und Ackerbürgerstadt zu einer modernen Landeshauptstadt mauserte.

Tourist-Information
Rathaus am Markt
32754 Detmold
05231/977328
www.detmold.de

Sehenswertes

Historische Altstadt
Da der Stadtkern Detmolds von den beiden Weltkriegen weitgehend verschont blieb, haben sich einige Hundert Baudenkmäler aus spätem Mittelalter, Biedermeierzeit und Gründerzeit erhalten. Den Mittelpunkt der Altstadt bildet der Markplatz mit dem **Donopbrunnen**, der **Erlöserkirche** und dem **klassizistischen Rathaus**. Rings um den Platz liegen beschauliche kleine Gassen, in denen sich so manches architektonische Kleinod und liebevoll eingerichtete Geschäft entdecken lässt.

Fürstliches Residenzschloss
Erbaut im Stil der Weserrenaissance, prägt das Schloss mit seinem Park die historische Altstadt. Die Vierflügelanlage aus dem 16. Jh. war Sitz der lippischen Regenten. Da das Schloss mit dem markanten Treppenturm auch heute noch bewohnt wird, kann es nur im Rahmen von Führungen besichtigt werden. Sehenswert sind die Jagdwaffen- und Porzellansammlung sowie die barocken Gobelins und prunkvollen Säle.
Kontakt: Schlossplatz, 32756 Detmold, 05231/70020, www.schloss-detmold.de

Fürstenzimmer im Bahnhof
Zur Sanierung des 1880 errichteten Bahnhofsgebäudes in Detmold gehörte auch die Wiederherstellung des Fürstenzimmers. Diese von den übrigen Wartesälen strikt getrennte Räumlichkeit diente den lippischen Fürsten und ihren Gästen als exklusiver Warte- und Empfangsraum. Zur standesgemäßen Ausstattung gehört neben

der üppigen hölzernen Kassettendecke auch die gemalte Dekoration der Wände. In dem Fürstenzimmer befindet sich heute ein Jugendtreff.
Adresse: Bahnhofstr., 32756 Detmold

▸ Hermannsdenkmal
Südwestlich der Innenstadt ragt auf der 386 m hohen Grotenburg das wohl berühmteste Ausflugsziel der Region in den Himmel: das Hermannsdenkmal. Die 53,5 m hohe Figur wurde zur Erinnerung an die „Schlacht im Teutoburger Wald" 9 n. Chr. errichtet, bei der das römische Heer unter der Führung des Cheruskerfürsten Arminius so entscheidend geschlagen wurde, dass ein weiteres Vordringen der Römer verhindert wurde. Seit der Einweihung 1875 ist das Denkmal zu einem der bedeutendsten Touristenmagneten im norddeutschen Raum geworden.
Kontakt: Grotenburg 50, 32760 Detmold, 05231/621165, www.hermannsdenkmal.de

Fachwerk in der Innenstadt

▸ Falkenburg
1194 von Bernhard II. zur Lippe und dessen Sohn Hermann II. erbaut, kann die Falkenburg als Geburtsstätte Lippes und Wiege des ehemaligen Fürstenhauses bezeichnet werden. Bei einem Brand wurde die Burg 1453 schwer beschädigt und nicht mehr lange bewohnt. Ab dem 16. Jh. verfiel sie und wurde als Steinbruch genutzt. Seit 2005 finden auf dem Gelände Ausgrabungen statt, bei denen bereits viele spannende Funde ans Licht kamen.
Informationen: www.falkenburg.de

Museen

▸ Lippisches Landesmuseum
Nach bescheidenen Anfängen im Jahre 1835 hat sich das Naturhistorische Museum zu einem Landesmuseum mit internationaler Bedeutung entwickelt. Unweit des Schlosses präsentiert das älteste und größte Museum Ostwestfalen-Lippes auf über 5000 qm seine reichen Sammlungen. Die Exponate stammen aus den Bereichen Naturkunde, Ur- und Frühgeschichte, Landesgeschichte, Volkskunde, Kunst, Möbel und Innenarchitektur sowie Völkerkunde. Zudem wird der Mythos „Varusschlacht" und „Hermann, der Cherusker" thematisiert.
Kontakt: Ameide 4, 32756 Detmold, 05231/99250, www.lippisches-landesmuseum.de

▸ Freilichtmuseum Detmold
Im größten Freilichtmuseum Deutschlands werden auf über 100 ha mehr als 90 vollständig eingerichtete Gebäude aus allen Landschaften Westfalens gezeigt. Um den geschichtlichen Hintergrund ländlichen Lebens zu erfahren, wird täglich altes Handwerk demonstriert. Auf dem Museumsgelände verkehren Pferdewagen, drei Lokale laden ein und an vielen Wochenenden gibt es kostenlose Führungen zu bestimmten Themen.
Kontakt: Krummes Haus, 32760 Detmold, 05231/7060, www.lwl-freilichtmuseum-detmold.de

▸ Museum für russlanddeutsche Kulturgeschichte

In Detmold entstand in den 1990er-Jahren das deutschlandweit erste Museum zur Geschichte und Kultur der Russlanddeutschen und Russlandmennoniten. Die Sammlung des Museums gibt Einblick in Alltag, Religion und Wirtschaftsleistung der deutschen Minderheit in Russland während der letzten 300 Jahre. Zum Bestand gehören auch Gemälde und Skulpturen aus dem 20. Jh.
Führungen: Jeden 1. Sonntag im Monat durch die Dauerausstellung
Kontakt: Georgstr. 24, 32756 Detmold, ☏ 05231/921690, 🌐 www.russlanddeutsche.de

Freizeit & Natur

▸ ☺ Adlerwarte Berlebeck

Mitten im Teutoburger Wald liegt nahe Berlebeck die artenreichste und älteste Greifvogelwarte Europas. Mit ihren 200 Greifen aus 40 Arten ist die Warte weithin bekannt für ihre einmaligen Freiflugvorführungen. Im neuen Lehr- und Infozentrum vermitteln moderne Medien alles Wissenswerte über Greife, die Falknerei und die Aufgaben der Adlerwarte im Artenschutz. Ein großes Spielgelände und ein Streichelzoo beschäftigen auch die kleinen Besucher.
Kontakt: Hangsteinstr. (Parkplatz), 32760 Detmold, ☏ 05231/47171, 🌐 www.detmold-adlerwarte.de

▸ ☺ Vogelpark Heiligenkirchen

In der gepflegten Parkanlage leben über 1000 Vögel und Säugetiere in großen Volieren und Freigehegen. Unter den 300 verschiedenen Arten befinden sich auch der größte Vogel und das kleinste Huhn der Welt. Außerdem sind Pelikane, Störche, Kraniche, Pfauen, Tukane, aber auch Affen, Präriehunde, Kängurus und viele andere zu sehen. Eine Attraktion ist die Streichelwiese mit Papageien. Ein großer Abenteuerspielplatz und zwei Kaffeeterrassen runden das Angebot ab.
Kontakt: Ostertalstr. 1, 32760 Detmold, ☏ 05231/47439, 🌐 www.vogelpark-heiligenkirchen.de

Das Hermannsdenkmal

▸ Hiddeser Bent

Das Hiddeser Bent (torfhaltiges Moor) steht seit 1950 unter Naturschutz und ist das letzte noch lebende Hangmoor im Teutoburger Wald. Die zahlreichen Hangterrassen sind durch den jahrzehntelangen Torfabbau entstanden, die später mit Fichten und Kiefern aufgeforstet wurden. Auf der unbewaldeten Fläche haben viele seltene Pflanzenarten, u. a. unterschiedliche Torfmoosarten und der Insekten fangende Sonnentau ein Refugium gefunden. Am Nordrand des Bents befindet sich eine Aussichtskanzel.
Adresse: Lopshorner Allee, 32760 Detmold

▸ 1000-jährige Eiche

Im Detmolder Ortsteil Hornoldendorf gab es einst einen Gutspark mit Burg, Wassergräben und barockem Lustgarten. Neben einer sehenswerten Rhododendren-Gruppe zeugt auch das Naturdenkmal 1000-jährige Eiche, die einen Teil der Gutsmauer einschließt, von der einstigen Pracht.
Adresse: Rittergutsweg, 32760 Detmold

▸ Donoper Teich

Schon seit 1641 wird der Hasselbach angestaut und bildet im Hiddeser Wald den Donoper Teich. Der Name geht auf die Familie von Donop zurück, eine der ältesten Adelsfamilien Lippes, die sich bis ins 14. Jh. zurückverfolgen lässt. Den Rittergutsbesitzern im Dienste der lippischen Grafen diente der Teich über Jahrhunderte zur Fischzucht. Noch heute kann man vom Ufer aus verschiedene Fischarten in den unterschiedlichsten Größen beobachten.
Adresse: Stoddartstr., 32760 Detmold

▸ ☺ Teuto-Kletterpark

Im natürlichen Buchenbestand nahe dem Hermannsdenkmal kann man auf über 60 Kletterstationen Geschicklichkeit, Mut und Selbstvertrauen beweisen. Ein Naturerlebnis und eine sportliche Herausforderung für Anfänger und Kletterprofis jeder Altersstufe.
Kontakt: Grotenburg 50, 32760 Detmold, ☎ 05231/569452, 🌐 www.interakteam.de

▸ ☺ Freizeitbad Aqualip

Höhepunkt der vielseitigen Wasserspaßerlebniswelt ist der rasante und kurvenreiche „Aqua Blitz“, eine 84 m lange Rutsche. Außerdem gibt es ein beheiztes Außenbecken, eine Lagunenlandschaft, einen Hot Whirlpool und ein 34°C-Solebecken. In der Saunalandschaft kann man sich unter anderem in Kräuter-Dampfbad, Tepidarium und finnischer Trockensauna entspannen.

Das Fürstliche Residenzschloss Detmold

Kontakt: Georg-Weerth-Str. 19, 32756 Detmold, ☎ 05231/607250, 🌐 www.aqualip.de

▸ Wandern

Detmold ist ein lohnendes Ziel für Wanderer. Mitten im Naturpark gelegen führen rund 400 km markierte Wanderwege durch die Region. Darunter der *Europäische Fernwanderweg E1*, der *Niedersachsenweg* und der 156 km lange *Hermannsweg* über den Kamm des Teutoburger Waldes. Der rund 57 km lange *Residenzweg* führt rund um Detmold an beliebten Ausflugszielen vorbei. Auf den *Hermannshöhen* gehört die Besteigung der Grotenburg zu den schönsten Wandererlebnissen.
Informationen: www.hermannshoehen.de

▸ Radfahren

Neben der überregionalen *Römer-Lippe-Route, Wellness-Radroute, BahnRadRoute* und dem *Europaradweg R1* stehen vier abwechslungsreiche Rundkurse zur Verfügung: *Geschichte und Geschichten-Tour* (33 km), *KulTour und NaTour* (23 km), *Leistruper Wald-Tour* (23 km) und die *Passadetal-Tour* (21 km). Am Detmolder Bahnhof können Räder kostenlos in der Fahrradabstellanlage geparkt und E-Bikes aufgeladen werden.

Dörentrup

(Kreis Lippe)

Die von der Bega durchflossene Gemeinde liegt im lippischen Bergland. Die reizvolle Landschaft ist von Buchenwäldern, kleinen Bächen und bis zu 400 m hohen Bergkegeln geprägt. Aufgrund seiner ländlichen Struktur mit vielen Frei- und Waldflächen hat sich Dörentrup schon früh als Erholungsort für Urlaub auf dem Bauernhof einen Namen gemacht. Das Gemeinde-Motto „dynamisch.tierisch. gut." unterstreicht das naturnahe Ansinnen.

Verkehrsverein e.V. Dörentrup
In der Stallscheune
Försterweg 9
32694 Dörentrup
05265/8140
www.doerentrup-lippe.de
www.das-dorf-der-tiere.de

Sehenswertes

Schloss Wendlinghausen

Das prachtvolle und geschichtsträchtige Anwesen wurde in den Jahren 1613 bis 1616 im Stil der Weserrenaissance errichtet. Bauherr des Wasserschlosses war Hilmar von Münchhausen, dessen Vetter, der berühmte Lügenbaron, häufig zu Gast war. Das Gebäude ist von einem 3 ha großen Park umgeben, der durch seine außergewöhnlich vielfältige und seltene Botanik zu den ökologischen Einzigartigkeiten der Region zählt. Die in regelmäßigen Abständen stattfindenden kulturellen Veranstaltungen und hochklassigen Konzerte haben sich zu einer festen Institution weit über die Region hinaus etabliert.

Kontakt: Schloss & Gut Wendlinghausen, Joachim und Elisabeth von Reden, 32694 Dörentrup, 05265/8909, www.schloss-wendlinghausen.de

Wallburg Alt-Sternberg

Im Ortsteil Schwelentrup, auf einem Sporn des Mühlingsbergs, sind noch Mauerreste und Erdwälle der Burg Alt-Sternberg vorhanden. Die Erbauer sind unbekannt, doch aufgrund der vorhandenen Funde wird vermutet, dass die Burg vom Ende des 11. bis etwa zum Beginn des frühen 13. Jhs. bewohnt wurde.

Freizeit & Natur

Dorf der Tiere

Im lippischen Bergland ist die dörfliche Atmosphäre lebendig und bietet besonders Kindern ein echtes Landerlebnis. Ob Ponyreiten oder Eselwanderungen, Fledermausnacht oder Papageienparadies, hier ist vieles möglich. Noch mehr über die heimischen Tiere und Pflanzen ist bei Projekten wie den „Kleinen Tierfilmern", dem Artenschutzprojekt „Sikawild" oder bei der Wildbeobachtungsstation zu erfahren. Nach Anmeldung über das Verkehrsamt sind auch Planwagen-

Das prachtvolle Schloss Wendlinghausen

fahrten zu ausgewählten Bauernhöfen mit Hofbesichtigung möglich.
Adresse: Poststr. 11, 32694 Dörentrup, www.das-dorf-der-tiere.de

▸ Spiel- und Rastplatz Schwelentrup
Der mit Baumstämmen, Findlingen, Felsen und Hügeln gestaltete Spiel- und Rastplatz an der historischen Stallscheune in Schwelentrup lädt Klein und Groß zum Picknick in der Natur ein.

▸ Wandern
In und um Dörentrup gibt es eine vielfältige Auswahl von gut markierten Wanderwegen unterschiedlicher Schwierigkeitsgrade. Neben den örtlichen Wanderwegen sind auch überregionale Touren, z. B. auf dem *Weg der Blicke*, *Hansaweg* und *Pilgerweg*, möglich, die alle die Gemeinde Dörentrup berühren.

▸ BaumErlebnispfad
Zwischen Schwelentrup und der Burg Sternberg kann man 44 Baumarten bestimmen. Die Baumarten sind mit Nummern beschildert. Informationen bietet eine Faltkarte.

▸ BienenErlebnispfad
Der BienenErlebnispfad in Schwelentrup soll die lebenswichtige Bedeutung der Bienen für Ökologie und Umwelt aufzeigen. Im Bienenhaus wird ein Minivolk im Erlebnisschaukasten und der Alltag von zwei Bienenvölkern erlebbar. Der Pfad führt an verschiedenen Blühpunkten mit Bepflanzungsvarianten entlang, die man als Inspiration für den heimischen Garten oder Balkon aufnehmen kann.
Informationen: www.natourenergie.de

▸ Wildbeobachtungsstation
An diesem rustikalen Ort kann man nach vorheriger Anmeldung heimisches Wild in der Abenddämmerung und bei Sonnenaufgang beobachten. Ein echtes Naturerlebnis ohne Komfort für die ganze Familie in Schwelentrup.
Informationen: www.natourenergie.de

An der Wildbeobachtungsstation

▸ Steinberg
Der Steinberg wurde von 1963 bis 1992 militärisch als Raketen- und Radarstation genutzt. 1998 hat der NABU Lippe begonnen, die 10 ha große Fläche zu renaturieren. Ein Gebäude wurde zu einem Fledermausquartier umgebaut. Inzwischen beherbergt das Gebiet seltene Tier- und Pflanzenarten, wie den Baumpieper, die Schlingnatter und den Dreifingersteinbrech. Von einem Aussichtspunkt auf 396 m Höhe hat man eine Rundumsicht mit Ausblicken zum Teutoburger Wald und Hermannsdenkmal sowie zum Wesergebirge und Kaiser-Wilhelm-Denkmal.

▸ Radfahren
Die Umgebung Dörentrups lässt sich auf eigene Faust erkunden oder man folgt den ausgeschilderten Radrouten. Das gut ausgebaute und beschilderte Radwegenetz ist zudem an überregionale Radrouten und auch an die *BahnRadRouten* angeschlossen. Hier sind insbesondere die *Fürstenroute Lippe* (150 km) und die *BahnRadRoute Hellweg-Weser* (275 km) zu nennen.
Informationen: bahnradrouten.de

Enger

(Kreis Herford)

Enger wird auch als „heimliche Hauptstadt" des Ravensberger Landes bezeichnet. Sie wurde erstmals im Jahr 948 in einer Stiftungsurkunde Ottos des Großen erwähnt und 1719 durch Friedrich Wilhelm I. von Preußen zur Stadt erhoben. Bereits seit dem 13. Jh. wird Enger mit dem sächsischen Adeligen Widukind in Verbindung gebracht, der zwischen 777 und 785 erbitterten Widerstand gegen die Eingliederung in das fränkische Reich leistete. Am Ende obsiegte Karl der Große und Widukind ließ sich taufen. Die Gebeine des sagenumwobenen Sachsenanführers ruhen, man ist sich fast sicher, in der Stiftskirche zu Enger.

Widukindstadt Enger
Bahnhofstr. 44
32130 Enger
05224/9800878
www.enger.de

Die Liesbergmühle

Sehenswertes

▸ Stiftskirche

In ihrer heutigen Form stammt die Stiftskirche aus der Mitte des 14. Jhs., ihre ältesten Teile aus der Zeit um 800, also zu Lebzeiten Widukinds. Bei Grabungen im Chor fand man an zentraler Stelle Gräber, in denen um 800 Männer der Stifterfamilie beigesetzt wurden. Es wird vermutet, dass es sich bei einem Grab tatsächlich um die Grablege des Sachsenherzogs handeln könnte. Eigentümlich ist der freistehende Kirchturm. Der Sage nach ist diese Besonderheit auf einen von Widukind angeregten Wettstreit zurückzuführen. Danach wollte er dort begraben werden, wo man am schnellsten eine Kirche baute. Enger gewann, da man hier einfach auf den Kirchturm verzichtete und somit den Bau vor der Konkurrenz in Bünde und Rehme fertigstellen konnte. Im Inneren der Kirche gilt der Schnitzaltar (1525) des Meisters Hinrik Stavoer als große Kostbarkeit. Hinter dem Altar befindet sich ein Sarkophag mit einer Reliefplatte (12. Jh.), die als eines der frühesten großplastischen Werke in Deutschland gilt. Sie zeigt Widukind im Königsgewand mit Lilien, Zepter und Krone. Führungen organisiert das Widukind-Museum.
Adresse: Kirchplatz 1, 32130 Enger

▸ Kirchenrundling

Die Stiftskirche wird kreisförmig von zum Teil denkmalgeschützten Fachwerkgebäuden umgeben, die eindrucksvoll die Baukunst von einst dokumentieren. Der runde Platz mit altem Baumbestand ist der historische Kern der Stadt Enger und gibt ihr einen außergewöhnlichen und idyllischen Mittelpunkt.

▸ Liesbergmühle
Auf einer Anhöhe ließ Friedrich der Große die Mühle 1756 als „Zwangsmühle" errichten. Sie war bis 1960 in Betrieb und wurde 1985 unter Denkmalschutz gestellt. Heute bilden die Mühle und die Fachwerk-Nebengebäude eine romantische Kulisse für standesamtliche Trauungen. Der Picknickplatz mit herrlichem Ausblick ist ein beliebtes Ausflugsziel. An verschiedenen Mühlentagen kann Einblick in das Innenleben des Wahrzeichens genommen werden.
Adresse: Windmühlenweg 24, 32130 Enger

Auf regionalen Radwanderrouten

▸ Sattelmeierhöfe
Nach der Sage waren die Sattelmeier tapfere Mitstreiter Widukinds im Kampf gegen die Franken. Vermutlich rührt der Name jedoch daher, dass die Hofbesitzer dem Landesherrn für Botendienste und im Kriegsfall ein gesatteltes Pferd bereitstellen mussten. In Enger gibt es noch fünf von ehemals sieben Sattelmeierhöfen – allesamt stolze Denkmäler bäuerlicher Baukunst: **Meyer-Johann** in Oldinghausen, **Ebmeyer** in Oldinghausen, den **Ringsthof** (Ringstmeyer), den **Baringhof** (Barmeier) in Westerenger und den **Nordhof** (Nordmeyer) am westlichen Rand des Stadtkerns. Bei geführten Fahrradtouren gibt es die Möglichkeit, die Höfe aus der Nähe zu betrachten.
Kontakt: Widukind-Museum,
05224/910995

Museen

▸ Gerbereimuseum Enger
In der historischen, 1995 stillgelegten Gerberei Sasse können sich Besucher heute über die Geschichte des Gerbereigewerbes informieren. Die restaurierten Maschinen und Ausstellungsstücke zum Anfassen vermitteln ein lebhaftes Bild von einem schon fast ausgestorbenen Handwerkszweig. Führungen nach Vereinbarung. Auf dem Kulturboden finden wechselnde Ausstellungen, Lesungen, Theatervorführungen und Konzerte statt.
Kontakt: Hasenpatt 4, 32130 Enger,
05224/977970,
www.gerbereimuseum.de

▸ Kleinbahnmuseum
Neben dem noch bestehenden Empfangsgebäude des Kleinbahnhofes Enger eröffnete 2009 das Kleinbahnmuseum. Mit einer Vielzahl von Exponaten, darunter Maschinen, Personenwagen und eine Dieselrangierlok, können Besucher die längst vergangene Zeit der hiesigen Klein- und Kreisbahnen erleben (jeden 1. So.).
Adresse: Bahnhofstr. 54, 32130 Enger,
www.schmalspur-ostwestfalen.de

▸ Widukind-Museum
Im Wittekindsland zwischen Enger, Herford und Minden ist die Erinnerung an den sächsischen Adligen und berühmten Anführer im Krieg gegen Karl den Großen höchst lebendig. Das Museum hat es sich zur Aufgabe gemacht, die spannende und wechselvolle Geschichte Widukinds darzustellen, um den sich

seit dem Mittelalter zahllose Sagen ranken.
Kontakt: Kirchplatz 10, 32130 Enger, ✆ 05224/910995, 🌐 www.widukind-museum-enger.de

Freizeit & Natur

▸ Radfahren

Gleich drei überregionale touristische Radwanderrouten führen nach Enger: die *BahnRadRoute Weser-Lippe*, die *Wellness-Radroute* und der *Soleweg*. Vor Ort warten eine Reihe lokaler Radrouten darauf, erfahren zu werden. Spezielle Naturrouten laden dazu ein, die heimische Natur zu erleben, während die *KulTour Enger* die Sehenswürdigkeiten miteinander verbindet.
Informationen: 🌐 www.fahr-im-kreis.de

▸ Wandern

Mit seiner Lage im sanft geschwungenen Hügelland und der Nähe zum Teutoburger Wald und dem Wiehengebirge bietet die Stadt Enger ideale Voraussetzungen zum Wandern. Viele der Wanderwege haben ihren Start- und/oder Endpunkt am Widukindbrunnen im Zentrum der Stadt. Für den Stadtbereich Enger sind die naturkundlich-historischen Routen 5, *Enger Bruch und Sattelmeyerhöfe,* und 9, *Rund um Oldinghausen,* besonders zu empfehlen. Es werden auch geführte Wanderungen angeboten.

▸ Golf

Der clubeigene 18-Loch-Platz des Golfclubs Ravensberger Land e.V. mit zahlreichen Bunkern, schnellen Grüns sowie die mit 586 m längste Spielbahn Ostwestfalens sind eine Herausforderung für jeden Spieler. Die wunderschöne Parklandschaft bietet herrliche Ausblicke über das Ravensberger Land. In einem renovierten Bauernhaus von 1697 wird lokale und mediterrane Küche angeboten.
Kontakt: Südstr. 96, 32130 Enger, ✆ 05224/79751, 🌐 www.gc-rl.de

Espelkamp

(Kreis Minden-Lübbecke)

Espelkamp ist ein Hightechstandort mitten im Mühlenkreis, modern und gleichzeitig idyllisch, von weiten Wald- und Moorlandschaften umgeben. Die Siedlung wurde bereits im 13. Jh. erwähnt, blieb jedoch bis in das 20. Jh. hinein weitgehend bedeutungslos. Erst nach dem Zweiten Weltkrieg, als auf den Resten der ehemaligen Heeresmunitionsanstalt ein Lager für Kriegsflüchtlinge entstanden war, wuchs Espelkamp als moderne Plansiedlung für Vertriebene und Immigranten zur Stadt heran.

Stadt Espelkamp
Wilhelm-Kern-Platz 1
32339 Espelkamp
✆ 05772/5620
🌐 www.espelkamp.de

Sehenswertes

▸ Thomaskirche

Eines der prägenden Wahrzeichen der Stadt ist die 1960–1963 errichtete ev. Thomaskirche. Sie entstand nach einem Entwurf des Architekten Gerhard Langmaack. Die Hallenkirche aus Beton fällt besonders durch ihre ungewöhnliche Dachkonstruktion auf. Als beachtenswert gelten die schwere Bronzetür mit sechs alttestamentlichen Szenen und ein dreieckiger Taufstein, das „Vertreibungsfenster" von Emil Grassert und das Altarfenster von Rudolf Vombek.
Adresse: Brandenburger Ring 52, 32339 Espelkamp

▸ MUNA-Hallen

Versteckt in einem Waldgebiet begann die Deutsche Wehrmacht 1938/39 mit dem Bau einer Munitionsanstalt (MUNA). Die offizielle

Bezeichnung lautete Heeres-Munitionsanstalt Lübbecke. Auf rund 250 ha Waldfläche entstanden über 100 massive einstöckige Gebäude mit einem rund 20 km langen Straßennetz. Die Sprengung durch die Alliierten konnte 1946 verhindert werden. An der Kantstraße hat sich eine dieser MUNA-Hallen bis heute erhalten.

▸ Schloss Benkhausen
Das ehemalige Rittergut entstand im Jahre 1510 durch die Aufteilung des Gutes Ellerburg. Zwischen 1657 und 1683 wurde es in seiner heutigen Form errichtet und 1899 nochmals umgebaut. 2010 erwarb die Unternehmerfamilie Gauselmann das Schloss und baute es zu einem Schulungs- und Seminarzentrum um, in dem auch das Deutsche Automatenmuseum untergebracht ist. Die weitläufige Gartenanlage mit Pavillon, Wasserspiel und „Toteninsel" steht allen Besuchern offen.
Kontakt: Schloss Benkhausen, Schlossallee 1, 32339 Espelkamp, 05743/9318222, www.schloss-benkhausen.de

Wasserspiele vor Schloss Benkhausen

▸ Alte Klus
In der Kösterstraße im Ortsteil Frotheim lohnt die denkmalgeschützte Kluskapelle einen Besuch. Die kleine Fachwerkkirche wurde 1818 errichtet. Das Inventar aus der Bauzeit ist erhalten, ebenso die restaurierte Orgel von 1791, die von Schloss Hüffe dorthin gelangte. Die Klus wird heute für verschiedene kulturelle Veranstaltungen und Trauungen genutzt.

Museen

▸ Deutsches Automatenmuseum
Die weltweit einzigartige private Sammlung historischer Münzautomaten der Unternehmerfamilie Gauselmann umfasst etwa 1800 Exponate aus aller Welt. Unterteilt in sieben Bereiche spiegeln die Automaten die gelebte Alltags- und Sozialgeschichte verschiedener industrieller Epochen wider.
Kontakt: Schlossallee 1, 32339 Espelkamp, 05743/9318222, www.deutsches-automatenmuseum.de

▸ Brammeyersche Scheune
Im Ortsteil Frotheim wird eine reetgedeckte Fachwerkscheune von 1750 als Museum genutzt. Die umfangreiche Sammlung alter landwirtschaftlicher und handwerklicher Geräte gibt einen Einblick in die technische Heimatgeschichte. Besichtigung nach Anmeldung.
Kontakt: Stellerriege, 32339 Espelkamp-Frotheim, 05743/2293 o. 8263, www.frotheim.de

▸ Teppich-Museum
Das Museum der Unternehmerfamilie Tönsmann beschäftigt sich mit der Geschichte, Kultur und dem Kunsthandwerk der Länder Nordafrikas, Tibets und Nepals. Ein Schwerpunkt der Ausstellung sind die bis zu 300 Jahre alten Nomaden- und Berber-Teppiche aus Marokko. Darüber hinaus werden seltene Mineralien, jahrhundertealte Korane und Arbeitsgeräte der Nomaden, wie Handmühlen, Knüpfrahmen,

Teppichscheren und vieles mehr, gezeigt. Vor dem Museum steht ein 7 m hoher und 1,8 t schwerer Heliochronometer (Sonnenuhr). Führungen nach Anmeldung.
Kontakt: General-Bishop-Str. 23, 32339 Espelkamp, 05772/4004, www.teppich-museum.de

Im Teppichmuseum

Alter Laden
Am Fabbenstedter Dorfplatz wurde in einem Nebengebäude der Schule der „Alte Fabbenstedter Laden" mit einer Einrichtung aus dem 19. und 20. Jh. aufgebaut. Die historischen Exponate stammen aus zwei ehemaligen Fabbenstedter Ladengeschäften. Seit 2005 wurde in einem ehemaligen Klassenraum des Schulgebäudes die Ausstellung „Alte Fabbenstedter Schule" zusammengestellt. Besichtigung nach Anmeldung.
Kontakt: Heideweg 6, 32339 Espelkamp-Fabbenstedt, 05743/8589, www.fabbenstedt.de

Freizeit & Natur

Freizeitbad Atoll
Die großzügige Badelandschaft in der Innenstadt wartet mit einer Sprunganlage, einem Erlebnisbecken mit Wildwasserkanal, Solebad, Kinderspaßbucht, Hot Whirlpool und der 80-m-Megarutsche auf. Die mit Qualitätssiegel Premium ausgezeichnete Saunalandschaft bietet eine Wellness-Weltreise durch verschiedene Saunakulturen an und verspricht Ruhe und Erholung pur.
Kontakt: Trakehnerstr. 9, 32339 Espelkamp, 05772/979840, www.atoll-espelkamp.de

Spaß im Freizeitbad Atoll

Waldfreibad
Der Verein ProWaldfreibad sorgt für den Erhalt der 6000 qm großen Badelandschaft. Das neu gestaltete Areal begeistert mit Breitwellenrutsche, Strömungskanal und der höchsten Freibad-Kletterwand in OWL.
Kontakt: Trakener Str. 7, 32339 Espelkamp, 05772/9798436, www.waldfreibad-espelkamp.de

Große Aue
Umgeben von herrlichen alten Wäldern befindet sich zwischen den westlichen Ortsteilen Vehlage und Fabbenstedt eine reizvolle Seenlandschaft. Zum Naherholungsgebiet, das ab 1979 geschaffen wurde, gehören das Naturschutzgebiet Auesee und der Kleihügelsee (See am Kleihügel), der größte und einzige Badesee im Altkreis Lübbecke.

Moorlandschaft
Beim Naturschutzgebiet Altes Moor im Ortsteil Frotheim handelt es sich um eines der größten noch intakten Niedermoore der Region. Es ist ein ökologisch wertvolles Gebiet mit Tümpeln, Hochmoorresten und

urwüchsigen, sumpfigen Flächen. Hier haben bedrohte Pflanzen- und Tierarten ihren Lebensraum. Auch die noch vernässten Teile des Freimoors im Ortsteil Frotheim weisen eine seltene Flora auf und bieten wertvolle Brutplätze.

Extertal

(Kreis Lippe)

Die aus zwölf Ortsteilen bestehende Gemeinde wurde nach dem Tal der kleinen Exter benannt, die im nordlippischen Bergland entspringt und in Rinteln in die Weser mündet. Hauptort der Gemeinde ist Bösingfeld, das um 1250 von den Grafen von Sternberg als Stadt gegründet wurde, sein Stadtrecht aber um 1440 wieder verlor.

Marketing Extertal e. V.
Mittelstr. 10–12
32699 Extertal
05262/996824
www.marketing-extertal.com

Sehenswertes

Burg Sternberg
Um 1240 auf dem über 300 m hohen Sternberg errichtet, fiel die Burg 1405 an die Edelherren zur Lippe, die sie umfangreich erweiterten. Die beeindruckende Anlage entging der Zerstörung. 1959 wurde die Musikschulungsstätte Burg Sternberg gegründet, der ab 1962 eine Jugendherberge angegliedert wurde. Aufgrund ihrer einzigartigen Lage und ihres historischen Ambientes hat sich die Burg zu einem bevorzugten Veranstaltungsort für kulturelle und feierliche Anlässe entwickelt.
Kontakt: Sternberger Str. 52, 32699 Extertal, 05262/99490, www.burg-sternberg.de

Museum

Klingendes Museum
Ein Muss für jeden Besucher ist das erlebnisreiche Klingende Museum, in dem man Hunderte historische Instrumente bestaunen und hören kann, darunter Kuriositäten wie die „Nonnentrompete“ oder die „Eissäge“. Es werden Museumsführungen mit Vorführungen und Werkstattbesuch sowie baugeschichtliche Führungen durch die Burganlage angeboten.
Kontakt: Kulturagentur des Landesverbandes Lippe, Sternberger Str. 52, 32699 Extertal, 05262/99490, www.burg-sternberg.de

Freizeit & Natur

Museumsbahn
1927 wurde die elektrische Kleinbahn zwischen Rinteln und Barntrup eröffnet und

Schöne Aussicht bei Extertal

transportierte bis 1969 die Bewohner des Tales zur Arbeit, zum Einkaufen oder zum beliebten Ausflugsziel Bögerhof. Der Landeseisenbahnverein Lippe ermöglicht die Fahrt im historischen Heckeneilzug, der, je nach Anlass, mit einer Dampf- oder Diesellok bespannt ist.
Fahrzeiten: Mai–Okt 1. So im Monat nach Regelfahrplan; zudem werden Themenfahrten (Osterfahrt, Grünkohl-Express, Nikolausfahrt) angeboten.
Kontakt: Landeseisenbahn Lippe e.V. – Freundeskreis der Extertalbahn, Am Bahnhof 1, 32699 Extertal-Bösingfeld, ✆ 0562/409904, 🌐 www.landeseisenbahn-lippe.de

▸ ☺ Draisinenfahrten

Eine gute Portion Muskelkraft und etwas Kondition sind die wichtigsten Voraussetzungen für einen Ausflug der besonderen Art: die 18 km lange Draisinentour durch das schöne Extertal. An der Strecke der historischen Extertalbahn laden Picknickplätze und urige Gasthöfe zum Pausieren ein.
Informationen: ✆ 05751/403988, 🌐 www.draisinen.de

▸ Wandern

Die abwechslungsreiche Landschaft mit exponierten Aussichtsbergen, tiefen Schluchten, rauschenden Wäldern bietet beste Voraussetzungen für ein wunderbares Wandererlebnis. Natur und lokale Geschichte hautnah erleben kann man auf den verschiedenen Themenwegen wie dem *Schnattergang* oder der *Wilddiebsroute* sowie auf dem weit über die Region hinaus beliebten *Patensteig*. Geführte Touren sind möglich.
Informationen: 🌐 www.wanderregion-nordlippe.de

▸ Panoramaerlebnisturm

Der Hausberg von Extertal und reizvolles Ausflugsziel ist der 371 m hohe Hohe Asch bei Bösingfeld. Seit 1980 erhebt sich auf seinem Gipfel ein 15 m hoher Aussichtsturm und bietet eine grandiose Aussicht, die bei guten Bedingungen bis zum Brocken reicht. Der Turm liegt direkt an den Wanderwegen *Europäischer Fernwanderweg E 1*, *Hansaweg* und dem *Weg der Blicke* und ist ganzjährig geöffnet.
Kontakt: Hohe Asch, 32699 Extertal-Bösingfeld, ✆ 05262/402116, 🌐 www.huv-boesingfeld.de

▸ ☺ Wintersport

Der Ortsteil Linderhofe ist für seine Wintersportangebote bekannt. Mit zwei Skiliften und zwei Schlittenliften gelangt man komfortabel auf den Berg. Ein Abfahrtshang ist auch mit Flutlicht ausgestattet. Auf einer ausgeschilderten Loipe, die bei guten Schneeverhältnissen gespurt wird, kommen auch Langläufer auf ihre Kosten.
Kontakt: Hotel „Zur Burg Sternberg“, ✆ 05262/9440, 🌐 www.skilift-sternberg.jimdofree.com

Gütersloh

(Kreis Gütersloh)

Die Kreisstadt liegt südwestlich des Teutoburger Waldes in den flachen Sandniederungen der Ems. Die Ortschaft, deren Name auf die Bedeutung „lichter Wald des Gutheri“ zurückgehen könnte, wurde erstmals im Jahr 1184 in einer Urkunde des Bischofs von Osnabrück genannt. Andere Gemeinden wie Isselhorst, Spexard, Pavenstädt und Nordhorn, die heute zum Stadtgebiet gehören, fanden bereits im 11. Jh. Erwähnung. Die Entwicklung vom kleinen, unbedeutenden Heidedorf zur dritten ostwestfälischen Großstadt vollzog sich erst mit dem Beginn der Industrialisierung im 19. Jh. Die ansässigen Weltunternehmen

Bertelsmann und Miele sorgen dafür, dass der Name in der ganzen Welt bekannt ist.

Gütersloh Marketing GmbH
ServiceCenter und Tourist-Info
Berliner Str. 63
33330 Gütersloh
05241/211360
www.guetersloh-marketing.de
www.guetersloh.de

Sehenswertes

Alter Kirchplatz

Der idyllische Häuserkreis rund um die Apostelkirche ist der historische Kern und das romantische Herz der Innenstadt, das ein wenig abseits der Einkaufsstraßen liegt. 1201 erstmals als eigenes Kirchspiel erwähnt, entstanden rund um die Kirche zunächst Speicher, die später durch Wohnhäuser ersetzt wurden. Eines der auffälligsten Häuser am Alten Kirchplatz (Nr. 2) ist das Veerhoffhaus (erbaut 1647–49), das zunächst als Getreidespeicher genutzt wurde. In dem nach dem späteren Besitzer Ludwig Arnold Veerhoff, einem Musikalienhändler, benannten Haus hat der Kunstverein Kreis Gütersloh seinen Sitz, der Ausstellungen zur Gegenwartskunst zeigt.

Kontakt: Kunstverein im Veerhoffhaus, Am Alten Kirchplatz 2, 33330 Gütersloh, 05241/13466, www.kunstverein-gt.de

Auf dem Alten Kirchplatz

Apostelkirche

Die Geschichte der ältesten Kirche der Stadt lässt sich bis ins Mittelalter zurückverfolgen. Um 1201 stand hier die erste Steinkirche, von der im Turm noch Reste erhalten sind. Zu Beginn des 16. Jhs. zerstörte ein Brand diesen Bau, der Nachfolger wurde 1944 bis auf den Westturm komplett zerstört. Die Kirche wurde 1951 am Alten Kirchplatz nach den Plänen von Werner March, der auch das Berliner Olympiastadion entwarf, wieder aufgebaut. Eine Besonderheit der Apostelkirche ist die Nutzung als Simultankirche zwischen 1655 und 1890.

Villa Bartels

Die alte Fabrikantenvilla in der Kirchstraße 21 wurde 1997 von der Stadt übernommen und dient heute als Begegnungs- und Empfangsstätte. Außerdem befindet sich hier das Trauzimmer des Standesamtes. Das Haus mit seiner für Gütersloh außergewöhnlichen Schieferfassade wurde 1778 als typisches Fachwerkhaus erbaut. 1819 erwarb der Textilunternehmer Bartels das Gebäude und ließ es im Stile seiner Heimat im Bergischen Land umgestalten.

Meierhof und Meiers Mühle

Der Hof Meier zu Gütersloh, auch Meierhof Merklinghaus genannt, gilt als der älteste Hof der Stadt, da an dieser Stelle schon um 800 ein großes Gehöft mit Mühle gestanden haben soll. Der heutige Bau wurde ca. 1850

errichtet. Das Anwesen kann nur von außen besichtigt werden.
Meiers Mühle gehörte von Anfang an zum Meierhof und ist damit der älteste Mühlenstandort in Gütersloh. Das Gebäude brannte 1933 ab, wurde nach historischen Vorlagen wieder aufgebaut und wird heute u. a. als Kunstgalerie genutzt.
Adressen: Meierhof, Thesings Allee 1; Meiers Mühle, Lindenstraße 16, 33332 Gütersloh

▸ Theater Gütersloh
Das Theater Gütersloh ist nicht nur kultureller, sondern auch architektonischer Anziehungspunkt. Hier wurde die Idee des „vertikalen Theaters" verwirklicht: Das Haus erschließt sich hauptsächlich auf vertikaler Achse. Die Funktionsräume sind übereinander angeordnet mit der auskragenden Studiobühne im dritten Obergeschoss als charakteristischem Element. Zur Südseite beeindruckt das Theater durch eine ca. 1000 qm große Glasfläche. Das Theaterinnere ist offen und transparent gestaltet.
Kontakt: Hans-Werner-Henze-Platz 1, 33330 Gütersloh, ✆ 05241/864244, 🌐 www.theater-gt.de

▸ Weberhaus
Das markante Haus in der Innenstadt ist über 350 Jahre alt und der letzte Vertreter einer ehemals fast geschlossenen Fachwerkbebauung. Das Vierständer-Haus eines Ackerbürgers wurde kurz nach dem Dreißigjährigen Krieg errichtet. In dem restaurierten Ensemble, das ein Torbogen mit schmalem Durchgang verbindet, befinden sich heute eine Buch- sowie angrenzend eine Weinhandlung.
Kontakt: Daltropstr. 9, 33330 Gütersloh, ✆ 05241/28888, 🌐 www.buchhandlung-markus.de; Daltropstraße 2, 33330 Gütersloh, ✆ 05241/24943, 🌐 www.das-weinhaus-guetersloh.de

Museen

▸ Stadtmuseum
Mitten in der Innenstadt liegt die Gütersloher „Museumsinsel". Das größte Fachwerkhaus stammt von ca. 1750 und war ursprünglich Volksschule, dann Kornhandlung. Im Museum erwarten den Besucher drei Abteilungen: „Typisch Gütersloh!" – Stadtgeschichte zum Anfassen, „Der Nächste bitte!" – Medizingeschichte und „Hier spinnen alle!" – Industriegeschichte am Beispiel Güterslohs. Zusätzlich gibt es regelmäßig Sonderausstellungen. Der längliche Fachwerkbau am Kolbeplatz ist das Gartenhaus. Hier befindet sich die Museumsverwaltung. Zwei weitere kleine Fachwerkhäuschen, die im Jahr 2000 an ihren heutigen Standort umgesetzt wurden, beherbergen das Museumscafé.
Kontakt: Stadtmuseum Gütersloh, Kökerstr. 7–11 a, 33330 Gütersloh, ✆ 05241/26685, 🌐 www.stadtmuseum-guetersloh.de

Das Stadtmuseum in der Museumsinsel

▸ ☺ Feuerwehrmuseum Isselhorst
Was 1960 aus einer Ansammlung von Abzeichen, Helmen und Utensilien der Feuerwehr begann, hat sich längst zum Geheimtipp für Liebhaber der Feuerwehrgeschichte entwickelt. Die Sammlung umfasst mehr als 50 000 Feuerwehr-Utensilien aus der

ganzen Welt. Neben Urkunden, Orden und Uniformen, Helmen und Mützen gehören eine Rückentragespritze von 1784, ein Rauchhelm von 1900 sowie eine New Yorker Feuerwehrmontur von September 2001 zu den eindrucksvollsten Exponaten.
Kontakt: Isselhorster Kirchplatz 5, 33334 Gütersloh-Isselhorst, 05241/67196 o. 688270

▸ Miele-Museum

Einen Einblick in die Entwicklung und Geschichte des 1899 gegründeten Erfolgskonzerns bietet das Firmenmuseum. Zu sehen sind Ausstellungsstücke wie Waschmaschinen, Staubsauger, Fahrräder und Mopeds oder auch ein Miele-Auto. Wer auf einem speziell installierten Miele-Fahrrad in die Pedale tritt, generiert durch diesen Einsatz Strom für einen frei wählbaren Miele-Film auf einer großen Leinwand.
Kontakt: Carl-Miele-Str. 29,33332 Gütersloh, 05241/890, www.miele-technikgeschichte.de

▸ S-Galerie

Die S-Galerie befindet sich in der Hauptgeschäftsstelle der Sparkasse Gütersloh. Hier finden drei- bis viermal im Jahr Kunstausstellungen statt. Bilder von Picasso, Dalí und Goya waren ebenso zu sehen wie Werke lokaler Künstler. Einen besonderen Platz nehmen die Werke des Mentors der phantastischen Malerei, des 1902 geborenen Woldemar Winkler ein, die in regelmäßigen Abständen präsentiert werden.
Kontakt: Hauptgeschäftsstelle der Sparkasse, Konrad-Adenauer-Platz 1, 33330 Gütersloh, 05241/1013200

Freizeit & Natur

▸ Stadtpark

Der Gütersloher Stadtpark mit dem angeschlossenen Botanischen Garten ist nur zehn Fußminuten von der Innenstadt entfernt. Jedes Jahr finden rund 170 000 Besucher den Weg in diese idyllische Anlage. Der 15 ha große Park besticht durch weitläufige Wegeführung, den alten Baumbestand und die Nähe zu Bach und Teich.
Adresse: Badstr./Parkstr., 33332 Gütersloh, www.stadtpark-guetersloh.de

▸ Botanischer Garten

Der Botanische Garten wurde 1912 am nordöstlichen Rand des Stadtparks angelegt und zählt heute zu den schönsten Anlagen in Ostwestfalen. Das gelungene Konzept aus Hecken- und Lavendelgarten, Sonnen- und Apothekergarten, Farb- und Steingarten, mediterranem und naturnahem Garten, dem von Olafur Eliasson konzipierten Geruchstunnel und Lehrbienenstand wurde mehrfach mit dem „Green Flag Award“ geadelt. Zum Ausruhen und Genießen lädt das Palmenhaus-Café ein.
Adresse: Parkstr., 33332 Gütersloh, www.palmenhaus-gt.de

▸ Mohns Park

Der nach dem Verlagsbuchhändler Johannes Mohn benannte Park liegt im nördlichen Teil Güterslohs. Seit 1937 im Besitz der Stadt, bietet der Park den Besuchern ein vielfältiges Freizeitangebot für Spiel, Sport, Kultur und Naherholung. Durch seine idyllische Freilichtbühne ist der Park zudem die Nummer eins für kulturelle Freiluft-Veranstaltungen wie dem „Gütersloher Sommer“.
Adresse: Jahnstr. 48, 33330 Gütersloh

▸ Radfahren

Im Kreis gibt es zahlreiche markierte Radrundwege mit unterschiedlichen Streckenlängen und Schwierigkeitsgraden. Zwei überregionale Radwanderwege berühren die Stadt oder führen mitten hindurch: der *Europaradweg R 1* und der *EmsRadweg*. Direkt in Gütersloh gibt es den *Storchenrundweg*, der

entlang eines Naturschutzgebietes verläuft. Die Radstation am Gütersloher Hauptbahnhof bietet Ladestationen sowie einen sicheren Aufbewahrungsort für Rad und Gepäck an. Nahe dem Bahnhof steht eine Radservice-Station mit dem wichtigsten Werkzeug und Luftpumpe kostenlos bereit.
Kontakt: Radstation, Willy-Brandt-Platz 2, 33330 Gütersloh, 05241/12959; Radservice-Station, Stregnerstraße

Wandern

Ist man gut zu Fuß, so ist man in Gütersloh gerade richtig, weil die Wanderwege teilweise direkt durch die Innenstadt führen. Wanderer dürften das jedoch kaum bemerken, da man entlang der *Dalkepromenade* oder auf naturbelassenen Wiesen- und Waldwegen kaum auf den Gedanken kommt, dass die City nur wenige Gehminuten entfernt ist. Der *Fuhrmannsweg* führt mit all seinen Teilstrecken auf ca. 30 km rund um die Stadt.

Die Welle und JärveSauna

Das Freizeitbad mit über 1200 qm Wasserfläche und Wellenbecken hat einen Wellengang wie am Meer. Auch bei winterlichen Außentemperaturen bietet die JärveSauna in der Welle wärmste Erholung bis 110 °C – eine Oase der Ruhe mit einem naturnahen Badesee. Erholsame Massagen und attraktive Schwitzangebote werden sogar um Mitternacht angeboten.
Kontakt: Stadtring Sundern 10, 33332 Gütersloh, 05241/822164, www.welle-guetersloh.de, www.jaervesauna-guetersloh.de

Nordbad

Im Nordbad kann man winters im Hallenbad mit 25-m-Bahn und sommers im Freibad mit 50-m-Becken seine Bahnen ziehen. Nichtschwimmerbereiche und 10-m-Sprungturm sorgen für Abwechslung.
Kontakt: Kahlertstr. 70, 33330 Gütersloh, 05241/822164, www.nordbad-guetersloh.de

Weberei

Die Weberei ist ein beliebtes Kunst-, Kultur- und Kommunikationszentrum in den historischen Gebäuden der ehemaligen Weberei Greve & Güth. Kultur- und Jugendarbeit, Konzerte, Kleinkunst und Theateraufführungen machen die Weberei zum Anziehungspunkt in der ganzen Region. Der Gebäudekomplex umfasst ein Jugendzentrum, eine Kneipe mit Biergarten, ein Kino mit zwei Sälen und vielfältig nutzbare Veranstaltungsräume.
Kontakt: Bogenstr. 1–8, 33330 Gütersloh, 05241/2347831, www.die-weberei.de

Golf

Direkt an der Stadtgrenze liegt der Golfplatz des Westfälischen Golfclubs Gütersloh e. V. Entworfen von einem renommierten Golfplatzarchitekten, fügt sich der 18-Loch-Platz harmonisch in die umgebende Landschaft ein.
Kontakt: Gütersloher Str. 127, 33397 Rietberg, 05244/2340, www.golf-gt.de

Dampf-Kleinbahn

Wer Kleinbahn-Romantik wie vor 100 Jahren erleben möchte, der ist am Postdamm zwischen Gütersloh und dem Stadtteil Isselhorst richtig. Im Sommer drehen hier verschiedene Original-Dampf- und -Diesselloks mit historischen Personen- und Güterwagen schnaufend ihre Runden über eine 1 km lange Demonstrationsstrecke. Neben dem musealen Fahrbetrieb findet der Interessierte eine Sammlung typischer Gegenstände früherer Kleinbahnbetriebe. Im Dezember finden Nikolausfahrten statt.
Kontakt: Postdamm 166, 33334 Gütersloh, 05241/68466, www.dkbm.de

Halle (Westf.)

(Kreis Gütersloh)

Halle (Westf.) liegt zwischen den Großstädten Osnabrück und Bielefeld am Südhang des Teutoburger Waldes. Halle wird erstmals 1246, die Ortsteile Oldendorf und Gartnisch bereits Ende des 11. Jhs. urkundlich erwähnt. Im Schatten von Bielefeld blieb die Siedlung bis ins 19. Jh. landwirtschaftlich geprägt. Heute gelingt der „Lindenstadt" der Spagat zwischen ländlichem Idyll und Standort mehrerer international erfolgreicher Großunternehmen wie August Storck und Gerry Weber.

Tourismusbüro, Rathaus II
Graebestr. 24
33790 Halle (Westf.)
05201/183129
www.hallewestfalen.de

Sehenswertes

Kirchplatz
Inmitten der Stadt hat sich rund um die St.-Johannis-Kirche ein Ring typisch westfälischer, teils mittelalterlicher Fachwerkhäuser erhalten. Da der Platz nicht kreisrund, sondern spitz-oval ist, nennt man ihn das „Haller Herz", das sich allenthalben als Logo, als Skulptur und als köstliche Praline wiederfindet. Die prächtigen Linden auf dem „Haller Herz" machen deutlich, warum sich Halle auch „Lindenstadt" nennt. Viel Wissenswertes über die einzelnen, teilweise prächtig verzierten Gebäude erfährt man auf einer thematischen Stadtführung.

Kirche St. Johannis
Die im gotischen Stil errichtete Hallenkirche am Kirchplatz 17 wurde erstmals 1246 in einer Tauschurkunde erwähnt. In diesem Schriftstück übergibt der Bischof von Osnabrück die Kirche von Rheda mit allen Rechten an das Kloster Iburg. Dafür erhält er die Kirche „tor Halle" mit allen Rechten. Turm, Mittelschiff und Chor entstanden in jener Zeit und der die Kirche umgebende Kirchhof war bis April 1828 Friedhof. Eine Begehung des Turms und Besichtigung des Deckengewölbes von oben ist nach Vereinbarung möglich.

Waldgrabstätten Teutoburger Wald
Heute nennt man es Friedwald und lobt es als besonders einfühlsame Neuerung im Bestattungswesen. Doch in Halle gab es schon im 19. Jh. Bürger, die sich mitten im Wald beerdigen ließen – erstmals offiziell im Jahr 1811. Die heute noch erhaltenen 34 Waldgrabstätten sind in jeder Hinsicht Privatfriedhöfe. Aus den repräsentativen Anlagen spricht ein erwachendes bürgerliches Selbstbewusstsein. Verschiedene Stelen, Skulpturen und Sarkophage bis hin zu einem kleinen Mausoleum blieben bis heute erhalten.

Kaffeemühle
Das Gebäude mitten im Teutoburger Wald (Kreuzung Hermannsweg/Wanderweg A1) erhielt seinen Namen nicht nur aufgrund der achteckigen Form mit kupfernem Aufbau, sondern wurde auch von einem Kaffeehändler errichtet. Der Bremer Kaufherr Hermann Hagedorn plante den Pavillon als Aussichtspunkt eines großen Parks, von dem heute nur noch die Kastanienallee entlang der Apothekerstraße und die „Kaffeemühle" erhalten sind. Der spektakuläre Ausblick über ganz Halle macht sie zu einem beliebten Wanderziel. Rund um die Kaffemühle ist ein Geschichtspfad mit Begleitbroschüre entstanden.

Pfarrkirche Stockkämpen
Während der Reformation blieben im Ravensberger Land nur wenige Adelsfamilien

Das „Haller Herz"

katholisch, u. a. die Adelshäuser Holtfeld und Tatenhausen. Eine eigene Kirche fehlte fortan. Im Ortsteil Hörste fand man schließlich ein unbrauchbares Sandstück namens „Stockkampf" oder „Stockkämpe", auf dem man eine kath. Kirche errichtete. 1696 wurde das äußerlich ungewöhnlich schlichte Gebäude eingeweiht. Im Innenraum herrscht jedoch die typische Pracht des Barock. Das älteste Kunstwerk ist eine spätgotische Doppelfigur – „Maria mit dem Kinde" und „Anna selbdritt" – von etwa 1525. Sehenswert ist auch der dazugehörige Friedhof. Besichtigungen für Gruppen sind nach vorheriger Anmeldung möglich.
Kontakt: Eichenweg 27, 33790 Halle (Westf.), 05201/811311

▸ Skulpturenpark
Der „Alte Friedhof" an der Bahnhofstraße wurde 1828 als kirchlicher Friedhof eingeweiht, der heute als Park genutzt wird. Ein neu eingerichteter Geschichtspfad erzählt etwas über die Schicksale der Menschen, die hier bestattet sind. Unter hohen Bäumen und in Nachbarschaft zu den alten Grabmälern finden hier zudem Arbeiten von Künstlerinnen und Künstlern aus der Region einen würdigen Ort.
Adresse: Bahnhofstr., 33790 Halle (Westf.)

▸ Wasserschloss Tatenhausen
Das von Gräften und alten Baumgruppen umgebene Wasserschloss wurde 1540 errichtet. Es war über 470 Jahre lang der Stammsitz der Barone und Grafen von Korff gen. Schmising. Seit 1995 wird das Schloss von direkten Nachfahren der Grafen von Korff-Schmising bewohnt. Nach vorheriger Anmeldung werden Führungen durch die Schlosshöfe, den Park mit Orangerie und die Schlosskapelle angeboten.
Kontakt: Schlossweg 2, 33790 Halle (Westf.), 05201/3224, www.tatenhausen.de

▸ OWL-Arena
Sie klebt wie ein Vogelnest an der westlichen Ortsgrenze von Halle. Die eigentliche Schönheit und Besonderheit des ehemaligen Gerry-Weber-Stadions ist schon aus einiger Entfernung zu erkennen. Aber erst aus der Luft oder von der Umgehungsstraße aus sieht man die rundliche Form, die von außen durch zahlreiche Verstrebungen wie ein geflochtener Korb erscheint. Die Arena mit dem wandelbaren Dach und dem deutschen „Wimbeldon-Rasen" ist die Topadresse für Spitzensport und Entertainment in OWL.
Kontakt: Roger-Federer-Allee 4, 33790 Halle (Westf.), 05201/8950, www.owl-arena.de

▸ **Haller Willem**
In der Fußgängerzone liegt der Ronchin-Platz mit dem „Haller Willem"-Denkmal aus Granit und Bronze. Es erinnert an den Fuhrmann Wilhelm Stuckemeyer, der vor dem Bau der Eisenbahnstrecke die Güter zwischen Bielefeld und Osnabrück transportierte. Zweimal täglich fuhr der beleibte Kutscher die Strecke mit seinem Pferdefuhrwerk hin und her. Als die Bahnstrecke gebaut wurde, verlor Stuckmeyer seine Arbeit, aber sein Spitzname „Haller Willem" blieb bis heute.
Informationen: www.hallo-willem.de

▸ **Bürgerzentrum Remise**
Das sehenswerte Bürgerzentrum entstand ab 1988 aus der ehemaligen Produktionsstätte der Brennerei Kisker. Das gesamte Gebäudeensemble besteht aus der Remise (Lager und Wagenhalle, um 1880), der Destille (Anfang 19. Jh., mit erhaltener Destillieranlage), dem Schinkenhaus und dem Fachwerkhaus (Wohnhaus und Kontor). In der ersten Etage befindet sich die Galerie der Remise, in der künstlerisch tätige Menschen aus der Region ihre Arbeiten zeigen können.
Kontakt: Kiskerstr. 2, 33790 Halle (Westf.), 05201/183171

Museen

▸ **Museum für Kindheits- und Jugendwerke**
Im ältesten Haus der Stadt befindet sich das weltweit einzigartige Museum für Kindheits- und Jugendwerke bedeutender Künstler. Das um 1246 erbaute Haus beherbergte ein Kloster, diente zeitweilig als Kirchenraum und wurde als Gefängnis genutzt. Seit 1987 werden hier Kindheits- und Jugendwerke von Paul und Felix Klee, August Macke, Ernst Ludwig Kirchner, Pablo Picasso u. v. m. gezeigt.
Kontakt: Am Kirchplatz 3, 33790 Halle (Westf.), 05201/10333, www.museum-halle.de

▸ **Alte Lederfabrik**
Die Alte Lederfabrik ist heute Heimat zahlreicher Künstlerinnen und Künstler sowie Kunsthandwerker. Alle haben hier ihre Ateliers und bieten die Möglichkeit, sie zu besuchen. Malerei, Skulpturen, Installationen und künstlerische Experimente sind hier in wechselnden Ausstellungen zu besichtigen.
Kontakt: Alleestr. 64–66, 33790 Halle (Westf.), www.halle-leben.de

Freizeit & Natur

▸ **Wandern**
In Halle hat man Anschluss an den 156 km langen *Hermannsweg/Hermannshöhen* sowie an den 95 km langen *Weg für Genießer*. Besonders zu empfehlen sind die Geschichtspfade *Kaffeemühle* und *Erbbegräbnisse*.
Der *Wald-, Erlebnis- und Lehrpfad* zeigt auf 22 Tafeln alle hier vertretenen Baumarten, ökologischen Zusammenhänge und Besonderheiten der Waldbewirtschaftung.

▸ **Radfahren**
Das Radwegenetz ist vielseitig. Sie können wählen zwischen den örtlichen Rundwegen der *Haller Kleeblatt-Route* oder den regionalen Themenrundwegen *Adel verpflichtet* und *Von Herz zu Herz*. In der Radstation direkt am Bahnhof können Fahrräder untergestellt und zur Reparatur abgegeben werden.
Kontakt: Bahnhofstr. 40, 33790 Halle (Westf.), 05201/818444

▸ **Golf**
Die 27-Loch-Golfanlage des Golf Club Teutoburger Wald e. V. mit Hügeln, Senken und Wasserhindernissen liegt mitten im Naturpark. Das weitläufige Areal ist naturbelassen und von Wäldern umrahmt. Von den 32 Abschlagplätzen der Driving-Range sind 19 überdacht.
Kontakt: Eggeberger Str. 13, 33790 Halle (Westf.), 05201/6279, www.gctw.de

Harsewinkel

(Kreis Gütersloh)

An der Grenze zum Münsterland liegt die Stadt Harsewinkel. Um 1090 erstmals erwähnt, erlebte der Ort im Mittelalter durch die Gründung des Zisterzienserklosters Marienfeld einen Aufschwung. Die Gegend blieb trotz einiger Firmen und Werke bis ins 20. Jh. hinein landwirtschaftlich geprägt. Eine industrielle Entwicklung begann erst, nachdem sich 1919 der Landmaschinenhersteller Gebrüder Claas in Harsewinkel niedergelassen hatte. Mit der Produktion eigener Mähdrescher wurde in den 1930er-Jahren die Grundlage für den raschen Aufschwung der Firma gelegt, die der Stadt den Beinamen „Mähdrescherstadt" gab.

Stadt Harsewinkel, Bürgerbüro
Münsterstr. 14
33428 Harsewinkel
05247/935166
www.harsewinkel.de

Sehenswertes

Kloster Marienfeld

Das 1185 gegründete Zisterzienserkloster Marienfeld war bis zu seiner Auflösung 1803 eines der bedeutendsten Klöster Westfalens. Die spätromanische Abteikirche ist ein herausragendes Zeugnis klösterlicher Baukunst. Der Innenraum wird vor allem durch die barocke Ausstattung mit Hochaltar, Kanzel und dem die gesamte Westwand einnehmenden Orgelprospekt bestimmt. Neben wertvollen Ausstattungsgegenständen jeglicher Art ist auch der Klostergarten sehenswert, der 2002 nach altem Vorbild neu angelegt wurde. 2004 kehrte mit zwei Ordensleuten nach 200-jähriger Unterbrechung mönchisches Leben nach Marienfeld zurück. Seit 2016 informiert der 1,2 km lange Zisterzienserpfad an 13 Stationen über die Geschichte des Klosters. Führungen sind nach Anmeldung möglich.

Gottesdienste: Messen So 9 und 19 Uhr, Vespergottesdienst täglich 18 Uhr

Kontakt: Klosterhof 13, 33428 Harsewinkel-Marienfeld, 05247/927960, www.kloster-marienfeld.de

Spökenkiekerdenkmal

Als Spökenkieker werden im Westfälischen Menschen mit dem „zweiten Gesicht" bezeichnet, die in die Zukunft schauen können. Eine solche Fähigkeit sagte man auch dem Schäfer und Tagelöhner Anton Westermann (1830–1904) nach, der in Harsewinkel lebte und als „alter Stümpel" bekannt war. Er war das Vorbild für die 2,40 m hohe Sandsteinplastik, die seit 1962 vor dem Rathaus steht.

Kirche St. Lucia und alte Dechanei

Das neugotische Wahrzeichen der Stadt wurde bereits Mitte des 19. Jh. errichtet, erhielt seinen aufragenden Turm jedoch erst 1904. Im Glockenturm befindet sich das „Museum im Turm". Es werden besondere Kirchen-und Turmführungen angeboten. Die alte Dechanei im Schatten der Kirche (um 1700) ist das älteste noch existierende Fachwerkgebäude der Stadt.

Führungen: 05247/3308 o. 935131

Museen

Heimatmuseum Marienfeld

Im Wirtschaftsgebäude eines Bauernhofes im Stadtteil Marienfeld wird seit 1999 die Geschichte der Landwirtschaft lebendig. Eine bäuerliche Küche und die Werkstätten eines Webers, eines Schmieds und eines Holzschuhmachers dokumentieren das ländliche Leben von einst. Im restaurierten

Hühnerstall wurde ein gemütliches Café eröffnet.
Kontakt: Lutterstrang 30, 33428 Marienfeld, 05241/340175, www.heimatmuseum-marienfeld.de

Motorradmuseum Beckmann

Seit 1990 besteht im Stadtteil Greffen das private Motorradmuseum der Familie Beckmann. Mit viel Engagement wurden hier 200 Motorräder aus den Jahren 1898 bis 1960 zusammengetragen. Hinzu kommt eine Sammlung von Motorrollern und alten Nutzfahrzeugen sowie eine Sammlung von über 1500 alten Puppen. Am Wochenende vor Pfingsten veranstaltet das Museum die Internationale Spökenkiekerfahrt, für die nur Motorräder zugelassen werden, die vor 1914 gebaut wurden. Öffnung sonntags von Ostern bis Oktober oder nach Vereinbarung.
Kontakt: Beelener Str. 32, 33428 Harsewinkel, 02588/1381

Museum im Turm

Im Turm von St. Lucia zeigt eine Ausstellung aufwendig restaurierte Fahnen mit reichen Verzierungen und Abbildungen von Heiligen. Zudem gibt es drei neugotische Holzfiguren, alte Abendmahlsgeräte und hölzerne Klappern, die dem Wecken in der Osternacht dienten. Ältestes Stück ist ein „Fatschenkindl" aus der Zeit um 1800. Die für Norddeutschland ungewöhnliche Puppe zeigt den neugeborenen Christus als Wickelkind. Führungen vermittelt das Stadtarchiv.
Kontakt: Dechant-Budde-Weg 2, 33428 Harsewinkel; Stadtarchiv, 05247/935127

Sägemühle Meier Osthoff

Es ist die einzige Sägemühle im Kreis Gütersloh und daher ein technisches Denkmal von herausragender Bedeutung. Die Mühle mit Wehranlage wurde 1886 erbaut. In ihrem Innern kann man erleben, wie durch das Sägegatter Baumstämme zu Brettern gesägt und wie durch die Wasserkraft elektrischer Strom gewonnen wird.
Kontakt: Dechantsfeld 26, 33428 Harsewinkel, 05247/3457, www.saegemuehle-harsewinkel.de

Seilerei

Im Ortsteil Marienfeld kann man nach Voranmeldung das alte Handwerk der Seilherstellung kennenlernen. Die Seilerei verfügt sowohl über eine elektrische als auch eine handbetriebene Seilschlagmaschine.
Kontakt: Max Planck-Str. 3, 33428 Marienfeld, 05247/8975

Freizeit & Natur

Motorradrennen und Kartfahren

Im Emstalstadion erleben die Zuschauer Renn-Atmosphäre pur. Spannende Zweikämpfe und gekonnte Fahrmanöver sind garantiert, wenn sich die nationale und internationale Fahrerelite mit ihren Motorrädern einstellt. Der aus der schnellen Sandbahn bestehende Offroad-Bereich ist deutschlandweit einmalig und bei den Piloten besonders beliebt. Hobbyrennfahrer können die Kartrennstrecke im Emstalstadion mit geliehenen oder eigenen Karts in ihrer Freizeit nutzen.
Informationen: www.kartbahn-harsewinkel.de

Frei- und Hallenbad

Bereits seit 1960 beglückt das Freibad in den Sommermonaten sportliche Schwimmer und Spaßplanscher. Im 50-m-Sportbecken stehen acht Bahnen zur Verfügung, es gibt einen 3-m-Sprungturm in separatem Becken sowie eine attraktive Badelandschaft für Nichtschwimmer. In direkter Nachbarschaft bietet im Winter ein kleines Hallenbad Raum für Schwimmer.
Kontakt: Prozessionsweg 8, 33428 Harsewinkel, 05247/935277

Paddeln
Mit der Ems direkt vor der Haustür bietet sich die Möglichkeit, die Umgebung vom Fluss aus zu erkunden. Es werden Abenteuer- und Familientouren angeboten.
Informationen: www.abenteuer-paddeln.de

Wandern & Radfahren
Auf dem *Prälatenweg* kann man auf den Spuren von Nonnen und Mönchen wandeln, sich über den *Harsewinkeler Weg* 15 km Richtung Versmold begeben oder zwischen Münster und Bielefeld auf den *X 19* treffen. Erwandernswert sind auch die Naturschutzgebiete Boomberge, Hühnermoor und Am Sundern. Für Radwanderer wurde die *Spökenkieker-Route* (35 km), die *Rundtour um Greffen* (18 km) und die ebene *Rundtour Der Picknicker* ausgeschildert. Durch das Stadtgebiet führen der *Europaradweg R 1*, der *EmsRadweg*, die *100 Schlösser Route*, die *BahnRadRoute Hellweg-Weser* und die 550 km lange *Deutsche Fußballroute*.

Naturschutzgebiet Hühnermoor
Das älteste Naturschutzgebiet in Harsewinkel ist ein Relikt einer 4000 Jahre alten Hochmoorlandschaft. Urbarmachungen und Torfabbau haben dazu geführt, dass heute nur noch 8,9 ha Moor erhalten sind. Diese sind aber umso sehenswerter, seitdem der Lebensraum der einzigartigen Fauna und Flora mit seltenen Pflanzen und Tieren gepflegt wird. Besonders reizvoll ist ein Besuch des Hühnermoores im Juni während der Wollgrasblüte. Es werden geführte Wanderungen angeboten.
Kontakt: Lutterstrang, 33428 Marienfeld; Stadtmarketing, 05247/935107

Golf
Die ganzjährig bespielbare 18-Loch-Anlage des Golfclub Marienfeld e. V. ist eine Oase der Ruhe und zugleich gesellschaftlicher Treffpunkt. Jung oder Alt, Meister oder Neuling, ehrgeizige Spieler oder Just-for-Fun-Golfer: Alle sind willkommen. Der Club verfügt über eine Driving-Range mit überdachten Abschlägen sowie Putting-Green, Pitching-Green und Übungsbunker.
Kontakt: Remse 27, 33428 Marienfeld, 05247/8880, www.gc-marienfeld.de

Reiten
Auf den Wiesen an der Ems belegen die zahlreichen Pferde, wie die Stadt zu ihrem Spitznamen „Horse"-Winkel kam. Welche große Bedeutung die Vierbeiner für Sport und Freizeit auch heute noch haben, zeigt die lange Liste der örtlichen Reiterhöfe:
Kontakt:
Reiterhof Everding, Familie Everding, Berkort 5, 33428 Harsewinkel, 05247/2260
Reiterhof Prövestmann, Bernhard Prövestmann, Im Vechtel 21, 33428 Harsewinkel, 05247/2312
Pferdesport Richterhof, Jessica Gottschalk, Am Richterhof 1, 33428 Harsewinkel, 0175/3768829
Reit- und Fahrverein Greffen e. V., Bernhard Rohmann, Schemmanns Heide 2, 33428 Harsewinkel, 02588/715
PSV Harsewinkel und Umgebung e. V., Heinz Rolf, Groppeler Str. 29, 33442 Herzebrock-Clarholz, 05245/2400, 05245/18959, 0172/2467118
Reit- und Fahrverein Harsewinkel e. V., Guido Feismann, Am Richterhof 10, 33428 Harsewinkel, 05247/405806, 0170/4829297

Planwagenfahrten
Eine gemächliche Ausfahrt mit dem Planwagen – auch ohne Plane – ist bei dem moderaten Tempo der beiden Haflinger ein wahrer Genuss. Wagen samt Haflinger-Pferdegespann und Kutscher können für die unterschiedlichsten Anlässe und Routen gebucht werden.
Kontakt: Siegfried Biegel, Kölkebecker Str. 31 a, 33428 Harsewinkel, 05247/4461

Herford

(Kreis Herford)

Etwa 66 000 Einwohner leben in Herford. Nach der Lebensbeschreibung des heiligen Waltgers gründete dieser das spätere Reichsstift 789 in Müdehorst bei Bielefeld, von wo es 800 an den heutigen Standort umzog. Kaiser Ludwig der Fromme nahm das Kloster 823 in seinen persönlichen Schutz, in dessen Schatten entstand bald eine Kaufmannssiedlung. Mit diversen Rechten ausgestattet, entwickelte sich die Siedlung zur Stadt, die von 1442 bis ins 17. Jh. in der Hanse tätig war und seit 2013 auch Mitglied der Neuen Hanse ist. Das „Hillige Hervede" war weit über das Mittelalter hinaus ein bedeutendes geistliches und geistiges Zentrum. 1802 wurden die letzten Güter der Abtei aufgelöst und auf dem Gelände entstand eine maschinengesteuerte Spinnerei, die erste Fabrik der Stadt.

Tourist-Information
Rathausplatz 2
32052 Herford
05221/189-1526
www.herford-erleben.de

Sehenswertes

▸ Herforder Münster

Das Herforder Münster war die Kirche des reichsunmittelbaren Frauenstifts und die Urpfarrkirche Herfords. Das ab 1220 unter der Äbtissin Gertrud II. zur Lippe über einem ottonischen Vorgängerbau im spätromanischen Stil erbaute Münster ist der erste Großbau einer Hallenkirche in Norddeutschland in den Dimensionen einer Bischofskirche. Die Seitenschiffe sind genauso hoch wie das Mittelschiff und erzeugen dadurch

Das Herforder Münster

eine eindrucksvolle Raumwirkung, die von den besonders reichen Maßwerkfenstern unterstrichen wird. Bedeutendstes Stück der Ausstattung ist der Taufstein aus dem Jahre 1500 mit Heiligenstatuetten und sehr lebendig gestalteten biblischen Szenen. Eine weitere Besonderheit ist das „Siebensonnenfenster" über der Tür an der Südseite der Kirche. **Kontakt:** Münsterkirchplatz, 32052 Herford, 05221/15819, www.herfordmitte.de

▸ Fachwerkhäuser

Dem Bombenkrieg und der späteren Stadtplanung fielen viele mittelalterliche Fachwerkhäuser zum Opfer. Einige sehenswerte Zeugnisse alter Baukunst haben die Zeit überstanden – in der Brüderstraße das

Remensniderhaus von 1521 (Nr. 26), das **Giebelhaus** mit Toreinfahrt von 1532 (Nr. 28) sowie das **Dielenhaus** mit seitlicher Utlucht um 1550 (Nr. 14). Das **Kantorhaus** in der Elisabethstraße 2 entstand zwischen 1484 und 1494 und gehört zu den ältesten erhaltenen Fachwerkhäusern Westfalens. Auch am Holland und in der Löhrstraße blieben mehrere alte Fachwerkhäuser erhalten.

▸ Neuer Markt
Im Zentrum der Neustadt liegt, umgeben von Fachwerk- und Renaissancearchitektur, einer der schönsten Plätze der Stadt. Der Neustädter Brunnen von 1599 zeigt einen Ritter mit Banner und dem Schild der freien Reichsstadt Herford. Tatsächlich wurde das Kleinod 1830 aus Geldnot verkauft, konnte aber 1962 zurückerworben werden. Das Rathaus der bis 1634 selbstständigen Neustadt entstand um 1600. Die aufwendige Renaissancefassade wurde 1988/89 rekonstruiert. Auch das zweigeschossige Wulferthaus ist zu beachten. Das steinerne Giebelhaus entstand 1560 und präsentiert Stilelemente der Lipperenaissance.

▸ Pfarrkirche St. Johannis
Die gotische Hallenkirche an der Komturstraße ist die Pfarrkirche der um 1220 gegründeten Herforder Neustadt. Sie beeindruckt besonders durch ihre Glasfenster, die zu den ältesten in Westfalen gehören. Charakteristisch ist die reichhaltige Ausstattung aus dem 16. und 17. Jh. mit Kanzel und den Amtsstühlen der Handwerkerzünfte.

▸ Kirche St. Marien
Die spätgotische Hallenkirche an der Stiftbergstraße wurde im ersten Viertel des 14. Jhs. als Wallfahrtskirche zur Marienvision erbaut und war Kirche des niederadligen Stiftes auf dem Berge. Angeblich fand hier im 10. Jh. die älteste bekannte Marienerscheinung nördlich der Alpen statt. Im Inneren der heutigen Pfarrkirche erinnert ein gotischer Hochaltar mit dem Baumstamm aus der Visionssage und einer seltenen Marien-Doppelplastik an der Spitze an diese Begebenheit.

▸ Wittekinddenkmal
Vielerorts in OWL erinnert man sich an den Gegenspieler Karls des Großen, den „Sachsenherzog“ Wittekind oder Widukind. Am Herforder Wilhelmsplatz ist jedoch das einzige Denkmal zu bewundern, das ihn als bärtigen Krieger mit Flügelhelm zeigt, der auf seinem Pferd einen Felsen erklimmt. Das Original von Heinrich Wefing wurde 1942 eingeschmolzen und 1959 von Walter Kruse neu gestaltet.

Museen

▸ Marta Herford
Der skulpturale Museumsbau mit seinem schwungvollen Dach von 2005 ist ein beeindruckendes Werk des Stararchitekten Frank Gehry. Das international ausgerichtete Museum für zeitgenössische Kunst beschäftigt sich regelmäßig mit Design und Architektur. Das Gebäude und seine abwechslungsreichen Ausstellungen sind ein Markenzeichen für die Originalität und Weltoffenheit in Herford und Ostwestfalen.
Kontakt: Goebenstr. 2–10, 32052 Herford, ☏ 05221/9944300, 🌐 www.marta-herford.de

▸ Daniel-Pöppelmann-Haus
Der am Stadtgraben gelegene Museumskomplex besteht aus der 1874–76 errichteten Villa Schönfeld und der 100 Jahre später angebauten Ausstellungshalle. Die vom Textilunternehmer Heinrich Schönfeld beauftragte Villa hat das Städtische Museum 1941 mit der stadtgeschichtlichen Daueraustellung bezogen. Namensgeber war der in Herford geborene Barockarchitekt Daniel Pöppelmann.

Kontakt: Deichtorwall 2, 32052 Herford, 05221/189689, www.poeppelmannhaus.de

Zellentrakt

Die 2005 eröffnete Gedenk-, Dokumentations- und Begegnungsstätte im ehemaligen Polizeigefängnis des Rathauses (Rückseite) erinnert an die in Stadt und Kreis verfolgten Minderheiten und dokumentiert den Gestapo-Terror zur Zeit der nationalsozialistischen Diktatur. An der Kleinen Markthalle erinnert eine Gedenktafel an die Deportationen der Herforder Juden ab 1941.
Kontakt: Rathausplatz 1, 32052 Herford, 05221/189257, www.zellentrakt.de

Freizeit & Natur

Eishalle

Die Eishalle bietet von September bis März Schlittschuhvergnügen bei jedem Wetter. In der Halle werden Eisdisko, Eislaufkurse und Eisstockschießen angeboten.
Kontakt: Sportzentrum, Im kleinen Felde, 32051 Herford, 05221/9944020, www.eishalle-herford.de

h2o

Hinter dem chemischen Zeichen für Wasser verbirgt sich ein modernes Freizeitbad mit Saunalandschaft, das sich weithin größter Beliebtheit erfreut. Zu den vielen Schwimm- und Planschmöglichkeiten gehören der Wildbach, die Dschungelinsel, zwei Riesenrutschen und das Wellenbad. Zu den Besonderheiten der zwölf Saunen zählen die Suola-Sauna aus naturbelassenem Himalaya-Salzstein oder die Jark-Sauna aus 500 Jahre alten Baumstämmen.
Kontakt: Wiesestr. 90, 32052 Herford, *Freizeitbad:* 05221/922277, *Saunawelt:* 05221/922257, *Refugium:* 05221/922260, www.h2o-herford.de

Freibäder

In den Sommermonaten dürfen sich Schwimm- und Badebegeisterte gleich in zwei Freibädern mit 50-m-Sportbahnen austoben.
Kontakt:
Am Freibad 20, 32052 Elverdissen, 05221/70166;
Westring 120, 32051 Herford, 05221/9944011, www.herforder-freibaeder.de

Wandern & Radfahren

Neben dem *Innenstadtweg Wall* und dem Qualitätswanderweg *Hansaweg X9* führen allerlei Wanderrouten von 5–75 km Länge durch die Umgebung von Herford. Besonders beliebt sind die alten Pilgerstrecken. Es werden auch geführte Pilgertouren angeboten. Außer den überregionalen Strecken wie *Werre-Radweg*, *BahnRadRoute Weser-Lippe*, *Weser-Radweg*, *Else-Werre-Radweg* und *Sole-Radweg* sind fünf Radtouren durch das Stadtgebiet ausgewiesen. Die *Kultur Route* (6,5 km) ist die kürzeste Tour, an der jedoch auch die meisten Sehenswürdigkeiten liegen. Die *Panorama Route* (22 km) ist eine sportliche Herausforderung. Die *Wald & Wiesen Route* (24 km) führt entlang der Werre nach Bad Salzuflen. Ebenso lang ist die *Ziegel Route* bis zum Ziegeleimuseum Lage. Die *Rüben Route* (38 km) ist die längste der fünf Touren.

Tierpark

Im Stadtteil Waldfrieden wurde bereits 1952 ein kleiner Tierpark gegründet. Auf einer Fläche von 3 ha sind dort heute 550 Tiere aus 50 Arten beheimatet. Geöffnet März bis Okt.
Kontakt: Stadtholzstr. 234, 32049 Herford, 05221/81284, www.tierpark-herford.de

Springolino

Das große Indoor- und Outdoor-Spieleparadies in Herford bietet bei jedem Wetter viel Spannung, Spaß und auf 5000 qm jede Menge Platz zum Toben.

Kontakt: Ackerstr. 35, 32051 Herford, 05221/692424, www.springolino.de

Bismarckturm
Einer der weltweit größten Bismarckturm-Vereine kümmert sich in Herford um den 23 m hohen Aussichtsturm, der bereits 1906 dem „Eisernen Kanzler" gewidmet wurde. Das aus Spenden finanzierte Gebäude bietet von April bis Oktober eine tolle Aussicht.
Kontakt: Kammweg, 32049 Herford, 05221/12115, www.bismarckturm-herford.de

Brauereibesichtigung
Jährlich lassen es sich ca. 18 000 Menschen nicht entgehen, mit eigenen Augen zu erleben, wie das Herforder Bier entsteht. Auf Besichtigungstouren (nach Voranmeldung) durch die berühmte Braustätte erfährt man – von der Gärung bis zur Abfüllung – viel Wissenswertes rund um die Welt des Bieres.
Kontakt: Herforder Brauerei GmbH, Gebr.-Uekermann-Str. 1, 32120 Herford-Hiddenhausen, 05221/965-270, www.herforder.de

Herzebrock-Clarholz

(Kreis Gütersloh)

Die aus zwei Ortsteilen bestehende Gemeinde liegt am westlichen Rand von Ostwestfalen an der Grenze zum Münsterland. Den Ausgangspunkt der Gemeinde bilden zwei Klostergründungen aus dem 9. bzw. 12. Jh., deren Kirchen und Gebäude die Ortszentren bis heute dominieren. Verkehrsgünstig an der Chaussee von Münster nach Paderborn gelegen, entwickelten sich in den landwirtschaftlich geprägten Orten im späten 19. Jh. erste gewerbliche Unternehmen. So haben die beiden Weltunternehmen Miele und Claas ihren Ursprung in Herzebrock-Clarholz.

Gemeinde Herzebrock-Clarholz
Am Rathaus 1
33442 Herzebrock-Clarholz
05245/4440
www.herzebrock-clarholz.de

Sehenswertes

Benediktinerinnenkloster Herzebrock
Um 860 als Kanonissenstift gegründet, wurde Kloster Herzebrock 1208 in eine Benediktinerinnen-Abtei umgewandelt. Sie bestand bis zur Säkularisation 1803. Im Zentrum steht die Pfarrkirche St. Christina aus dem späten 15. Jh. Nördlich des Kirchhofes gelangt man zum Klosterhof, der von Abtei- und Konventsgebäuden umgeben ist, in dem sich neben der Wohnung der Äbtissin auch das Dormitorium und das Refektorium der Nonnen befunden haben. An der Westseite sind noch Teile des alten Kreuzgangs sowie das Haus der Laienschwestern, das heute als Pfarrgemeindezentrum dient, erhalten. An der Ostseite des Wirtschaftshofes steht das 1712 fertiggestellte Pfarrhaus.
Kontakt: Klosterstr. 6, 33442 Herzebrock-Clarholz 05245/2370, www.christina-herzebrock.de

Prämonstratenserkloster Clarholz
Die Pfarrkirche St. Laurentius und die Gebäude des 1133 gegründeten Prämonstratenserklosters markieren das Zentrum von Clarholz. 670 Jahre lang war das Kloster religiöses und kulturelles Zentrum sowie ein nicht unbedeutender Wirtschaftsfaktor. Das frühere Konventshaus sowie der Propsteihof mit dem Propsteigebäude liegen südlich und westlich des mit Linden bestandenen

Kirchplatzes. Die heutige Pfarrkirche wurde im 14. Jh. zu einer gotischen Hallenkriche umgebaut, deren Vorgänger vermutlich eine romanische Basilika war. Bemerkenswert ist die spätgotische Kreuzigungsgruppe aus Baumberger Sandstein an der Kirchplatzseite des Westriegels. Führungen durch die Klosteranlagen sind möglich.
Kontakt: Freundeskreis Propstei Clarholz e.V., 33437 Herzebrock-Clarholz, ☏ 05245/5646, 🌐 www.pr-rhc.de

Das Benediktinerinnenkloster Herzebrock

▸ Schloss Möhler
Eines der wohl besterhaltenen Barockschlösser im Kreis Gütersloh entstand aus einem Rittergut aus dem 13. Jh. Mit dem Bau des Schlosses ab 1710 siedelten sich neben den Bauern auch Handwerker an, sodass sich ein Dorf entwickelte. Heute steht nur noch das Haupthaus, die zwei Seitenflügel wurden abgerissen. Inzwischen wurde es renoviert und wird gewerblich, gastronomisch sowie für Events genutzt. Sehenswert ist die rekonstruierte barocke Gartenanlage von etwa 3,5 ha Größe. Eine Außenbesichtigung nach vorheriger Anmeldung ist möglich.
Kontakt: Schloßallee 7, 33442 Herzebrock-Möhler, ☏ 05245/835926, 🌐 www.schloss-moehler.de

Museen

▸ Zumbusch-Museum
Das schöne, 1700 gebaute Fachwerkhaus war lange Posthalterei mit Umspannstation, später Verwaltungsgebäude. Zudem wurde in diesem Gebäude Herzebrocks bekanntester Sohn, Caspar Clemens Eduard Ritter von Zumbusch (1830–1905), geboren, der als Monumentalbildhauer besonders in Österreich Berühmtheit erlangte. 2011 wurde in seinem Geburtshaus ein Museum eröffnet, das sich mit seinen riesenhaften Kunstwerken und mit seinem persönlichen Umfeld beschäftigt.
Kontakt: Clarholzer Str. 45, 33442 Herzebrock, ☏ 05245/4816, 🌐 www.heimatverein-herzebrock.de

▸ Heimatmuseum
Im Abtei- und Konventsgebäude des Benediktinerinnenklosters Herzebrock befindet sich die Heimatstube Herzebrock, die vom Heimatverein betreut wird. Gezeigt werden Exponate zur Klostergeschichte und Geschichte des Dorfes aus den Bereichen Landwirtschaft, Industrie und Handwerk.
Kontakt: Klosterstr. 7, 33442 Herzebrock-Clarholz, ☏ 05245/4816, 🌐 www.heimatverein-herzebrock.de

Freizeit & Natur

▸ Klostergärten
Die beiden Klöster Herzebrock und Clarholz waren vor ihrer Säkularisation in umfangreiche Gartenanlagen eingebettet: Nutzgärten für den Bedarf und Ziergärten zur Erholung. Seit 2000 sind der ca. 5 ha große Klostergarten in Clarholz und der rund 3,8 ha große

Klostergarten in Herzebrock in Anlehnung an barocke Gartenanlagen neu gestaltet worden. Die Außenanlagen sind öffentlich zugänglich.

▸ SwinGolf
Das Ballspiel mit den gleichen Prinzipien wie Golf entstand in Frankreich und kommt ohne Clubmitgliedschaft und teure Ausrüstung aus. SwinGolfen kann man in Schloss Möhler. Es ist kinderleicht und ein großer Spaß für alle Altersgruppen.
Kontakt: Schloßallee 6, 33442 Herzebrock-Clarholz, 05245/835926, www.schloss-moehler.de

▸ Wandern & Radfahren
Am Rand des Münsterlandes ist die ebene Landschaft um Herzebrock-Clarholz geradezu ideal für Wanderer und Radfahrer. In der Gemeinde selbst können Sie auf den ausgeschilderten Radwanderwegen *R 18* und *R 19* unterwegs sein. Auch der *EmsRadweg* führt durch die Gemeinde.
Der *Prälatenweg* ist ein 32 km langer Rundwanderweg, der die ehemaligen Klöster Herzebrock, Clarholz und Marienfeld verbindet.

▸ Padel
Die neue Trendsportart ist eine Mischung aus Tennis und Squash für alle. Selbst Menschen, die noch nie einen Schläger in der Hand gehalten haben, erleben hier ihren Spaß.
Kontakt: Padel-Point-Center, Hans-Böckler-Str. 29–35, 33442 Herzebrock-Clarholz, 05245/83532990, www.padel-point-center.de

▸ Reiten
Der Reitsport hat in den Gemeinden einen hohen Stellenwert, wie die verschiedenen Reitsportanlagen, Turniere und Reitvereine belegen.
Informationen: www.rv-clarholz-lette.de, www.rv-herzebrock.de

Hiddenhausen

(Kreis Herford)

Nördlich von Herford liegt Hiddenhausen, die flächenmäßig kleinste Gemeinde im Kreis. Grabhügel, Urnengräber und Brandgrubengräber von der Bronzezeit bis ins 3. Jh. n. Chr. bezeugen, dass die Höhenlage an der Werre stets verlockend war. Doch erst ab ca. 800 lässt sich eine kontinuierliche Besiedlung nachweisen. Wie überall im Ravensberger Land wurde im 17. und 18. Jh. auch hier der Flachsanbau betrieben. Ab etwa 1860 gewann die Zigarrenindustrie an Bedeutung, die schließlich von der Möbelindustrie abgelöst wurde.

Gemeinde Hiddenhausen
Rathausstr. 1
32120 Hiddenhausen
05221/9640
www.hiddenhausen.de

Sehenswertes

▸ Gut Bustedt
Das Gut im Nordwesten der Gemeinde wurde 1415 als Wasserburg errichtet. Nach einer Fehde fiel die Burg an die Grafen zu Ravensberg und wurde ab 1649 zum Wasserschloss umgebaut. Die Gebäude sind auf zwei Inseln angelegt und über eine barocke Brücke zu erreichen. Nach umfangreichen Renovierungsarbeiten bezog 1982 die Biologiestation Bustedt das Gut. In zwei Räumen mit restaurierten Wandmalereien aus napoleonischer Zeit können sich Paare trauen lassen. Alljährlich wird zu besonderen Anlässen – „Offener Bustedter Garten" oder Weihnachtsmarkt – eingeladen.
Kontakt: Gutsweg 35, 32120 Hiddenhausen, 05223/87031, www.gutbustedt.de

▸ Göpelhaus
In dem achteckigen Fachwerkgebäude am Hof Harland-Hüttemann im Ortsteil Lippinghausen befand sich einst eine Göpelanlage. Bis zum Zweiten Weltkrieg trieben hier im Kreis gehende Pferde oder Kühe eine Drehmaschine an, mit der z. B. Futterschrot gemahlen wurde. Es ist eines von nur zwei im Kreis Herford erhaltenen Göpelhäusern.

▸ Uhrenturm Lippinghausen
Der Uhrenturm vor dem Rathaus im Ortsteil Lippinghausen war ein Wahrzeichen der Großgemeinde. Ursprünglich saß er als Dachreiter auf dem Kontorhaus der Margarinefabrik H. Meyer-Lippinghausen. Die Fabrik wurde 1984 abgerissen und nur der Uhrenturm blieb erhalten.

▸ Hof Niederbäumer
Im Ortsteil Sundern, dort, wo die Äbtissin des Frauenstifts Herford ihren Sommersitz „Solitüde" unterhielt, steht heute der Vierständerhof der Familie Niederbäumer. Solitüde wurde bereits 1756 abgerissen und nur der Wirtschaftshof blieb zunächst erhalten. Infolge der Säkularisation wurde der Besitz aufgeteilt und verkauft. Die neuen Besitzer rissen 1819 die alten Gebäude ab und ersetzten sie durch das heutige Fachwerkgebäude.

Museen

▸ Holzhandwerksmuseum
In zwei als Zehntscheunen in den Jahren 1723 und 1742 erbauten Fachwerkhäusern in der denkmalgeschützten Gutsanlage des Hauses Hiddenhausen wurde 1997 das erste Holzhandwerksmuseum in Ostwestfalen-Lippe eröffnet. Als Erlebnismuseum konzipiert, lässt es mit über 1500 Exponaten das alte Holzhandwerk lebendig werden, das die Gemeinde seit Jahrhunderten geprägt hat. **Kontakt:** Maschstr. 16, 32120 Hiddenhausen,

Gut Bustedt aus der Luft

05223/84882, www.holzhandwerks-museum-hiddenhausen.de

▸ Museumsschule
In einem Fachwerkgebäude aus dem Jahre 1847 wird eine typische preußische Dorfschule jener Zeit gezeigt. Die mit originalen Gebrauchs- und Schulutensilien aus der Mitte des 19. Jhs. ausgestattete Schulstube mit Lehrerwohnung lädt ein zur Zeitreise. Nach Vereinbarung können Kinder und Erwachsene eine Unterrichtsstunde mit dem „Fräulein Lehrerin" erleben. In der geräumigen Deele und im 200 Jahre alten Schulspeicher finden zudem Lesungen und Märchenstunden statt. **Kontakt:** Rathausstr. 1, 32120 Hiddenhausen-Schweicheln, 05221/964352, www.museumsschule.de

Freizeit & Natur

▸ Wandern & Radfahren
Ein beliebter Rad- und Wanderweg führt entlang der Trasse der ehemaligen Kleinbahn, die das Naturschutzgebiet Füllenbruch durchzieht. Auch die Freizeitradroute *Vom Holzhandwerksmuseum zum Franzosengrab* führt zu sehens- und erlebenswerten Punkten (Ausgangspunkt Handwerksmuseum Maschstraße 16). Unter anderem führt auch die *BahnRadRoute Weser-Lippe* durch Hiddenhausen. **Informationen:** www.fahr-im-kreis.de

Hille

(Kreis Minden-Lübbecke)

Das Gemeindegebiet von Hille wird seit 1915 von West nach Ost vom Mittellandkanal durchquert. Der Torfabbau und die Landwirtschaft bestimmten das Leben über Jahrhunderte. Bis ins 19. Jh. entstanden neben den beeindruckend großen Bauernhöfen zahlreiche Heuerlingsstätten, auf denen man sich mit der Leineweberei, später mit der Zigarrenmacherei, ein Zubrot verdiente. Mit fünf erhaltenen Holländerwindmühlen ist Hille heute ein wichtiger Teil der Westfälischen Mühlenstraße.

Gemeinde Hille
Am Rathaus 4
32479 Hille
0571/4044 0
www.hille.de

Sehenswertes

▸ Windmühle Südhemmern

Die Holländer-Windmühle in Südhemmern wurde laut Inschrift 1880 errichtet. In dem konischen Sandsteinturm befinden sich zwei Schrotgänge und ein Beutelgang. Das Mahlwerk der Mühle dreht sich durch die Windrose automatisch in den Wind. Die Mühle und das noch vorhandene Backhaus sind noch in Betrieb. In der Heimatstube im Müllerhaus werden an den Mahl- und Backtagen alte Arbeiten vorgeführt. Besichtigung für Gruppen nach Vereinbarung.
Kontakt: Mühlenheide 22, 32479 Hille-Südhemmern, Heimatverein, 05703/91200, www.muehle-suedhemmern.de

▸ Windmühle Eickhorst

Die Holländer-Windmühle im Ortsteil Eickhorst, auch „Storcks Mühle" genannt, wurde 1848 anstelle einer 1751 erwähnten Bockmühle neu erbaut. Sie wurde 1968 stillgelegt. Die Mühle mit konischem Bruchsteinturm kann durch die Windrose in den Wind gestellt werden. Mühle, Backhaus (1879) und Speicher (1858) sind betriebsbereit und können zu den jährlichen Back- und Mahltagen besichtigt werden.
Kontakt: Im Mühlengarten 23, 32479 Hille-Eickhorst, 05703/3132, 05734/5955 o. 0171/1484559, www.windmuehle-eickhorst.de

Die Windmühle Nordhemmern

▸ Königsmühle

Die Windmühle „Auf der Höchte" in Hille stammt aus dem Jahr 1733. Der bauchige Turm ist heute wetterseitig verputzt. Bis zu einem Sturm im Jahre 1951 wurde sie mit Segelflügeln angetrieben, dann mit einem Motor. 1956 wurde der Betrieb eingestellt. Nach umfassender Renovierung ist die „rechtsdrehende" Mühle wieder windgängig.
Kontakt: Höchte 10, 32469 Hille-Höchte, 05703/1357

▸ Windmühle Nordhemmern
In Nordhemmern steht die Greftmühle, auch Brinkmanns Mühle genannt, aus dem Jahr 1838. Diese Mühle besteht aus grobem Porta-Sandstein. Die Kappe der Mühle, die auch Ölmühle war, ist geschindelt. Zwei Mahlgänge sind noch erhalten. Geöffnet an Mahl- und Backtagen.
Kontakt: Windmühlenweg 65, 32479 Hille-Nordhemmern, ✆ 05703/3080

Im Hiller Moor

▸ Windmühle Hartum
Auch der Ortsteil Hartum ist mit seiner Holländer-Windmühle von 1877 Teil der Westfälischen Mühlenstraße und der Mühlenroute. Der Wall-Holländer mit gemauertem konischen Mühlenturm aus Sandstein hat keine Einrichtung mehr und kann nur von außen besichtigt werden.
Kontakt: Mindener Str., 32479 Hille, ✆ 0571/29746
Informationen zu allen Mühlen: www.muehlenverein-minden-luebbecke.de, www.muehlenkreis.de

▸ Reimlers Hof – von Oeynhausenscher Hof
Mitten im Hiller Dorfkern liegt der von Oeynhausenscher Hof, heute Reimlers Hof, ein barocker Adelssitz aus dem Jahre 1660. Der Eingang zu dem Anwesen führt durch ein imposantes Fachwerktorhaus. Über eine Allee gelangt man auf den weiten Innenhof, der vom Herrenhaus und Wirtschaftsgebäuden im westfälischen Fachwerkstil umgeben ist. Charakteristisch ist auch der Wassergraben, der früher rund um die Hofanlage führte. Eine Besichtigung ist bei Veranstaltungen oder geführten Touren möglich.
Kontakt: Dorfstr. 18, 32479 Hille, ✆ 0571/80723170, www.herrenhaeuser-parks-muehlenkreis.de.

▸ Kirchen und Kapellen
Wirklich sehenswert sind die großen und kleinen Gotteshäuser im Bereich der Gemeinde Hille: die ev. **Pfarrkirche Hille** (1523, Kirchplatz, Hille) mit Deckenmalereien aus dem 16. Jh., die **Kirche Hartum-Hahlen** (1892, Mindener Str. 454, Hartum) mit einer funktionierenden mechanischen Turmuhr aus dem Jahre 1898 und die ev. **Kirche Oberlübbe** (1912, Korfskamp 2, Oberlübbe). Ein echtes Schmuckstück ist die weiße **Kapelle Maria Magdalena** (1324, Dorfstr., Südhemmern) mit einer reich verzierten Kanzel (16. Jh.) und einer Kanonenkugel in der Außenwand. Vermutlich bereits im 13. Jh. gebaut, ist auch die weiß verputzte und mit Schießscharten versehene **Kapelle Nordhemmern** (Nordhemmer Str.) einen Besuch wert.

Museen

▸ ☺ Heimathaus Hartum und Amtsgefängnis
Das Fachwerk-Handwerkerhaus von 1872 befand sich bis zur Renovierung 2002 im Originalzustand. Es steht gegenüber vom

Amtsgefängnis und zeigt Einrichtungsgegenstände aus der „guten alten Zeit“. Neben Aktionstagen finden Ausstellungen zu Leben und Arbeit in damaliger Zeit statt. Auf der anderen Straßenseite steht das ebenfalls restaurierte ehemalige Amtsgefängnis. In dem kleinen Haus von 1896 befinden sich zwei Gefängniszellen und eine Wachstube. Beeindruckend sind die zahlreichen „Graffiti“, die Häftlinge zwischen 1941 und 1944 auf dem Wandputz hinterlassen haben. Die andere Haushälfte diente der Feuerwehr als Spritzenhaus.
Kontakt: Mindener Str. 145, 32479 Hille; Besichtigungen: 0571/3988740

Brennereimuseum
In der historischen Brennereianlage der ehemaligen Kornbrennerei Meyer, gegründet 1721, wurde bis 1995 der bekannte „Hiller Moorbrand“ hergestellt. Nach der Stilllegung wurde das Brennereigebäude mit Kesselhaus und Kamin unter Denkmalschutz gestellt, renoviert und zum Brennereimuseum umfunktioniert. Es werden besondere Führungen, leckere Landpartien mit Bus und Bahn sowie begleitete Fahrradtouren mit Imbiss und Probierschnaps angeboten.
Kontakt: Heimat- und Gartenbauverein Hille e.V., Mindener Str. 71, 32479 Hille, www.altebrennereihille.de

Historische Dorfschmiede und Handwerksscheune
Zu dem historischen Ensemble im Ortsteil Holzhausen gehört eine alte Schmiede mit originalen, gut erhaltenen Werkzeugen sowie eine restaurierte Durchfahrtscheune aus dem Jahre 1815. Die Scheune wurde zu einem Museum mit Exponaten aus altem Handwerk und Haushalt umgestaltet.
Kontakt: Minderheider Str. 41, 32479 Hille-Holzhausen II, Heimatverein, 0571/42145 o. 0571/47601

Freizeit & Natur

Naturschutzgebiet Großes Torfmoor
Das etwa 500 ha große Moor ist eines der letzten erhaltenen Feuchtbiotope in Ostwestfalen. Ein Wanderwegnetz stellt den Moorkern für bedrohte Tiere und Pflanzen ruhig und ermöglicht das Erleben von Natur und Landschaft. Geführte Wanderungen und offene Moorführungen werden durch die Gemeindeverwaltung vermittelt.
Kontakt: Gemeinde Hille, 0571/4044249

Naherholungsgebiet Mindenerwald
Im Norden der Gemeinde liegt das Naherholungsgebiet Mindenerwald. Die ca. 47 ha große Wald- und Wiesenlandschaft rund um den Sonnenhügel bietet ideale Möglichkeiten zum Wandern und Entspannen. Einer der sieben Teiche wurde als Badesee (Mai–Mitte September) ausgebaut. Ein neu gestalteter Natur-, Lehr- und Erlebnispfad ist mit mehreren Informations- und Übersichtstafeln versehen, die auf die Vielfalt der Pflanzenwelt aufmerksam machen.

Kurpark Rothenuffeln
Die Ortschaft Rothenuffeln ist anerkannter Erholungsort mit Kurmittelgebiet. Traditionsreiche Bäder mit eigenen Heilquellen und Bademoor sowie der Kurpark laden zu Erholung und Kurzurlaub ein.
Adresse: Griepshop 11, 32479 Hille

Heuerlingshaus und Kulturscheune
Das 1836 erbaute Heuerlingshaus wurde im Kurpark der Ortschaft Rothenuffeln neu errichtet. Die Anlage vermittelt den Besuchern Kenntnisse über die volkskundliche und sozialgeschichtliche Bedeutung des Heuerlingswesens. Vervollständigt wird das Fachwerkensemble seit dem Jahr 2006 durch die „Kulturscheune“, in der Lesungen, Konzerte und Theaterabende veranstaltet

werden. Von April bis Oktober finden an jedem 1. Sonntag Führungen statt.
Kontakt: Kurpark Rothenuffeln, Griepshop, 32479 Hille, 05734/7778

▸ **Schifffahrt und historische Züge**
An den Mahl- und Backtagen der Südhemmer Windmühle kann der Besuch der Mühle mit einer Schiff- und Oldtimerbahnfahrt kombiniert werden: Mit dem Schiff von der Schachtschleuse Minden (Abfahrt 11.30 u. 14.30 Uhr) zur Anlegestelle nach Südhemmern (Ankunft 12.45 u. 15.45 Uhr). Rückfahrt mit der Museumseisenbahn (Abfahrt 14.45 u. 17.30 Uhr) vom Bahnhof Specken zum Bahnhof Minden-Oberstadt (Ankunft 15.15 u. 18 Uhr).
Zudem kann eine Museumszugfahrt mit dem Besuch der Brennerei Meyer oder einer Tour durchs „Große Torfmoor" verbunden werden. Mit dem Zug von Minden (Abfahrt 13.30 u. 16.15 Uhr) nach Hille (Ankunft 14.15 u. 17 Uhr).
Informationen:
Museumseisenbahn Minden,
0571/580337,
www.museumseisenbahn-minden.de;
Mindener Fahrgastschiffahrt,
0571/6480800, www.mifa.com

▸ **Reiten**
Wer in Hille dem Reitsport frönen möchte, dem stehen mehrere Möglichkeiten zur Verfügung.
Kontakt:
Reit- und Fahrverein Hille e. V., Reithalle in der Leiwkenstadt 104, 32479 Hille,
05703/2268, www.rv-hille.de
Reitsportgemeinschaft Holzhausen II e. V., Reithalle im Ortsteil Holzhausen II, Schwarzer Weg 8, 32479 Hille,
05704/1423
Reiterhof Brosius, Gönsebrink 13, 32479 Hille
Reitstall Schroeder, Holzhauser Str. 119, 32479 Hille-Hartum, 0171/7245185,
www.reitstall-schroeder-hartum.de

Horn-Bad Meinberg

(Kreis Lippe)

Das Stadtgebiet wird vom Teutoburger Wald und dem Eggegebirge umschlossen. Beide Mittelgebirgszüge treffen, nur durch das Felsental des Silberbachs getrennt, bei Horn aufeinander. Nach der ältesten bekannten Erwähnung der Stadt Horn erfolgte die Gründung um das Jahr 1248. 1348 wurde die Burg Horn fertiggestellt, in der die Edelherren und späteren Grafen zur Lippe residierten. Mehrfach hatte die Stadt unter kriegerischen Auseinandersetzungen zu leiden und 1864 fielen große Teile der Innenstadt einem Brand zum Opfer. Der Ort Meinberg wird erstmals 978 genannt, der Meinberger Gesundbrunnen erstmals im Jahre 1676 und der Ort wird 1767 offiziell zum Kurort ernannt. Seit 1903 darf sich Meinberg aufgrund fürstlicher Order „Bad" nennen und wird 1933 zum Staatsbad erhoben.

GesUndTourismus
Horn-Bad Meinberg GmbH
Kurgastzentrum
Parkstr. 10
32805 Horn-Bad Meinberg
05234/20597-0
www.hornbadmeinberg.de

Sehenswertes

▸ **Stadt Horn**
Eine Erkundungstour durch den Stadtteil Horn kommt einer kleinen Zeitreise gleich. Beginnt man am Rathausplatz, fällt der Blick zunächst auf das große, neugotische **Rathausgebäude** von 1866. Auf der gegenüberliegenden Seite befindet sich

das ehemalige **Hotel Vialon**, ein Adelshof von 1616, der 1679/80 im Stil der Spätrenaissance umgebaut wurde. Das Stadtzentrum wird seit seiner Gründung vom massigen Turm der Kirche dominiert. Westlich der Kirche findet man den **Pfeifenkump**, eines der letzten historischen Brunnenbecken. Von der Burgstraße aus betritt man den **Burgbezirk** mit Burgmuseum und Burgscheune, hier befinden sich heute auch die Polizeiwache und das Standesamt. Am Ende der Burgstraße trifft man auf das **Haus Thies**, eines der ältesten Fachwerkhäuser der Stadt mit eindrucksvollen Ornamenten. An der Leopoldstaler Straße erhebt sich der **Eulenturm** (um 1500), der letzte erhaltene Stadtturm.

Die mythenumrankten Externsteine

▸ Externsteine

Die eindrucksvolle Felsformation gehört zu den bemerkenswertesten Natur- und Kulturdenkmälern Mitteleuropas. Es ranken sich zahllose Mythen um die ca. 80 Millionen Jahre alte Sandsteingruppe, deren historische Erforschung bis heute andauert. Der Aufstieg bis in 35 m Höhe wird mit einem beeindruckenden Ausblick auf den Teutoburger Wald belohnt. Seit 2011 kann man in einem modernen Infozentrum mit Kurzfilmkino und interaktiver Technik Wissenswertes über die Erd- und Kulturgeschichte der Formation erfahren. Das weitläufige Gelände rund um die Externsteine ist nur bedingt für Menschen mit einer Gehbehinderung geeignet.
Kontakt: Informationszentrum Externsteine, Externsteiner Str. 35, 32805 Horn-Bad Meinberg, ✆ 05234/2029796,
🌐 www.externsteine-teutoburgerwald.de

Der Eggeturm, beliebtes Wanderziel am Velmerstot

▸ Kurpark Bad Meinberg

Der historische Kurpark im Ortsteil Bad Meinberg wurde als barocke Anlage um 1770 angelegt. Seine heutige Form erhielt der Kurpark um 1820. 1932 wurde der Berggarten mit seiner geometrischen Gestaltung und großen Treppenanlage fertiggestellt. Das stimmungsvolle Naturambiente lädt die Besucher in jeder Jahreszeit zum erholsamen Flanieren ein. Auch das Wahrzeichen der Stadt, der 1842 erbaute Brunnentempel mit Heilquelle, ist hier heute noch zu finden. Direkt im Anschluss befindet sich der Seekurpark mit seiner Fontäne und die Musikmuschel, in der im Sommer Kurkonzerte und andere Veranstaltungen stattfinden.

Museen

▸ Burgmuseum

Wen die Geschichte der Stadt, Hintergründiges zu den Externsteinen sowie Wissens-

wertes zur Burg Horn interessiert, der findet in den Abteilungen des Burgmuseums viele Antworten. Die Burg im Stadtteil Horn wurde um 1348 zunächst als mittelalterliche Wehranlage, im 17. Jh. dann zum repräsentativen Wohngebäude der Edelherren zur Lippe umgebaut. Das stadtgeschichtliche Burgmuseum im Obergeschoss lädt über das Jahr verteilt immer wieder zu Sonderausstellungen und Festlichkeiten ein.
Kontakt: Burgstr. 13, 32805 Horn-Bad Meinberg, 05234/201200, www.burgmuseum-horn.de

Traktorenmuseum

Um die rasante Mechanisierung und Motorisierung im ländlichen Raum zu demonstrieren, zeigt das Museum auf dem Campingplatz Eggewald eine umfangreiche Sammlung von Landmaschinen. Zu sehen sind rund 60 Traktoren aus aller Welt und weit mehr als 100 alte landwirtschaftliche Geräte vom Mittelalter bis in die 1960er-Jahre. Seit 1987 findet jährlich am ersten Juni-Wochenende ein Traktorentreffen statt.
Kontakt: Kempener Str. 33, 32805 Horn-Bad Meinberg, 05255/236, www.traktoren-museum.de

Freizeit & Natur

Wandern & Radfahren

Insgesamt stehen in der Region Horn-Bad Meinberg über 80 abwechslungsreiche Wanderungen zur Auswahl. Auf dem Gebiet der Stadt Horn-Bad Meinberg verlaufen drei Qualitätswanderwege, die *Blaubeerroute* an den Externsteinen mit ca. 6 km Länge. Und am Velmerstot, der höchsten Erhebung des Eggegebirges sind ebenfalls zwei weitere Qualitätswanderwege zu finden. Der Velmerstot, unterteilt in den preußischen Velmerstot mit dem Eggeturm und den lippischen Velmerstot, ist immer einen Ausflug wert. Die *KlimaErlebnisRoute Velmerstot* und die *Velmerstot-Route* reihen sich in die Qualitätswege in der Region ein.
Aber durch die Region verlaufen auch andere bekannte Rad- und Wanderwege wie der *R1,* welcher direkt durch die Öffnung der Externsteine verläuft. Durch Horn-Bad Meinberg führen der *Werre-Radweg* und die lippische *Fürstenroute*. Ein Teil der *Hermannshöhen* kann ebenfalls im Raum rund um Horn gelaufen werden.

Freilichtbühne Bellenberg

Auf der einzigen lippischen Naturbühne, unweit des Bergdorfs Bellenberg widmet man sich dem Laienschauspiel. Von Pfingsten bis September werden Märchen, Musicals, Komödien und Jugendtheater geboten, bei denen etwa 1000 Besucher Sitzmöglichkeiten finden.
Kontakt: Zur Freilichtbühne, 32805 Horn-Bad Meinberg-Bellenberg, 05234/2675, www.freilichtbuehne-bellenberg.de

Rosenhof Lippe

Wer einmal mit Eseln kuscheln oder wandern möchte, der ist hier genau richtig. Der mitten im Naturschutzgebiet gelegene Rosenhof Lippe betreibt außerdem eine Pferdepension in artgerechter Haltung und bietet einen Wohnmobilstellplatz an.
Kontakt: Zum Rosenbusch 102, 32805 Horn-Bad Meinberg, 0171/8173338, www.rosenhof-lippe.com

Straußenhof Möller

Auf dem Straußenhof leben ca. 35 Strauße, die man im Rahmen einer Führung kennenlernen kann. Die Straußenprodukte vom Ei bis zur Feder kann man im Hofladen erwerben. Auch Camping ist möglich.
Kontakt: Billerbeckerstraße 61, 32805 Horn-Bad Meinberg, 01512/6376189, www.straussenhof-moeller.de

Hövelhof

(Kreis Paderborn)

Seit 2012 darf die Gemeinde Hövelhof offiziell den Namenszusatz „Sennegemeinde" führen. Das Gebiet der Gemeinde ganz im Norden des Kreises wird von Ost nach West von der Ems durchzogen. Die Sennelandschaft, ein flaches Heidegebiet auf alten Sanden, ist die bestimmende Landschaftsform. Ihren Namen verdankt die Gemeinde dem Hövelhof, einem alten Vollmeierhof, der mindestens auf das Jahr 1000 zurückgeht und 1446 erstmals erwähnt wurde. Nach dem Bau des Fürstbischöflichen Jagdschlosses (1661) und einer ersten Kirche (1706) wurde Hövelhof 1715 als katholische Kirchengemeinde, 1807 als politische Gemeinde gegründet.

Tourist-Information der Sennegemeinde Hövelhof
Schloßstr. 11
33161 Hövelhof
05257/5009860
www.hoevelhof.de

Viele Radwege laden zu Touren ein

Sehenswertes

Jagdschloss Hövelhof

Unweit der kath. Pfarrkirche im Dorfzentrum steht das älteste erhaltene Bauwerk von Hövelhof. Bei dem schlichten zweigeschossigen Fachwerkbau mit Satteldach und auffälligen, diagonal gestellten Ständern an allen vier Ecken handelt es sich um das ehemalige Jagdschloss der Fürstbischöfe zu Paderborn. Die ehemals von Gräften umgebene Anlage wurde 1661 errichtet und seit 1715 als Pfarrhaus genutzt. Zu dem malerischen Ensemble gehören das ehemalige Küchengebäude (18. Jh., heute Tourist-Info und Pfarrbüro) und die Pfarrscheune (19. Jh.).
Adresse: Schloßstr., 33161 Hövelhof

Salvator-Kolleg

Das Salvator-Kolleg ist ein Jugendheim der Caritas, das 1915 vom kath. Erziehungsverein im Erzbistum Paderborn gegründet wurde. Sehenswert ist St. Nikolaus, die Kapelle des Kollegs. Sie wurde 1920 von Kirchenmaler Heinrich Repke aus Wiedenbrück vollständig im Jugendstil ausgeschmückt. Mehrfach im Jahr öffnet das Kolleg seine Türen zu Konzerten, Adventsmarkt etc.
Kontakt: Salvatorstr. 45, 33161 Hövelhof, 05257/5030, www.salvator-kolleg.de

Berliner „Mauer-Denk-Mal"

Ein greifbares Stück deutscher Geschichte ist seit 2009 im Hövelhofer Ortsteil Riege zu sehen. Im Rahmen der Jahrestage „20 Jahre friedliche Revolution und Deutsche Einheit" wurde ein Original-Stück der Berliner Mauer als „Mauer-Denk-Mal" an der Detmolder Str. 86 aufgestellt und soll an die deutsche Teilung und den Mauerfall im Jahr 1989 erinnern.

Wassermühlen am Furlbach
Am Furlbach befinden sich zwei gut erhaltene Mühlen: die um 1700 erbaute **Henkenmühle** und die **Furlmühle** von 1591, nach dem letzten Müller auch Hammersmühle genannt. In beiden Mühlen wurden ursprünglich Hanf und Flachs geklopft. Nachdem das Mühlrad der Henkenmühle durch eine Turbine ersetzt wurde, wird dort heute Strom erzeugt. Die Furlmühle kann auch von innen besichtigt werden.
Kontakt: Furlweg, 33161 Hövelhof, 05257/5752

Heimatzentrum Senne in Hövelhof

Museen

Heimatzentrum Senne
Um die plattdeutsche Sprache zu pflegen fand sich in Hövelhof 1974 der Plattdeutsche Kreis zusammen, der auch die Brauchtumspflege der Region übernahm. In jahrzehntelanger ehrenamtlicher Arbeit entstand aus einem kleinen bäuerlichen Anwesen das Heimatzentrum OWL. Der gesamte Komplex umfasst heute fünf Gebäude. Auf rund 1100 qm überdachter Ausstellungs- und Vorführungsfläche kann der Besucher sich über die Lebensumstände und Lebensweise der Vorfahren im Senneraum informieren.
Kontakt: Staumühler Str. 70, 33161 Hövelhof, 05257/5009830, www.heimatzentrumsenne.de

Dorfschulmuseum Riege
In der 1815 erbauten Dorfschule im Ortsteil Riege kann man historischen Unterricht nach der alten preußischen Schulordnung von 1872 erleben. Neben dem historischen Klassenraum werden Exponate aus allen Epochen der Schulgeschichte gezeigt, darunter auch das „Goldene ABC“, eine einmalige Sehenswürdigkeit in ganz Westfalen. Besondere Kleinode sind zudem der historische Schulgarten sowie die historische Schulglocke von 1881 im Turm auf dem Dach. Voranmeldung zur Besichtigung erforderlich.
Kontakt: Junkernallee 20, 33161 Hövelhof-Riege, 05257/9380174

Freizeit & Natur

Naturschutzgebiet Moosheide
Die Moosheide ist mit 4,5 ha das größte Naturschutzgebiet der Senne. Der Wechsel von Dünen und Tälern, offenen Heideflächen und Kiefernwäldern macht das Gebiet zu einem landschaftlich reizvollen Ausflugsziel. Inmitten der Moosheide befinden sich die Quellen der Ems, die in einem ca. 500 m langen Bereich aus der Erde sickern.

Heidschnucken und Senner Pferde
Am Rande des Truppenübungsplatzes Senne befindet sich die Heidschnuckenschäferei Senne der Biologischen Station Kreis Paderborn/Senne. Dort sind rund 1000 Exemplare der Grauen Gehörnten Heidschnucke zu Hause, die ganzjährig die Heideflächen in der Senne beweiden. Die Schafe tragen damit zum Erhalt der alten Heidelandschaft bei. In der Schäferei können auch Heidschnuckenspezialitäten erworben werden. Zudem bemüht sich die Station um die Rückkehr der Senner Pferde in ihren angestammten Lebensraum.
Kontakt: Sennestr. 233, 33161 Hövelhof, 05257/6933, www.bs-paderborn-senne.de

Wandern & Radfahren

Rings um Hövelhof lädt die abwechslungsreiche Landschaft zu Spaziergängen und Wanderungen ein. Dazu bieten sich gut ausgeschilderte Wanderwege in unterschiedlicher Länge an. Besonders empfehlenswert sind die beiden Qualitätswanderwege *Historischer Wanderweg* und *Heideland Rundwanderweg*. Über den Fernwanderweg X 3, den *Diemel-Ems-Weg,* ist die Sennegemeinde auch an das überörtliche Wandernetz angeschlossen.

Der *Senne-Parcours Hövelhof* verbindet auf 60 km Radweg die typische Gastlichkeit und die Schönheiten der Gegend. In Hövelhof startet auch einer der beliebtesten Radwege Deutschlands, der 380 km lange *EmsRadweg*. Er führt entlang dem „kleinsten Strom Deutschlands" bis hinauf nach Emden zur Nordsee. Hövelhof ist zudem Station des insgesamt 3500 km langen *Europaradweges R 1*.

Senne-Skate-Parcours

Um Hövelhof, die Senne und das Naturschutzgebiet Moosheide auf Rollen kennenzulernen, wurde ein Parcours für Inlineskater angelegt. Der Parcours ist sowohl für Familien als auch für sportlich ambitionierte Fahrer geeignet und 8 km, 16 km oder miteinander verknüpft gleich 24 km lang.
Ausgangspunkt: Hövelhofer Bahnhof im Ortskern

Reiten

Reitsportinteressierte, egal ob als Anfänger, Breiten- oder Leistungssportler, sind beim Reit- und Fahrverein Hövelhof e. V. in den besten Händen, der bereits seit 1949 existiert. Zur Reitanlage mit großer und kleiner Halle gehört auch ein Pensionsbetrieb.
Kontakt: Buschriege 48, 33161 Hövelhof, 05257/3750, www.reitverein-hoevelhof.de

Höxter

(Kreis Höxter)

Die an der Weser gelegene Siedlung „Huxori" wurde erstmals 822 erwähnt, als Kaiser Ludwig der Fromme die Ländereien dem Kloster Corvey zusprach. Die günstige Lage am Schnittpunkt verschiedener Fernhandelswege und die erste nachgewiesene Brücke über die Weser sorgten rasch für Aufschwung, sodass Höxter bereits 1250 Stadtrechte erhielt. Auf den Dreißigjährigen Krieg folgte ein wirtschaftlicher Niedergang. Als Hauptstadt zur Fürstabtei Corvey und später zu Preußen gehörig, erholte sich die Stadt allmählich. Durch die landschaftlich reizvolle Lage, die zahlreichen kulturhistorischen Denkmäler in der Altstadt sowie das Weltkulturerbe Corvey hat sich Höxter zu einem Magneten für Touristen entwickelt.

Tourist-Info
Weserstr. 11
37671 Höxter
05271/9634242
www.hoexter-tourismus.de

Sehenswertes

Historische Innenstadt

Höxter wird überragt von der doppeltürmigen **Kilianskirche** aus dem 11. Jh., der bescheidenen **Nikolaikirche** (1766–71) und der **Marienkirche,** die auf eine Klostergründung des Minoritenordens (1248) zurückgeht. Zwischen den Kirchturmspitzen ist es der Stadt in beispielhafter Weise gelungen, die mittelalterliche Stadtstruktur weitgehend zu erhalten. Eine große Zahl teils bis ins 14. Jh. zurückreichender Wohnbauten aus Stein und Fachwerk prägen das Stadtbild. Besonders hervorzuheben sind das **Rathaus**

(Weserstr.) mit der beeindruckenden Markthalle im Inneren, das Adam-und-Eva-Haus (Stummrigestr. 27, 1571) und die Dechanei (Marktstr. 19, 1561), ein ehemaliger Adelssitz mit zweiteiliger Schaufront. In der Westerbachstraße stehen die ältesten Häuser der Stadt: das Tilly-Haus (Nr. 33), das Brauhaus (Nr. 28) und das Haus Ohrmann (Nr. 45).

Die Kilianskirche überragt Höxter

▸ UNESCO-Weltkulturerbe Corvey

Die ehemalige Benediktinerabtei Corvey direkt an der Weser auf dem heutigen Stadtgebiet von Höxter wurde 822 unter Ludwig dem Frommen gegründet. Rasch entwickelte sich das Kloster zu einem kulturellen, geistigen und wirtschaftlichen Zentrum in Nordeuropa. Noch heute ist Corvey ein faszinierender Ort von Architektur, Kultur und Geschichte. Das fast 1200-jährige Westwerk, die barocke Abteikirche, die barocke Schlossanlage mit Kaisersaal, Kreuzgang und der fürstlichen Bibliothek mit über 70 000 Bänden lohnen den weitesten Umweg. Als Baudenkmal, Museum und Veranstaltungsort gehört Corvey daher zu den beliebtesten Ausflugszielen der Region.

Kontakt: Schloss Corvey, 37671 Höxter, ✆ 05271/68168, 🌐 www.corvey.de

Stadtführung vor dem historischen Rathaus

▸ Tonenburg

Die 1315 von dem Corveyer Abt Rupert von Horhusen als „Castrum Tonenburg“ erbaute Burg über der Weser bei Albaxen ist weit und breit das älteste wieder bewohnte Gebäude. Der beeindruckende Wehrturm diente einst als Flucht- und Fliehburg zum Überleben für Äbte, Mönche und die Bevölkerung. Heute bietet die Burg Besichtigungs- und Einkehrmöglichkeiten an. Das „Museum der Tonenburg“ im Kellergewölbe gehört ebenso dazu wie das Restaurant „Alte Brennerei“ und ein Hotelbetrieb. Das Ackerhaus von 1675 und der König-Harald-Saal haben sich zu beliebten Veranstaltungsorten für Kleinkunst-, Konzert- und Liederabende gewandelt. Unter Motorradfahrern ist die Burg weithin als Treffpunkt und Tourenziel bekannt.

Kontakt: Tonenburg 1, 37671 Höxter-Albaxen, ✆ 05271/921182, 🌐 www.tonenburg.com

Museen

▸ Porzellanmuseum Fürstenberg

Herzog Carl I. von Braunschweig gründete im Jahre 1747 in seinem Jagdschloss an der Weser eine Porzellanmanufaktur, die

zu den ältesten in Europa gehört. Neben der bis heute produzierenden Manufaktur, deren blaues „F“ bei Kennern für innovatives Design und hohe Qualität steht, zeigt das neu gestaltete Museum die einzigartige Handwerkskunst und den Wandel der Tischkultur von 1747 bis heute. Es gibt eine Besucherwerkstatt, verschiedene Mitmachstationen und ein vielfältiges Programm mit Porzellan-Malkursen und Workshops für Groß und Klein. Zu den zahlreichen Veranstaltungen gehören auch der traditionelle Weihnachtsmarkt oder der Ostereiermarkt im Schloss.
Kontakt: Meinbrexener Straße 2, 37699 Fürstenberg, 05271/96677810, www.fuerstenberg-schloss.com

Museum im Hütteschen Haus
Das historische Fachwerkhaus mit seiner eindrucksvollen Weserrenaissancefassade von 1565 ist seit 2012 die Heimat einer umfangreichen Privatsammlung mit Exponaten zur Kultur-, Design- und Alltagsgeschichte seit 1880. Mit bis zu vier Ausstellungen pro Jahr begeistert, verblüfft und unterhält das MHH große und kleine Besucher. Zu allen Ausstellungen werden öffentliche Sonntagsführungen angeboten.
Kontakt: Nicolaistr. 10, 37671 Höxter, 05271/9516640, www.höxter-museum.de

Forum Jacob Pins
Im Jahre 2008 konnte der vom Kunstverein erworbene und restaurierte Adelshof Heisterman von Ziehlberg seine Pforten zum Forum Jacob Pins öffnen. Das Forum im ehemaligen Lehnshof des Klosters Corvey zeigt auf ca. 400 qm Ausstellungsfläche Werke des Künstlers Jacob Pins. Der 1917 in Höxter als Sohn jüdischer Eltern geborene Künstler floh 1936 vor den Nationalsozialisten nach Palästina, wo er zu einem weltweit erfolgreichen Maler avancierte. Als Geste der Versöhnung vermachte er seinen künstlerischen Nachlass seiner Geburtsstadt. Seinem Wunsch gemäß thematisiert das Forum neben der Kunst auch das Schicksal der Höxteraner Juden vom Mittelalter bis 1945. Allgemeine Führung Sa 11 Uhr
Kontakt: Westerbachstr. 35–37, 37671 Höxter, 05271/6947441, www.jacob-pins.de

Freizeit & Natur

Freizeitanlage Höxter-Godelheim
Nur 1,5 km südlich der Innenstadt laden weißer Sandstrand und weitläufige Liegewiesen an einem Freizeitsee zum Baden, Sonnen und Erholen ein. Der abgetrennte Badebereich, die Beachvolleyballplätze, ein Hockeyfeld, ein Bouleplatz, ein Skatepark, ein Pumptrack und nicht zuletzt mehrere Kinderspielbereiche für unterschiedliche Altersklassen garantieren großen Spaß.
Kontakt: Godelheimer Str., 37671 Höxter-Godelheim, 05271/9634242,

Flugplatz
Auf dem Flugplatz Höxter-Holzminden sind mehrere Flugschulen und Fliegerclubs beheimatet, die interessierten Besuchern nahezu jede Möglichkeit des Fliegens bieten. Fallschirmspringen ist ebenso möglich wie Ballonfahren. Und auch wer nur zum Schauen kommt ist herzlich willkommen. Es werden sogar kostenlose Führungen hinter die Kulissen und in den Tower angeboten.
Kontakt: Räuschenbergstr. 100, 37671 Höxter, 0171/6999060, www.flugplatz-hoexter-holzminden.de

Wandern
In und um Höxter sind verschiedene Wanderwege ausgeschildert. Empfehlenswert sind die zertifizierten Wege unter dem Motto *Erlesene Natur*, der *Weg der Vielfalt* in Ottbergen und *Zu Besuch im Paradies* mit schönen Ausblicken ins Weserbergland.

Radfahren
Durch Höxter führen der *Weser-Radweg*, der zu den beliebtesten Radwegen Deutschlands zählt, und der *Europaradweg R 1*, welcher ebenfalls zu den bekanntesten Radfernwegen in Deutschland gehört. Im Stadtgebiet bietet ein attraktives Streckennetz zahlreiche Routen, um den historischen Stadtkern und die Region auf Rundtouren kennenzulernen, wie z. B. die Tour *Fährmann hol über* (16 km) oder die *Kulturland Genuss-Tour Fischers Fritze* (55 km).

Kanufahren
Wasserwandern mit Kanu oder Kajak erfreut sich immer größerer Beliebtheit, weshalb sich die Infrastruktur für Kanuten auf und an der Weser in den letzten Jahren stark verbessert hat. Im Bereich von Höxter gibt es vier Anlegestellen: Höxter-Wassersport, Höxter-Altstadt, Corvey und Lüchtringen. Wer das Weserbergland aus der Entenperspektive genießen möchte, sollte sich von den ansässigen Profis über die Möglichkeiten beraten lassen.
Kontakt:
Krome Kanu, Corvey 1, 37671 Höxter, 05271/6946866, www.krome-kanu.de
Weserbergland Aktiv, 37671 Höxter (Stahle), 05531/10477, www.weserbergland-aktiv.com

Dampferfahrten
Eine Weserschifffahrt mit der „Flotte Weser" ist nicht nur lustig, sondern gehört bei einem Besuch im Weserbergland einfach dazu. Da auch Radfahrer an Bord willkommen sind, bietet es sich an, eine Strecke mit dem Rad, die andere entspannt mit dem Schiff zu unternehmen. Das Fahrgastschiff „Höxter" befährt täglich (außer Mo) die Weser von Bad Karlshafen nach Corvey und zurück. Fahrkarten können direkt auf dem Schiff oder in der Tourist-Information gelöst werden.
Informationen: 05151/939999, www.flotte-weser.de

Hüllhorst

(Kreis Minden-Lübbecke)

Die Gemeinde Hüllhorst am südlichen Rand des Wiehengebirges ist überwiegend landwirtschaftlich geprägt. Die meisten der heutigen Ortschaften werden bereits im 11. und 12. Jh. erstmals erwähnt (Büttendorf 1042, Tengern 1151). Die Wurzeln der jetzigen Gemeinde gehen vermutlich auf die Domäne und Burg Reineberg zurück, die 1230 fertiggestellt und 1723 wieder abgerissen wurde. Im 19. Jh. entwickelte sich hier eine blühende Heimindustrie von Webern und Zigarrenmachern, die jedoch bis Mitte des 20. Jh. niederging.

Gemeinde Hüllhorst
Löhner Str. 1
32609 Hüllhorst
05744/93150
www.huellhorst.de
www.huellhorst-erleben.de

Sehenswertes

Mühlen
Hüllhorst ist die einzige Gemeinde im Kreis, in der alle Arten der Naturkraftmühlen (Antrieb durch Tiere/Rösser, Wasser, Wind) zu finden sind. Die **Rossmühle** auf dem Hof des Landwirtes Meyer zu Kniendorf im Ortsteil Oberbauerschaft ist die größte Rossmühle Westfalens, sie stammt aus dem Jahre 1797 und ist im Urzustand erhalten. Die **Husenmühle** im bezaubernden Nachtigallental wurde schon 1646 urkundlich erwähnt. Der **Wall-Holländer** im Ortsteil Struckhof wurde 1883 errichtet und bis 1970 betrieben. Alle drei befinden sich auf der Mühlenroute des Kreises.
Adressen:
Rossmühle, Oberbauerschafter Str. 274, 32609 Hüllhorst-Oberbauerschaft

Malerischer Ausblick in Hüllhorst-Holsen

Wassermühle Husenmühle, Nachtigallental Nr. 5, 32609 Hüllhorst
Wall-Holländer Struckhof, Wulferdingsener Str. 16, 32609 Hüllhorst-Schnathorst

Museen

Heimatmuseum
In der ehemaligen Hüllhorster Schule befindet sich das 1910 gegründete Heimatmuseum. Es präsentiert die Alltagskultur der Bevölkerung im 19. Jh. sowie die Geschichte der Gemeinde. Mit den jüngsten Erweiterungen werden auch die Nachkriegszeit sowie die 1950er- und 1960er-Jahre einbezogen. Geöffnet jeden 1. Sonntag und nach Vereinbarung.
Kontakt: Schnathorster Str. 3, 32609 Hüllhorst, ☏ 05744/1525 o. 9315-101

Heimatstube
Die kleine Heimatstube in Hüllhorst-Oberbauerschaft, die 1989 als private Sammlung eingerichtet wurde, enthält vor allem Ausstellungsstücke aus der Ortschaft: Hausrat, Trachten, seltene Erinnerungsstücke, Pläne, Bilder und Dokumente zur Orts- und Vereinsgeschichte. Besichtigung nach Anmeldung.
Kontakt: Kahle-Wart-Str. 17, 32609 Hüllhorst, ☏ 05741/5947

☺ Spielzeugmuseum
Im Ortsteil Schnathorst werden auf 250 qm mehr als 500 Puppen, Puppenstuben und Zubehör sowie fast 1500 Modellautos, dazu Blechspielzeug, Dampfmaschinen und Eisenbahnen, Bilderbücher und Spiele aus der Zeit von 1830 bis 1975 präsentiert.
Kontakt: Dorfstr. 4, 32609 Hüllhorst, ☏ 05744/3862, www.spielzeugmuseum-im-muehlenkreis.de

Freizeit & Natur

☺ Freilichtbühne Kahle Wart
Seit 1948 unterhält der Heimatverein Oberbauerschaft e.V. auf einer Waldkuppe im Wiehengebirge eine Freilichtbühne. Bei den alljährlichen „Kahle-Wart-Spielen" kommen alle Freunde von Komödien, Lustspielen und Volksmusik auf ihre Kosten. Zudem bereichert ein Familienstück das Angebot. Gespielt wird ab Ende Mai bis Ende August sowohl in hochdeutscher als auch in plattdeutscher Sprache. Da die Aufbauten aus Original-Fachwerk mit alten Torbogeninschriften bestehen, ist die Bühne auch ein lohnendes Wanderziel. Die gesamte Freilichtbühne ist behindertengerecht erstellt.
Kontakt: Kahle-Wart-Str. 1, 32609 Hüllhorst-Oberbauerschaft, ☏ 05741/4120, www.kahlewart.de

▸ Ballonfahrten
Eine Fahrt mit dem Heißluftballon ist immer ein Abenteuer mit hohem Erinnerungswert. Von Hüllhorst aus geht es schwebend über die abwechslungsreiche Hügellandschaft am Wiehengebirge.
Kontakt: Udo Poggemöller, Lage 15, 32609 Hüllhorst, ☏ 05744/1830, 🌐 www.ballonteam-am-wiehengebirge.de

▸ Wandern & Radfahren
Mehrere Wanderwege führen in der Umgebung von Hüllhorst in die waldreichen Erhebungen des Wiehengebirges. Beliebt sind unter anderem der *Ilex-Wanderweg*, der Reineberg oder der *Weg rund um die Kahle Wart*. Für Radwanderer empfiehlt sich vor allem die *Mühlenroute*, die hier an einer Wasser-, Ross- und Windmühle vorbeiführt.

▸ Reiten
Mit ca. 400 Mitgliedern ist der Reitverein „Herzog Wittekind“ Oberbauerschaft e.V. einer der mitgliedsstärksten Vereine im Kreisreiterverband. Auf der weitläufigen Anlage wird das Springen, Voltigieren und die Dressur vom Breiten- und Einsteigersport bis zum Leistungssport angeboten.
Adresse: Lage 26, 32609 Hüllhorst, 🌐 www.rv-oberbauerschaft.de

Kalletal

(Kreis Lippe)

Die Großgemeinde Kalletal wurde aus 16 ehemals selbstständigen Ortschaften gebildet. Namensgebend sind die beiden Bäche Wester- und Osterkalle, die in die Weser münden. Um 700 v. Chr., gegen Ende der Bronzezeit, fand die erste Besiedlung des heutigen Gemeindegebiets statt. Die teils schon vor tausend Jahren erwähnten Orte im Kalletal blieben bis in jüngste Zeit überwiegend Bauerndörfer, von deren alter Geschichte die zahllosen prächtigen Höfe und mittelalterlichen Kirchen künden.

Tourist-Info Kalletal
Küsterweg 2
32689 Kalletal
☏ 05264/644-130
🌐 www.kalletal.de

Sehenswertes

▸ Holländerwindmühle Bentorf
Im Ortsteil Bentorf befindet sich die letzte betriebsbereite Windmühle im Originalzustand im Bereich des Weserberglandes und die einzige noch in Betrieb befindliche Windmühle im Kreis Lippe. An einigen Tagen im Jahr öffnet die Holländerwindmühle von 1889 ihre Türen und gibt Einsicht in den ursprünglichen Produktionsprozess.
Kontakt: Windmühlenstr. 10, 32689 Kalletal, ☏ 05264/352, 🌐 www.museumsverein-kalletal.de

▸ Windmühle Bavenhausen
Auf dem Windberg überragt die 1853 erbaute Erdholländer-Windmühle die Ortschaft Bavenhausen. Obwohl der äußerlich gut erhaltenen Windmühle die technische Innenausstattung fehlt und sie als Wasserhochbehälter genutzt wird, steht sie unter Denkmalschutz und ist ein weithin sichtbares Schmuckstück des Kalletals. Zur Mühle führt die 9 km lange *Bavenhauser Mühlentour über den Teimer.*
Adresse: Mühlenweg 3, 32689 Kalletal-Bavenhausen

▸ ☺ Klemmes Mühle
Klemmes Hof in Dalbke ist eine aus sechs Fachwerkhäusern bestehende Hofanlage mit Wassermühle, die auf eine etwa

500-jährige Geschichte zurückblicken kann. Ab 1986 wurden alle Gebäude in ihrem Originalzustand wieder hergestellt und stehen unter Denkmalschutz. Im Hofladen werden Backwaren aus dem eigenen Backhaus angeboten. In kleinerem Rahmen wird Tierhaltung mit freiem Auslauf betrieben. Die Produkte kann der Besucher im Hofladen erwerben.
Kontakt: Hofladen Klemme, Dalbke 3, 32689 Kalletal, 05264/398, www.hofladen-klemme.de

Schloss Varenholz
In der Ortschaft Varenholz liegt südlich der Weser die Burg Varenholz, die erstmals im Jahr 1188 Erwähnung fand. Aus dem Besitz der Herren von Varenholz erwarb Landesherr Simon I. zur Lippe die Burg 1323. Sein Nachfahre Graf Simon VI. zur Lippe ließ sie bis 1600 zu einem der bedeutendsten Bauwerke der Weserrenaissance ausbauen. Nach dem Zweiten Weltkrieg zog zunächst die UFA Universum Filmgesellschaft ein, dann wurde ein Internat eingerichtet. Heute beherbergt sie ein privates Schulinternat und kann daher nur von außen besichtigt werden. Der Schlossgarten auf einer steil zur Weser abfallenden Terrasse entstand Ende des 16. Jhs. und ist öffentlich zugänglich. Sehenswert ist die ev.-ref. Kirche an der äußeren Ringmauer aus dem Jahr 1500 und die vierbogige Bruchsteinbrücke mit der Jahreszahl 1753, die den früheren Verlauf der Weser markiert.
Adresse: Beutebrink 1, 32689 Kalletal, www.schloss-varenholz.de

Freizeit & Natur

Freibad
Im Ortsteil Hohenhausen sind ein großes Schwimmbecken mit sechs 25-m-Bahnen, eine Sprunganlage mit 3-m-Turm, ein Nichtschwimmerbereich mit Rutsche sowie ein beschattetes Babybecken von einer weitläufigen Liegewiese mit altem Baumbestand umgeben. Viel Platz für Sport, Spiel und Spaß.
Kontakt: Römerweg 4, 32689 Kalletal-Hohenhausen, 05264/7594, www.freibad-kalletal.de

Wandern & Radfahren
Fast 400 km Wanderwege durchziehen das Kalletal. Besonders zu empfehlen ist der große Rundwanderweg *Kalletalpfad* (52 km), der zum überregionalen *Weg der Blicke* gehört. Auch der neue *Waldfreundeweg* in Bavenhausen (5 km), eine *Wanderung rund um Heidelbeck* (6,5 km) oder der *Lerchenspornweg* (9 km) bieten eindrucksvolle und unvergessliche Ein- und Ausblicke.
Das nördliche Kalletal lässt sich auch hervorragend mit dem Rad entlang der Alternativroute des *Weser-Radwegs* erkunden.

Naturschutzgebiet am Teimer
Die Eiszeit hat im Kalletal eine sanfthügelige Landschaft hinterlassen. Hier lassen sich verschiedene natürliche Kostbarkeiten entdecken: die bis zu 20 m tiefen Erdfälle in Bentorf, Fischreiherkolonien und Eisvögel in den Feuchtgebieten oder der blühende Lerchensporn im Frühjahr. Im Naturschutzgebiet am Teimer in Bavenhausen gibt es fast 50 Wildblumenarten, darunter auch geschützte Orchideen.

Wasserski
Zum Campingpark Kalletal gehört ein 8 ha großer See, der ausschließlich für den schnellen Wassersport genutzt wird. Auf der 800 m langen Anlage sind Wasserskiläufer, Trickski- und Wakeboardfahrer herzlich willkommen. Neoprenanzüge, Skier, Westen, Wake- und Easy-Up-Boards können vor Ort geliehen werden.
Kontakt: Wasserski & Wakeboard Kalletal, Seeweg 1, 32689 Kalletal, 05755/777, www.wasserski-kalletal.de

▸ Weserfähre Varenholz-Veltheim
Radfahrer und Wanderer können die Weser mit der historischen Hochseilfähre Veltheim-Varenholz aus dem Jahre 1924 überqueren.
Fährzeiten: Apr–Okt an Wochenenden u. Feiertagen 10–18 Uhr, Gruppen auch außerhalb der festgesetzten Fährzeiten; nicht bei Hochwasser, Dunkelheit und schlechter Sicht.
Kontakt: Zur Veltheimer Fähre, 32457 Porta Westfalica, ✆ 05264/644113

Kirchlengern

(Kreis Herford)

Die grüne Gemeinde Kirchlengern wird bereits im 12. Jh. erwähnt und geht auf das vermutlich 1147 durch den Bischof von Osnabrück gegründete Augustiner-Nonnenkloster Quernheim zurück. Das nahe gelegene Wiehengebirge und der Fluss Else laden zu ausgiebigen Rad- und Wandertouren ein. Wer Natur erleben möchte, ist hier genau richtig.

Gemeinde Kirchlengern
Rathausplatz 1
32278 Kirchlengern
✆ 05223/75730
🌐 www.kirchlengern.de

Sehenswertes

▸ Stift Quernheim
Die Stiftskirche im Ortsteil Stift Quernheim ist im Kern ein romanischer Bau, der im 16. Jh. spätgotisch erweitert wurde. In ihrem Innern beeindruckt der mehrteilige Flügelaltar von etwa 1525. Die Kirche war das Zentrum des ehemaligen Klosters und Damenstifts (aufgelöst 1810), aus dem Kirchlengern hervorging. Direkt neben der Kirche steht das „Herrenhaus“ von 1676, in dem die Vorsteherinnen des Damenstifts wohnten. Später wurde es als Wohnhaus und Zigarrenmanufaktur genutzt. 1976 entging es knapp dem Abriss, sodass 1993 die Biologische Station Ravensberg einziehen konnte.
Adresse: Am Herrenhaus, 32278 Kirchlengern, 🌐 www.kirche-stift.de

▸ Kirche Hagedorn
Aufgrund der langen Wege wünschten sich die Gemeindemitglieder in Hagedorn eine eigene Kirche und gründeten 1911 die Kirchengemeinde Hagedorn. Die Kirche wurde nach den Plänen des Architekten Joseph Campani erbaut und der Innenraum mit viel Liebe zum Detail im Jugendstil gestaltet. Bei einer gründlichen Renovierung der denkmalgeschützten Kirche, deren Erstausstattung bis heute erhalten ist, wurde die Ausmalung vollständig wieder hergestellt.
Adresse: Hagedorner Str. 138, 32278 Kirchlengern, 🌐 www.kirche-hagedorn.de

Museen

▸ ☺ Feuerwehrmuseum
Die Ausstellung des Museums, das aus einer privaten Sammlung entstand, umfasst etwa 5000 teils einzigartige Exponate. Es dokumentiert den technischen Wandel des Feuerloschwesens ebenso wie Uniformierung, Helme, Rangabzeichen und Auszeichnungen. Zu den historischen Fahrzeugen gehört auch eine Pferdedrehturmleiter von 1903, die mit einer Länge von 23 m die größte und schwerste ihrer Art in Deutschland ist.
Kontakt: Häverstr. 188, 32278 Kirchlengern, ✆ 05223/73792

▸ Bauernbad Rehmerloh
Das historische Bade- und Logierhaus im Ortsteil Rehmerloh ist als einziges von einstmals über 150 Badehäusern in Ostwestfalen-Lippe im Urzustand erhalten. 1883 errichtet, diente es bis 1973 als öffentliches

Reinigungsbad für die ländliche Bevölkerung. Für auswärtige Badegäste standen im Obergeschoss Unterkünfte zur Verfügung. Es gab vier Baderäume mit aus Stein gemauerten tiefen Wannen, später auch zwei moderne Stahlwannen. Das sorgfältig restaurierte Bauernbad ist mit seiner originalen Einrichtung und zahlreichen Exponaten ein außergewöhnliches Museum.
Adresse: Rehmerloher Str. 49, 32278 Kirchlengern, www.bauernbad-rehmerloh.de

Freizeit & Natur

Aqua Fun

Das Freizeitbad bietet mit zahlreichen Möglichkeiten für Spiel, Sport und Spaß jede Menge Erholung und Abwechslung. Ein Kursbecken mit variablem Hubboden, ein 25-m-Sportbecken, eine attraktive Saunalandschaft, eine LED-Rutschenanlage mit Zeitmessung und viele weitere Angebote sorgen für ein Schwimm-, Sauna- und Freizeiterlebnis, das in dieser Gesamtheit in der Umgebung einzigartig ist.
Adresse: Am Hallenbad 1, 32278 Kirchlengern, www.aquafun-kirchlengern.de

Das Freizeitbad Aqua Fun

Kartfahren

Es ist die perfekte Mischung aus Geschwindigkeit und Geschicklichkeit. Wer auf der Kartbahn Kirchlengern als Erster über die Ziellinie fahren will, der braucht nicht nur einen Bleifuß, sondern jede Menge Geschick für enge Kurven.
Adresse: Wallücker Bahndamm 13, 32278 Kirchlengern, www.kart2000-online.de

Radfahren

Mit dem *Else-Werre-Radweg* ist eine attraktive Route für Radler entwickelt worden. Abseits von verkehrsreichen Straßen können hier umweltfreundlich, aktiv und vor allem abwechslungsreich Natur und Kultur entdeckt und erlebt werden. Die Route verläuft in Kirchlengern teilweise durch das überregional ökologisch bedeutsame Naturschutzgebiet Elseaue.
Informationen: www.else-werre-radweg.de

Lage

(Kreis Lippe)

Die Stadt Lage liegt im Tal der Werre, der Ortsteil Hörste ist staatlich anerkannter Luftkurort. Als „Keimzelle" wird die ca. 1000-jährige Marktkirche direkt an einer Furt der Werre angeführt, um die herum sich nach und nach die Menschen ansiedelten. Aufgrund besonderer Privilegien wuchs die Bevölkerung während des Hochmittelalters rasch an. Bald wurde der Ort zum Weichbild, 1846 schließlich zur Stadt erhoben. Im 18. und 19. Jh. war Lage wichtigster Treffpunkt der lippischen Wanderziegler. Neben dem Ruf als „Zieglerstadt" erhielt die Stadt von der 1883 gegründeten Zuckerfabrik den Beinamen „Zuckerstadt".

Touristinformation Lage
Freibadstr. 3
32791 Lage
05232/8193
www.lage.de

Sehenswertes

▸ Marktkirche St. Johann
Ihre heutige Form erhielt die spätgotische Marktkirche in Lage (Lange Str. 70) erst im 15. Jh. Das ursprüngliche Bauwerk entstand schon im 10. Jh. an einem Kreuzungspunkt verschiedener Fernwege direkt am Werreübergang. Das Innere der Lagenser Marktkirche wird von einer mächtigen Barockorgel aus dem Jahre 1707 dominiert. Besondere Aufmerksamkeit gilt der 1900 kg schweren Marienglocke von 1518, eine der ältesten datierten Kirchenglocken Lippes.

▸ Kirchdorf Heiden
Das weithin sichtbare Wahrzeichen des Ortsteils Heiden ist der gedrehte Turmhelm der Dorfkirche, deren Ursprünge bis in die Zeit um die erste Jahrtausendwende reichen. In mehreren Bauperioden erfolgte bis zum Ende des 14. Jhs. der Ausbau zur dreischiffigen gotischen Hallenkirche. Bemerkenswert sind der älteste Glockenstuhl Westfalen-Lippes mit drei mittelalterlichen Glocken, diverse spätmittelalterliche Wandmalereien und ein romanischer Taufstein. Im 17. Jh. siedelten sich im Halbkreis um die einstige Kirchburg die „Kirchhöfner" an. Es entstand ein sehenswertes Fachwerkensemble, das weithin einzigartig ist.

▸ Kirche Stapelage
Es wird vermutet, dass sich auf dem Grund eines fränkischen Königshofes bereits um 800 ein hölzerner Vorgänger der heutigen Kirche von Lage-Stapelage (Stapelager Str. 74) befand. Sie ist damit eine der ältesten Kirchen in Lippe. Beachtenswert ist auch der älteste Taufstein der Region, der um 1100 aus dem Sandstein der Externsteine gearbeitet wurde.

▸ Schloss Iggenhausen
Das Schloss im Stadtteil Pottenhausen ist von einem historischen Landschaftspark umgeben, der sich bis an das Ufer der Werre erstreckt. Die Schlossanlage selbst gilt als eines der ältesten Herrenhäuser in Lippe, das spätestens um 1070 urkundliche Erwähnung fand. Von der mittelalterlichen Turmhügelanlage sind noch Teile der Ringmauer erhalten. Die Kapelle stammt aus dem Jahre 1618, das klassizistisch geprägte Herrenhaus wurde 1856–65 errichtet. Da sich das Gut in Privatbesitz befindet, sind nur die Außenanlagen zu besichtigen.
Adresse: Iggenhausen 1, 32791 Lage

▸ Johannissteine
Am Ortsausgang in Richtung Detmold (B 239) liegen auf der rechten Seite zwei große Granitfindlinge, die vermutlich erst 1768 freigelegt wurden. Der größere Stein ist über 6 m lang, 5,5 m breit und wiegt ca. 200 Tonnen. Ihre exakte Ausrichtung sowie zwei akkurate Löcher erlauben unter Einsatz von Stäben die präzise Lokalisierung der Wintersonnenwende. Da sich auch andere zeitliche Wendepunkte bestimmen lassen, wird vermutet, dass es sich um einen vorchristlichen Kalender handelt. Kostenlose Führungen auf Anfrage in der Touristinformation.
Adresse: An den Johannissteinen, 32791 Lage

▸ Germanische Steinanlage
Schon die alten Germanen kannten die Kunst, mit Steinsetzungen die Energieströme der Erde zu lenken und an die Oberfläche zu holen. Ein solcher geomantischer Kraftplatz, von dem eine besondere Anziehungskraft ausgeht, ist an der Hiddentruper Str. 85 zu bewundern.

Museum

▸ Ziegeleimuseum
Den Kern des Museums bilden die historischen Fabrikgebäude der ehemaligen Ziegelei Beermann (1909–79). Ab 1922 gaben hier Maschinen den Takt an, vorher wurden die Ziegel von Hand hergestellt. Wie, das darf man gerne selbst ausprobieren und in der Maukegrube den Lehm mit Füßen und Händen bearbeiten. So erlebt man ein wichtiges Stück Industriegeschichte, da die Massenproduktion von Backsteinen eine Voraussetzung für das rasante Wachstum der Städte und Fabriken während der Industrialisierung war. Es werden Fahrten mit der Lehm-Feldbahn, Schauvorführungen und Erlebnisveranstaltungen für Kinder angeboten.
Kontakt: Sprikernheide 77, 32791 Lage, ✆ 05232/94900, www.lwl-industriemuseum.de

Freizeit & Natur

▸ Wandern & Radfahren
Für Wanderer ist ein Streckennetz von über 100 km durch Laub- und Nadelwälder markiert. Neben den größeren Wanderwegen wie dem *Herrmannsweg* oder dem *Lippischen Pilgerweg* gibt es einige besondere Strecken: den *Historischen Wanderweg*, den *Literarischen Wanderweg*, den *Skulpturenpfad* zum Thema Wildkatze, den *Familienwanderweg* und den *Therapeutischen Wanderweg*. Wer Lage mit dem Rad erfahren will, der ist auf der *Fürstenroute* oder dem *Werre-Radweg* gut aufgehoben. Die fünf digitalen Rundtouren eignen sich besonders als Tagestour.

▸ Wildgehege
Zum Anwesen von Haus Berkenkamp, das direkt am Fernradweg *R1* bzw. *R49* liegt, gehört ein Damwildgehege. Gäste sind stets willkommen, um zu verweilen und die Tiere zu beobachten.
Kontakt: Im Heßkamp 50, 32791 Lage, ✆ 05232/71178

▸ Reiten
Ausgestattet mit zwei Reithallen, verschiedenen Reitplätzen, Führanlage und Springplatz bietet der Reiterhof ideale Bedingungen für den qualifizierten Reitunterricht.
Kontakt: Reitanlage Thomas Krawinkel, Währentruper Str. 88, 32791 Lage-Hörste, ✆ 05202/158847 o. 0171/8319483, www.reitanlage-krawinkel.de

Langenberg

(Kreis Gütersloh)

Die Ansiedlungen Langenberg und Benteler, die heute die Gemeinde Langenberg bilden, wurden erstmals im 12. Jh. (1180 und 1130) erwähnt. Bis weit in das 19. Jh. blieb die Gemeinde weitestgehend landwirtschaftlich geprägt. Erst 1845, mit Gründung der heutigen Privatbrauerei Hohenfelde, erfolgte eine erste industrielle Ansiedlung.

Gemeinde Langenberg
Rathaus
Klutenbrinkstr. 5
33449 Langenberg
✆ 05248/5080
www.langenberg.de

Sehenswertes

▸ Historische Gebäude
Langenberg besitzt einige sehenswerte und unter Denkmalschutz stehende Gebäude: das über 400 Jahre alte **Café „Zur Linde"** (Kirchplatz 8), die **Alte Lippentrupper Schule** (Fortbachstr. 22), die ehemalige **Vogtei** (Hauptstr. 59), die kath. Pfarrkirche **St. Lambertus und Laurentius** mit dem romanischen Westturm (Kirchplatz 10) und die kath. Pfarrkirche **St. Antonius Benteler** (Liesborner Str. 13) sowie verschiedene **Kötterhäuser** (Bokeler Str. 15, Wiedenbrücker Str. 42 und Höchtestr. 6).

▸ Gut Geissel
Verborgen von Laubwäldern liegt hinter einem barocken Tor die Hofanlage von Gut Geissel, das bereits im frühen 13. Jh. Erwähnung fand. Zunächst dem Kloster Marienfeld übertragen, gehörte es später dem Grafen Otto von Rietberg. Im 18. Jh. ging das denkmalgeschützte Fachwerkensemble in den Besitz der Familie Geissel über, die es noch heute bewohnt. Im alten Pferdestall und in der historischen Tenne finden heute kulturelle Veranstaltungen und Festlichkeiten statt. Einen besonderen Ruf hat das Gut beim Literatur- und Musikfest „Wege durch das Land". Besichtigungen nach Absprache.
Kontakt: Jagdweg 215, 33449 Langenberg (Navigation: Brockstraße 16, 33397 Rietberg), 05248/7057, www.gut-geissel.de und www.wege-durch-das-land.de

▸ Hohenfelder Privat-Brauerei
Der königlich-preußische Amtmann K. H. Lappmann gründete 1845 auf dem Gut Hohenfelde eine Brauerei. Unter dem Motto „mit Herz und Seele" entsteht hier nach wie vor ein Gerstensaft von hoher Qualität.
Kontakt: Wiedenbrücker Str. 155, 33449 Langenberg, 05248/80040, www.hohenfelder.de

Museum

▸ Heimatstube Benteler
Die Heimatstube im Ortsteil Benteler existiert bereits seit 1967. Es werden Arbeitsgeräte von Schustern, Stellmachern und Holzschuhmachern, landwirtschaftliche Geräte zur Flachsverarbeitung und Ernte, hauswirtschaftliche Arbeitsgeräte sowie das Inventar eines Schulzimmers gezeigt.
Kontakt: Vornholzstr. 3, 33449 Langenberg-Benteler, 05248/609276 o. 609368, www.heimatverein-benteler.de

Freizeit & Natur

▸ Wandern & Radfahren
Durch Langenberg führt die *BahnRadRoute Hellweg-Weser*. Darüber hinaus sind drei innergemeindliche Radwege ausgeschildert: Radweg *R 25 Über die Langenberger Höhen* (14 km), *R 26 Im Südkreis* (20 km) und *R 27 Rund um Langenberg* (39 km).
Zudem sind fünf Wanderwege (7–11 km) ausgewiesen. Außerdem führt der berühmte *Jakobsweg* durch das Gemeindegebiet.

Lemgo

(Kreis Lippe)

Die heutige Hochschulstadt ist die drittgrößte Stadt des Kreises Lippe. An einer Kreuzung wichtiger Handelswege wurde sie 1190 durch die Herren zur Lippe gegründet. Der mittelalterliche Grundriss prägt den Ort noch heute. Im Jahre 1245 mit Stadtrechten versehen, entwickelte Lemgo eine mächtige Kaufmannschaft, deren weitreichende Handelsbeziehungen für Wohlstand sorgten. 1324 wurde die Stadt Mitglied im Hansebund, weshalb sie sich auch als „Alte Hansestadt" bezeichnet. Der historische Stadtkern wird von zahlreichen Bauzeugnissen der Spätgotik und Weserrenaissance bestimmt, die vom einstigen Reichtum der Bürger zeugen. 2016 wurde Lemgo der Ehrentitel „Reformationsstadt Europas" verliehen.

Lemgo-Information
Kramerstr. 1
32657 Lemgo
05261/988728
www.lemgo-marketing.de
www.lemgo.de

Fachwerk
Die bedeutendsten Fachwerk-Bürgerhäuser Lemgos findet man an der Mittelstraße, die im Osten am Kanzlerbrunnen des Aachener Künstlers Bonifatius Stirnberg endet. Die beweglichen Brunnenfiguren erzählen den Streit um eine Tonne Bier. Zahlreiche schön verzierte Fachwerkgiebel aus dem 16. Jh. reihen sich hier aneinander. Das Planetenhaus (Nr. 36) von 1590–95 gehört mit seinen allegorischen Darstellungen der damals bekannten Planeten sogar zu den originellsten Fachwerkgiebeln in Deutschland.

Sehenswertes

Rathaus und Marktplatz
Lemgos Marktplatz ist einer der schönsten Stadtplätze in der Region, auf dem bis heute ein reges Treiben herrscht. Hier steht das Rathaus, das mit seinen Stilelementen aus Gotik und Renaissance als Baudenkmal von europäischem Rang gilt. Begonnen 1325, wurde das Haus stetig erweitert. 1565 entstand die sehenswerte Ratslaube, 1589 die neue Ratsstube. Als Prunkstück und Höhepunkt der Weserrenaissance entstand 1612 der Apothekenerker mit seinem „sprechenden" Figurenprogramm der „zehn Weisen". Denn genau hier hatte die Stadt bereits 1550 die erste und einzige Apotheke des Landes Lippe eingerichtet. Auch auf den übrigen Seiten wird der Marktplatz mit eindrucksvollen jahrhundertealten Giebelbauten umrahmt: u. a. Ratswaage, Haus Asemissen, Ballhaus und Zeughaus.

Die unterschiedlichen Turmhelme der Nicolaikirche

Kirche St. Nicolai
Die Nicolaikirche aus dem 13 Jh. an der Kramerstraße ist mit ihren beiden unterschiedlich behelmten Türmen – den „ungleichen Brüdern" – das Wahrzeichen Lemgos. Der höhere gehört der Kirche und trägt die Glocke, der kleinere mit Zwiebelhelm ist in städtischem Besitz. Einst lebte darin der Turmwächter, heute hat dort das Glockenspiel seinen Platz, das alle zwei Stunden erklingt. In der Kirche der gut betuchten Bürger sind viele bau- und kunstgeschichtlich wertvolle Gegenstände erhalten geblieben.

Kirche St. Marien
An der Breiten Straße steht die äußerlich schlichte dreischiffige Hallenkirche mit einem durchaus ungewöhnlichen Ostturm. Sie entstand etwa zwischen 1260 und 1320. Seit 1306 war sie gleichzeitig Kirche eines Dominikanerinnenklosters.

Sie beherbergt eine ganze Reihe kunstgeschichtlich wertvoller Gegenstände: u. a. ein Sakramentshäuschen und Kruzifix aus dem späten 15. Jh. und die überregional bekannte Schwalbennestorgel von 1612, eine der bedeutendsten und frühesten noch erhaltenen Orgeln.

▸ Kirche St. Johann
Im Johannisturm, der im Volksmund aufgrund seines Ziegeldachs ohne Spitze auch „Stumpfer Turm" genannt wird, hängt die älteste Kirchenglocke im Lipperland. Die Bronzeglocke stammt aus dem Jahr 1398. Die zum Turm gehörende Taufkirche wurde ca. 800 n. Chr. errichtet, vielfach um- und ausgebaut, bevor sie im Jahr 1638 zerstört wurde. Einzig der Turm blieb übrig und steht heute mitten auf einem Friedhof mit teils sehr alten Grabsteinen an der Herforder Straße, Ecke Steinweg.

Das Hexenbürgermeisterhaus

Museen

▸ Museum Hexenbürgermeisterhaus
Das „Hexenbürgermeisterhaus" mitten im historischen Stadtkern gilt als eines der bedeutendsten Baudenkmäler städtischer Architektur der Renaissance im Weserraum. In den Räumlichkeiten wurde ein Museum zur Stadtgeschichte eingerichtet, in dem man der Geschichte der Stadt von der Gründung über die Hexenverfolgung, Hanse- und Reformationszeit bis hin zur Neuzeit begegnen kann. Ein besonderer Ausstellungsbereich widmet sich den Reisen und dem Werk des Naturwissenschaftlers und Arztes Engelbert Kaempfer (1651–1716).
Kontakt: Breite Str. 17–19, 32657 Lemgo,
📞 05261/213276,
🌐 www.hexenbuergermeisterhaus.de

▸ Museum Junkerhaus
Der zweigeschossige Fachwerkbau mit Backsteinsockel ist ein skurriles Gesamtkunstwerk. Eine geschnitzte Fassade, die Verkleidung der Innenräume mit Holz und Gemälden sowie die selbst gebauten Möbel sind ein Werk des Künstlers Karl Junker (1850–1912). Das einzigartige Baudenkmal und ein angefügtes modernes Museumsgebäude zeigen Junkers Schaffenspotenzial als Maler, Architekt und Bildhauer. Besonders beliebt sind die Taschenlampenführungen.
Kontakt: Hamelner Str. 36, 32657 Lemgo,
📞 05261/667695, 🌐 www.junkerhaus.de

▸ Frenkel-Haus
Mitten im Zentrum von Lemgo lebte die jüdische Familie Frenkel bis Juli 1942, als die gesamte achtköpfige Familie deportiert wurde. Nur zwei Familienmitglieder überlebten den Holocaust. 1988 wurde im Erdgeschoss des Hauses eine Dokumentations- und Begegnungsstätte eröffnet, in der die Biografie der Familie erzählt wird.
Adresse: Echternstr. 70, 32657 Lemgo; Voranmeldung: Museum Hexenbürgermeisterhaus, 📞 05261/213276

Weserrenaissance-Museum Schloss Brake
Auf den Grundmauern einer der größten mittelalterlichen Burgen Norddeutschlands wurde ab 1587 die Residenz der Grafen zur Lippe im Stil der Renaissance errichtet. Dieser europäischen Baustilepoche, die im 16. und 17. Jh. im Weserraum eine ganz besondere Ausprägung erfuhr, widmet sich das 1986 eröffnete Museum. Die verschiedenen Ausstellungsbereiche geben einen Überblick über die Kulturgeschichte jener Zeit. Ausgewählte Objekte aus den Bereichen Architektur, Malerei, Grafik, Möbel, Festwesen, Tafelzier, Küche, Religion, Wissenschaft und Wirtschaft werden ergänzt durch Inszenierungen wie ein alchemistisches Laboratorium oder eine Wunderkammer. Mit Ausnahme der ehemaligen Schlosskapelle und des Turmes sind sämtliche Museumsräume für Rollstuhlfahrer zugänglich. Es werden auch besondere Kinderführungen angeboten.
Kontakt: Schlossstr. 18, 32657 Lemgo, 05261/945010, www.museum-schloss-brake.de

Das kuriose Junkerhaus

Auto-Museum
Das kleine Lemgoer Museum in Hörstmar zeigt auf etwa 1400 qm eine private Sammlung mit rund 40 klassischen Sport- und Rennwagen. Sammlungsschwerpunkt sind die Marken Porsche und Mercedes, aber auch VW, Ferrari und Rolls Royce sind zu sehen.
Kontakt: Industrieweg 4, 32657 Lemgo-Hörstmar, 0172/5258970, www.automuseum-lemgo.de

Städtische Galerie Eichenmüllerhaus
Seit 1989 wird im spätbarocken bürgerlichen Palais Eichenmüllerhaus Ausstellungsarbeit geleistet. Mit immer neuen Ansätzen werden mehrfach im Jahresverlauf spannende Positionen der Gegenwartskunst gezeigt. Zudem werden verschiedene Sonderveranstaltungen, Werkstattgespräche sowie Workshops für Kinder und Jugendliche angeboten.
Kontakt: Braker Mitte 39, 32657 Lemgo, 05261/89396, www.eichenmuellerhaus.de

Freizeit & Natur

Wandern
Wenn Sie nur eine kleine Runde drehen wollen, empfiehlt sich ein Rundgang über die Wallanlagen. Noch heute kann man die historische Stadtbefestigung an vielen Stellen gut erkennen. Der Abteigarten und die Bega-Auen als innenstadtnahe Erholungsorte liegen auf dem Weg. Auch im Lemgoer Stadtwald mit den „Försterteichen" und dem Wildgehege lohnt sich ein ausgedehnter Spaziergang. Ein besonderer Wanderweg ist der 72 km lange *Hansaweg*, eine seit 2012 zertifizierte Strecke quer durch das Lipperland.

Radfahren
Die Region rund um Lemgo zeichnet sich durch ein gut ausgebautes und beschildertes Radwegenetz aus. Zahlreiche Radrouten kreuzen sich in Lemgo, darunter auch überregionale Wege wie zum Beispiel die *BahnRadRoute Weser-Lippe* und *Hellweg-Weser*.

Der Radweg *EULE* ist eine Art Fahrrad-Lehrpfad, der auf 26 km an neun Stationen zeigt, wie umweltbewusste Energiewirtschaft aussehen kann.
Informationen: 🌐 www.teutonavigator.de

▸ STAFF Landschaftspark

Auf ehemals landwirtschaftlich genutzten Flächen zwischen dem nördlichen Stadtrand und der Lemgoer Mark, einem ausgedehnten Waldgebiet, entstand seit 1993 der STAFF Landschaftspark. Hier werden Naturschutz und Kunst eindrucksvoll zusammengeführt. Ein 2,3 km langer Rundweg führt an Weideflächen und Wildblumenwiesen vorbei und passiert u. a. „Das Blaue Leuchten" von Dorsten Diekmann und die drei Stahlblöcke „Lemgo Vectors" von Richard Serra. Der Zugang zum Landschaftspark ist frei. Das Blumenpflücken an den Wiesenrändern sowie das Aufsammeln von Fallobst ist ausdrücklich gestattet.
Informationen: ✆ 05261/4119,
🌐 www.staff-stiftung.de

▸ ☺ Eau-Le Freizeitbad – Aquasports – Saunaland

Das ganzjährig geöffnete Erlebnis-Außenbecken ist auf 32 °C temperiert. Besucher können auf Whirl-Liegen entspannen und sich im Strömungskanal treiben lassen. Im Sommer begeistern Sprungturm, Beachvolleyballfeld, Boulderwand und die extrabreite Wasserrutsche. In den Innenbereich fällt durch das große Panorama-Glasdach viel Licht und im Dunkeln kann man die Sterne beobachten. Für Kleinkinder steht ein separater, modern und freundlich gestalteter Bereich zur Verfügung. Zudem bietet das Saunaland die unterschiedlichsten Wärmeerlebnisse an. Das Highlight ist eine 100 °C Grad heiße Bauwagensauna mit Sandstrand.
Kontakt: Pagenhelle 14, 32657 Lemgo,
✆ 05261/255224, 🌐 www.eaule.de

Leopoldshöhe

(Kreis Lippe)

Der Hauptort der Gemeinde, Leopoldshöhe liegt im Schnittpunkt zwischen den Städten Bielefeld, Bad Salzuflen und Oerlinghausen. Das Gebiet der Gemeinde war vermutlich bereits vor rund 2000 Jahren besiedelt. Um den Bewohnern der umliegenden Höfe den Kirchgang zu erleichtern, wurde 1850/51 das Kirchdorf Leopoldshöhe gegründet. Zur Einweihung der neuen Kirche wurde dem Dorf durch den lippischen Fürsten Leopold II. der Name „Leopoldshöhe" verliehen. 1921 wurde der Ort eigenständige Gemeinde.

Gemeinde Leopoldshöhe
Kirchweg 1
33818 Leopoldshöhe
✆ 05208/9910
🌐 www.leopoldshoehe.de

Sehenswertes

▸ Gut Eckendorf

Das ehemalige Rittergut im Ortsteil Schuckenbaum existierte vermutlich schon zur Zeit der Sachsenkriege. Im 18./19. Jh. entwickelte sich der Hof zu einem erfolgreichen landwirtschaftlichen Betrieb, der besonders durch die 1849 gegründete Pflanzenzüchtung überregional bekannt wurde und bis heute besteht. Neben der umgräfteten Anlage mit Herrenhaus ist die sehr gut erhaltene Parkanlage sehenswert. Zum alten Baumbestand gehört eine mindestens 750 Jahre alte Stieleiche mit einem Stammumfang von 13 m. Im Ostflügel befindet sich der Rokokosaal mit aufwendig verzierten Spiegeln und Sandsteinkamin mit großer Wappenkartusche, der auch für Trauungen zur Verfügung steht.

Kontakt: Bielefelder Str. 222, 33818 Leopoldshöhe-Schuckenbaum, 05208/1820, www.eckendorf.de

Gut Barkhausen

Unweit des Herrenhauses von Gut Barkhausen bzw. Gut Niederbarkhausen im Ortsteil Assemissen liegt die sogenannte Bauernburg. Es ist ein ursprünglich zweigeschossiger, wohl noch aus dem Mittelalter stammender Steinspeicher, der um 1870 erneuert und um ein Stockwerk erhöht wurde. Auch das erstmals 1036 urkundlich erwähnte Gut, auf dem Hoffmann von Fallersleben und Ferdinand Freiligrath häufiger zu Gast waren, lohnt einen Besuch (nur Außenbesichtigung). Zu dem Besitz gehört ein 1895 angelegter Park mit altem Baumbestand sowie das 1863 in Form eines dorischen Tempels errichtete Mausoleum Tenge in Oerlinghausen-Wellenbruch.
Adresse: Barkhauser Weg 22, 33818 Leopoldshöhe-Asemissen

Museum

Heimathof und Heimatmuseum

Der Heimathof in Leopoldshöhe war noch bis in die 1980er-Jahre ein landwirtschaftlicher Vollerwerbsbetrieb, dessen Geschichte bis in das 15. Jh. zurückreicht. Heute wird das restaurierte Wohnhaus von 1793 für Veranstaltungen genutzt. Seit 1999 beherbergt der benachbarte Vierständerbau das Heimatmuseum der Gemeinde. Neben einer Tischlerwerkstatt, Schusterwerkstatt und einer Schneiderei bieten auch die hergerichteten Wohnräume einen bunten und umfassenden Überblick über das Leben und Arbeiten der Menschen. Von Februar bis November kann das Haus nach Absprache besichtigt werden.
Kontakt: Zum Heimathof 14 a, 33818 Leopoldshöhe, 05208/1313, www.heimatverein-leopoldshoehe.de

Freizeit & Natur

Naturschutzgebiete

Für den Artenschutz und die Erhaltung von Biotopen sind im Gebiet der Gemeinde drei Naturschutzgebiete ausgewiesen. Im Westen und Süden der Gemeinde befindet sich das 56,6 ha große **Naturschutzgebiet Windwehetal**. Die Bachläufe im Tal der Windwehe werden von Galeriewäldern aus Erlen, Stieleichen und Hainbuchen gesäumt. Das 25 ha große **Naturschutzgebiet Heipker See** liegt im nordöstlichen Bereich an der Werre. Das Gebiet besteht im Wesentlichen aus einem ehemaligen Baggersee mit zwei Inseln, Grünland- und Waldflächen sowie einem Abschnitt des Werretals. Das **Naturschutzgebiet Grüte** liegt im Norden von Oerlinghausen und reicht bis knapp an das Gut Niederbarkhausen heran. Nach dem Grütebach benannt, umfasst das 28,5 ha große Gebiet ein besonders ausgeprägtes Kerbtal mit angrenzenden Buchenwaldbeständen.

BMX-Bahn

Hinter den Sportplätzen befindet sich eine BMX-Bahn. Der rasante Parcours wurde Schritt für Schritt auf Bundesliganiveau verbessert, da der hiesige Verein, die BMX Leos, schon jetzt regelmäßig in den höchsten Klassen punktet.
Adresse: Schulstr. 45, 33818 Leopoldshöhe, www.bmx-leo.de

Reiten

Der Reitverein Lützow bietet den Mitgliedern qualifizierten Vereinsunterricht in Dressur, Springen und Voltigieren vom Breitensport bis zum Turniersport. Auf dem Ponyhof Krähenholz können schon die Jüngsten den Umgang mit Pferden erlernen. Vom Schnupper-Reiten (jeden 1. Sa) über Kindergeburtstag bis hin zu Einzelunterricht kommt hier jeder auf seine Kosten.
Kontakt:
Reit- und Fahrverein Lützow Schuckenbaum e. V., Eckendorfer Str. 74, 33818 Leopolds-

höhe, www.reitverein-schuckenbaum.de
Ponyhof Krähenholz, Bobes Feld 6 a, 33818 Leopoldshöhe, 0176/66662087, www.ponyhof-kraehenholz.de

Wandern & Radfahren

Auf vier gut ausgebauten Rundwanderwegen (zwischen 8 und 13 km) kann man fast das gesamte Gemeindegebiet erwandern. Die sehr abwechslungsreichen Wege sind untereinander vernetzt, sodass man die Wanderstrecken auch ganz individuell gestalten kann.

Über den *Fernradwanderweg R 3* und die *BahnRadRouten Weser-Lippe und Hellweg-Weser* ist das Gemeindegebiet in das überregionale Radwegenetz eingebunden.

Lichtenau

(Kreis Paderborn)

Die Stadt Lichtenau liegt im Naturpark Teutoburger Wald und Eggegebirge sowie am Übergang zur Paderborner Hochfläche und ist einer der ältesten besiedelten Räume Westfalens. Die Stadt wurde im 13. Jh. vom Paderborner Bistum zur Sicherung der Landesherrschaft gegen die Grafschaft Waldeck errichtet und wurde immer wieder von Kriegen, Fehden und Plünderungen heimgesucht. Dennoch haben sich in Lichtenau großartige kulturelle Reichtümer erhalten, zu denen vor allem Kloster Dalheim zählt, das europaweit erste Landesmuseum für Klosterkultur.

Tourist-Information Stadt Lichtenau
Lange Str. 39
33165 Lichtenau
05295/998841
www.lichtenau.de
www.lichtenau-erleben.de

Sehenswertes

Burg Lichtenau

Bei der Burg am Südrand des historischen Ortskerns handelt es sich um eine spätmittelalterliche Burggründung der Bischöfe von Paderborn. Sie entstand wohl gleichzeitig mit der Stadt und wurde 1326 erwähnt. Der noch erhaltene 33 m hohe Wohnturm der Burg wurde 1658 und 1710 erneuert. Lange diente der schmucklose Bau als Amtshaus und befindet sich heute in Privatbesitz, weshalb er nur von außen besichtigt werden kann.

Spieker

Obwohl der Spieker im Ortsteil Atteln vergleichsweise klein daherkommt, gehört er zu den bekanntesten Gebäuden im Altkreis Büren. Dem Namen nach war der 1588 erbaute Profanbau ein Speicher. Aufgrund der aufwendigen, kunstvollen Ausführung mit zahlreichen Fächerrosetten im Stile der Weserrenaissance wird jedoch vermutet, dass dem Gebäude möglicherweise die Aufgabe als Vogts- oder Amtshaus zukam.
Adresse: Am Spieker 30, 33165 Lichtenau-Atteln

Steinkammergrab

Zu den ältesten erhaltenen Zeugnissen menschlicher Besiedlung gehören die Steinkammergräber aus der Jungsteinzeit (ca. 5000 v. Chr.). Von den sieben Gräbern im Altenautal befinden sich zwei im Ortsteil Atteln. Eines davon – am Ortsausgang in Richtung Husen – wurde restauriert. Schaubilder informieren über die Entstehungszeit und die Hintergründe derartiger steinzeitlicher Grabanlagen.

Stadtwüstung Blankenrode

Die mittelalterliche Stadt Blankenrode nahe der jetzigen Lichtenauer Ortschaft Blankenrode war als Grenzfestung oft umkämpft, teilweise zerstört, wieder aufgebaut und verstärkt worden. 1390 wurde sie in der „Bengeler Fehde" vollständig niedergebrannt und verwüstet. Die Reste der Stadt, die man über den Sintfeld-Höhenweg erreichen kann, werden als eine der prägnantesten mittelalterlichen Stadtwüstungen Mitteleuropas gewertet. Zur Geschichte wurde ein spannendes Hörmuseum mitten im Wald entwickelt. Südlich von Blankenrode liegt die Bleikuhle, ein ehemaliger Erztagebau, in dem ab dem 12. Jh. bis 1745 Bleierz, später Galmei (Zinkerz) abgebaut wurde. Das Abbaugebiet ist heute Naturschutzgebiet, in dem seltene Pflanzen wie das Galmeiveilchen erblühen.

‣ Tausendjähriger Turm

Henglarn, der westlichste Ortsteil von Lichtenau, erhielt 1903 die neue Kirche St. Andreas. Die alte Margaretha-Kirche wurde wegen Baufälligkeit bis auf den Turm abgebrochen. In diesem Turm, dessen Sockel den romanischen Stil aufweist (um das Jahr 1000), wurde später ein Kriegerdenkmal eingerichtet. Hartnäckig hält sich im Ort die Legende, dass der heilige Meinolfus die Henglarner Kapelle eingeweiht haben soll. Da Meinolfus zwischen 770 und 780 in Böddeken geboren wurde, dürfte es sich tatsächlich um einen mindestens tausendjährigen Turm handeln.

‣ Kirche St. Kilian

Erbaut auf einer sanften Erhöhung krönt die kath. Pfarrkirche das Stadtbild. Der wuchtige Turm diente einst als letzte Zufluchtsstätte und wurde nach Auswertung der Steinmetzzeichen schon im Jahre 1233 begonnen. Die frühgotische Kirche selbst entstand um 1273. Nach einem Brand 1483 fanden größere Umbauten statt und die Kirche erhielt ihre heutige Form mit dem quadratischen Chorraum. Mit ihrer kostbaren Innenausstattung gehört die Kilianskirche zu den schönsten Kirchen des Paderborner Landes. Ein besonderes Kleinod ist der dreistöckige Alabasteraltar, den die Familie des Grafen von Westphalen der Gemeinde 1624 schenkte.

Adresse: Am Kirchplatz 6, 33165 Lichtenau, 🌐 www.lichtenau-st-kilian.de

‣ St. Annenkapelle

Am Zusammenfluß von Altenau und Holtheimer Wasser zwischen Lichtenau und Husen steht eine schlichte Barockkapelle. Der heutige Bau wurde 1669 von Fürstbischof Ferdinand von Fürstenberg errichtet. Sie ist die Nachfolgerin der Dorfkirche des mittelalterlichen, heute wüsten Ortes Amerungen. Den Hochaltar ziert ein Bild der hl. Anna mit Mann und Tochter, weshalb die Amerunger Kapelle zumeist nur Annenkapelle genannt wird. Jährlich am ersten Sonntag im August feiern zahllose Wallfahrer den traditionellen Annentag mit einem Waldgottesdienst.

Informationen: 📞 05292/1016, 🌐 www.pv-lichtenau.de

‣ Marienkapelle und Lourdes-Grotte

Im Hochaltar der schönen Barockkapelle (1742) im Ortsteil Kleinenberg befindet sich ein Gnadenbild aus der Zeit um 1400. Die Erscheinung des Muttergottesbildes war Anlass für die Entstehung eines Wallfahrtsortes. Von weit her pilgerten die Menschen fortan zur „Helferin vom kleinen Berg". Den Wallfahrtsbezirk mit dem Mutter-Gottes-Brunnen, der Modanna von Lourdes, der Kapelle mit der Pièta und dem Teich kann man das ganze Jahr über besuchen.

Hauptwallfahrtstage: So nach Mariä Heimsuchung (2. Juli) und Mariä Geburt (8. Sep)

Informationen: 🌐 www.wallfahrt-kleinenberg.de

‣ Kirche St. Achatius

Anstelle der alten Eigenkirche von Atteln entstand 1712 die heutige Achatiuskirche (Achatiusstr. 5). Im Zentrum der prunkvoll ausgestatteten Kirche hängt eine Stahlmadonna aus dem 18. Jh. Es handelt sich um die

Stiftung eines Friedensrichters, der gelobt hatte, solle er nach langen kinderlosen Zeiten doch noch Nachwuchs bekommen, eine Madonnenstatur zu schenken. Sein Wunsch erfüllte sich und seine Frau gebar Zwillinge. Der Friedensrichter stiftete, da es zwei Kinder waren, eine Doppelmadonna. St. Achatius gilt als eine der schönsten Kirchen Lichtenaus, in der aufgrund guter Akustik und vorzüglicher Orgel häufig Konzerte veranstaltet werden.

▸ Wassermühle Iggenhausen

Die Iggenhauser Wassermühle unterhalb der Kirche gehörte ursprünglich dem Grafen von Westphalen und war verpachtet. Ihr genaues Baujahr ist nicht bekannt, sie wird aber bereits 1737 erwähnt und war bis 1810 Zwangsmühle für Iggenhausen. In den 1960er-Jahren erfolgte die Stilllegung. Obwohl mehrfach umgebaut, bietet die Mühle mit einem über 4 m großen mittelschlächtigen Mühlrad den unverfälschten Eindruck einer kleinen ländlichen Lohnmühle aus der Zeit um 1900. Sie kann nach vorheriger Absprache besichtigt werden.
Kontakt: Glasebachstr. 19, 33165 Lichtenau-Iggenhausen, ✆ 05295/650

Museum

▸ Kloster Dalheim

Der Ort Dalheim besaß bereits um 800 eine kleine Pfarrkirche, deren Nachfolger Ende des 12. Jhs. einem Frauenkonvent als Klosterkirche diente. Nach der Auflösung des Frauenklosters erfolgte 1429 eine Wiederbesiedlung durch Augustiner-Chorherren. 1452 hatte Dalheim wieder den Rang eines selbstständigen Klosters, wurde vollständig neu aufgebaut und galt um 1500 als das geistliche und wirtschaftliche Zentrum des südlichen Paderborner Landes. Seine größte Blüte erlebte das Kloster im Barock, als es um einen repräsentativen Ehrenhof, großzügige Wirtschaftsbauten und die umfangreichen Gartenanlagen erweitert wurde, die das Erscheinungsbild bis heute prägen. 1803 wurde es aufgehoben und als Staatsdomäne verpachtet. Fortan wurde es – bis in die 1970er-Jahre – als landwirtschaftlicher Betrieb genutzt. Seit 2007 beherbergt die Anlage das erste Landesmuseum für Klosterkultur. Neben der preisgekrönten Dauerausstellung geben jährlich wechselnde Sonderausstellungen und Aktionstage wie der größte Klostermarkt Europas (letztes Wochenende im August) Einblicke in das klösterliche Leben und Wirken.
Kontakt: Am Kloster 9, 33165 Lichtenau, ✆ 05292/9319225 (Besucher-Service), 🌐 www.klosterdalheim.de

Das Kloster Dalheim

Freizeit & Natur

▸ Arboretum Dalheim

Die Dalheimer Sammlung einheimischer und ausländischer Bäume wurde 1904 angelegt. Der damalige Leiter des Altforstamtes ließ Baumgruppen und Alleen sowie das Arboretum mit vielen teils exotischen Gehölzen anpflanzen. Ein Ginko-Blatt geleitet die Besucher über einen Rundweg an über 70 verschiedenen Bäumen vorbei. Höhepunkt ist eine Anpflanzung von Mammutbäumen aus Nordamerika und Asien.

Kontakt: Am Hayersberg, 33165 Lichtenau-Dalheim, 05292/2676

Naturbad
Eine einmalige Gelegenheit, um sich in natürlich gereinigtem und frisch gefördertem Brunnenwasser zu entspannen, bietet das Naturbad im Altenautal im Ortsteil Atteln. Die insgesamt 900 qm große Wasserfläche verteilt sich auf Nichtschwimmer-, Schwimmer- und Sprungbecken mit Sprungfelsen. Wasserrutsche, Sonnenterrasse und Beach-Volleyballfeld gehören selbstverständlich ebenfalls dazu.
Kontakt: Dr.-Schmücker-Str. 30, 33165 Lichtenau, 05292/932176, www.naturbad-altenau.de

Wandern & Radfahren
Neben der Kammroute *Hermannshöhen* (226 km) und dem abwechslungsreichen *Sintfeld Höhenweg* (144 km) wurden verschiedene Themenwanderwege angelegt: z. B. *Altenau-Wanderweg*, der *Wilderer-Wanderweg* oder der *Chorherrenweg*.
Zu den beliebtesten Radwegen zählen der *Altenau-Radweg* (20 km), *Rund ums Soratfeld* (30 km), der *Glashüttenweg* (20 km), *Rund um Dreizehnlinden* (29 km) und die *Mühlenroute* (55 km).

Löhne

(Kreis Herford)

Die Stadt Löhne liegt an der Werre. Obwohl sie erst 1969 gegründet worden ist, darf man davon ausgehen, dass der Raum schon seit der Mittelsteinzeit besiedelt wurde. Eine erste urkundliche Erwähnung, die sich auf das Gebiet bezieht, datiert auf das Jahr 993. Mit dem Bau der Köln-Mindener Eisenbahn 1846/47 begann ein neues Zeitalter. Rasch entwickelte sich der kleine Löhner Bahnhof zu einem der wichtigsten Eisenbahnknoten Nordwestdeutschlands und setzte die Industrialisierung in Gang. Zunächst die Zigarrenindustrie, ab 1920 die bis heute bedeutende Küchenmöbelindustrie. So begrüßt die Stadt ihre Gäste heute mit den Worten: „Willkommen in der Welt der Küchen".

Stadt Löhne
Oeynhausener Str. 41
32584 Löhne
05732/1000
www.loehne.de

Sehenswertes

Wasserschloss Ulenburg
Am Ende der Ulenburger Allee steht das Wasserschloss Ulenburg, gebaut im 16. Jh. und ein hervorragendes Beispiel der Weserrenaissance. Das Wasserschloss war ursprünglich ein Meierhof und wurde 1299 das erste Mal erwähnt. Hilmar von Quernheim baute den Hof 1568–70 zu einem Wasserschloss im Stil der Weserrenaissance um. Heute gehören zu dem Ensemble eine Wassermühle, ein Wohnhaus sowie ein Schlosspark. Der Park beeindruckt durch seinen alten, exotischen Baumbestand. Ältester Baum ist die mächtige Gerichtslinde vor dem Haupteingang des Schlosses aus dem Jahr 1450. Das Schloss und der Park befinden sich in Privatbesitz.
Adresse: Ulenburger Buchenallee 16, 32584 Löhne

Mühlenhof Rürupsmühle
Am Mühlenteich kann man den Weg vom Korn zum Brot erleben, wie er in vorindustrieller Zeit üblich war. Um den Teich herum gruppieren sich die alte Wassermühle, ein Backhaus von 1841 und ein prächtiges reet-

gedecktes Bauernhaus aus dem Jahre 1727. Das genaue Alter der Mühle ist unbekannt, jedoch wurde sie schon 1587 urkundlich erwähnt. Nach umfassender Renovierung wurde sie 1984 neu eingeweiht und ist seitdem regelmäßig in Betrieb – als einzige im Kreis Herford. Es finden Arbeitsvorführungen wie Mahlen, Backen, Dreschen mit dem Flegel statt und es gibt Bewirtung.
Kontakt: Unter der Burg 43, 32584 Löhne,
www.ruerupsmuehle.de

▸ Haus Beck
Gut Beck wurde schon im 12. Jh. als Lehenshof verzeichnet. Die mit der dänischen Königsfamilie und damit mit der Königin von England verwandte Familie Schleswig-Holstein-Sonderburg-Beck behielt das Gut bis 1745 in Besitz. Später übernahm es die Familie von Borries und fast 150 Jahre gehörten Haus Beck und Schloss Ulenburg zusammen denselben Eigentümern. Das 1648 gebaute und heute noch sehr gut erhaltene Haupthaus ist in Privatbesitz und kann deshalb nur von außen betrachtet werden.
Adresse: Haus Beck 1, 32584 Löhne

Museen

▸ Museum Löhne
Das kleine Heimatmuseum am Marktplatz auf dem Bischofshagen beherbergt eine interessante Sammlung zur Volkskunde und Heimatgeschichte. Von eindrucksvollen Mammutzähnen über Zeugnisse der bäuerlichen Geschichte bis hin zum Thema Eisenbahn zieht sich der historische Bogen. Zudem wird das Zigarrenmachen und das für Löhne so bedeutende Holzhandwerk bis zur Küchenmöbelindustrie thematisiert. Vor der Tür kann man ein altes Zigarrenmacherhaus und ein Speicherhaus aus Fachwerk bewundern.
Kontakt: Alter Postweg 300, 32584 Löhne,
01520/9013636,
www.heimatmuseum-loehne.de

Seerosen im Aqua Magica

▸ Mühlenmuseum Kemena
Die 1893 erbaute Wassermühle Kemena liegt im idyllischen Grünen Tal und wird vom Mittelbach umschlossen. Mühlengebäude und -einrichtung wurden bis zur Stilllegung 1991 stetig erweitert und verbessert. Ausgezeichnet als technisches Denkmal, bietet die Mühle, deren alte Maschinen noch vollständig erhalten und betriebsfähig sind, den Besuchern einen Einblick in ihre Technik. Mehrmals im Jahr gibt es Veranstaltungen, bei denen die Mühle in Betrieb genommen wird. Darüber hinaus sind Führungen jederzeit nach Vereinbarung möglich.
Kontakt: Koblenzer Straße 56, 32584 Löhne,
05731/84047

Freizeit & Natur

▸ Naherholungsgebiet Spatzenberg
Das Mahnkreuz auf dem Spatzenberg erinnert seit 1954 an die Kriegsgefangenen des Zweiten Weltkrieges. Darunter liegt die „Grumkuhle“, aus der zur Befestigung von Wegen etc. Mergel („Grum“) gewonnen wurde. Heute ist der Spatzenberg ein wichtiges Naherholungsgebiet. Zudem bieten der Steinbruch und die kleine Heidefläche einen seltenen Lebensraum für

wärmeliebende Tierarten wie Zauneidechse oder Nachtigallgrashüpfer.
Adresse: Zum Spatzenberg, 32584 Löhne

▸ Ulenburger Allee
Das alte Wasserschloss Ulenburg und der ehemalige Rittersitz Haus Beck im Ortsteil Mennighüffen werden durch eine Allee miteinander verbunden. Auf einer Länge von 2700 m reihen sich zahlreiche 80 bis über 200 Jahre alte Bäume und bilden ein besonderes landschaftprägendes Naturdenkmal.
Adresse: Ulenburger Allee, 32584 Löhne

▸ ☺ Aqua Magica
Der Landschafts- und Kulturpark Aqua Magica erwartet Sie mit einer einmaligen Mischung aus landschaftlichen Attraktionen (Wasserkrater, Biotop etc.), kulturellen Veranstaltungen (Naturbühne) und kreativen Spielplätzen. Er liegt genau zwischen Löhne und Bad Oeynhausen (siehe dort).
Kontakt: Bültestraße 50, 32584 Löhne, ✆ 05731/3020012, 🌐 www.aquamagica.de

▸ Wandern & Radfahren
Ob Sie zu Fuß oder per Fahrrad aufbrechen, in und um Löhne finden sich zahlreiche ausgeschilderte Wege, die immer wieder zu neuen attraktiven Zielen führen. Durch das Stadtgebiet verlaufen einige regionale Fahrradwanderwege wie der *Else-Werre-Radweg* (54 km), der *Werre-Radweg* (71 km) und der *Soleweg* (90 km). Außerdem gibt es verschiedene lokale Rundkurse und die beliebten „Feierabendtouren" der ADFC-Ortsgruppe (Apr–Sep Mi 18.15 Uhr ab Freibad).
Informationen: 🌐 www.fahr-im-kreis.de

▸ ☺ Frei- und Hallenbad
Das Freibad Löhne (Mitte Mai–Mitte Sep) besitzt eine Sprunganlage, eine Wasserrutsche, ein Beachvolleyballfeld sowie einen Eltern-Kind-Bereich mit einer Tierrutsche und einer Spritzfigur.
Im Hallenbad (Mitte Sep–Mitte Mai) lädt „Die Dampfe" mit vier unterschiedlichen Schwitzräumen zum Saunieren ein.
Kontakt: Albert-Schweitzer-Str. 10, 32584 Löhne, ✆ 05732/904554

▸ ☺ Minigolfplatz Löhne
Die Minigolfanlage befindet sich am Wohnmobilstellplatz, gleich neben dem Frei- und Hallenbad. Auf 18 Bahnen kann hier gezeigt werden, wer mit Präzision und Leidenschaft als Erster ans Ziel kommt.
Kontakt: Albert-Schweitzer-Str. 8, 32584 Löhne, ✆ 0170/5934676

▸ Golf
Eingebettet in die heimische Natur, erstreckt sich der 18-Loch-Platz des Golf-Clubs Widukindland e. V. über eine Länge von 6090 m. Mit seiner teilweise hügeligen Topografie und stellenweise engen Spielbahnen fordert der Platz das ganze Können der Spieler. Es wird je nach Witterung ganzjährig gespielt. Clubausweis mit eingetragenem Handicap erforderlich.
Kontakt: Auf dem Stickdorn 63, 32584 Löhne-Wittel, ✆ 05228/7050, 🌐 www.gc-widukindland.de

Lübbecke

(Kreis Minden-Lübbecke)

Mit der ersten Erwähnung im Jahre 775 kann Lübbecke auf eine über 1200-jährige Geschichte zurückschauen. Ein beredtes Zeugnis ist die Ringwallanlage „Babilonie" aus vorrömischer Eisenzeit oberhalb der Bauerschaft Obermehnen. Die Befestigungsanlage war vermutlich noch während der fränkischen Eroberungszüge von strategischer Bedeutung. 1279 wurde Lübbecke zur Stadt erhoben. In der

Folgezeit wurde sie befestigt und trug dazu bei, dass sich im Umland die Landeshoheit der Mindener Bischöfe durchsetzen konnte. Am Nordhang des Wiehengebirges gelegen, präsentiert sich die Stadt heute als ansprechendes Ausflugsziel mit zahlreichen Sehenswürdigkeiten.

Lübbecke Marketing e. V.
Kreishausstr. 2–4
32312 Lübbecke
05741/276150
www.luebbecke-erleben.de

Sehenswertes

Rund um den Markt

Am Markt gibt es eine Vielzahl historischer Gebäude zu entdecken, wie die **St.-Andreas-Kirche**, deren Ursprünge in das 12. Jh. zurückreichen, das **alte Rathaus**, das 1460 erstmals erwähnt und nach einem Stadtbrand 1709 neu errichtet wurde, und daneben einer der letzten erhaltenen **Burgmannshöfe**.

Königsmühle Eilhausen

Im Ortsteil Eilhausen steht die restaurierte Königsmühle aus dem Jahre 1748. Der Erdholländer mit Stert ist mit einem Schrot- und einem Beutelgang ausgestattet, der bis 1944 betrieben wurde. Seit 1982 ist die Mühle wieder windgängig und der Öffentlichkeit zugänglich. Im historischen, voll ausgestatteten Müllerhaus kann man erleben, wie eine Müllerfamilie vor einem Jahrhundert gelebt hat. Von Mai bis Oktober lädt die Mühlengruppe zu Mahl- und Backtagen ein. Weitere Besichtigungstermine können vereinbart werden.
Kontakt: Windmühlenfeld 12, 32312 Lübbecke-Eilhausen, 05741/61816 o. 6425

Gehrmker Hius

Das 200 Jahre alte denkmalgeschützte „Gehrmker Hius" im Ortsteil Gehlenbeck wurde ab 2002 restauriert und zu einer Begegnungsstätte umfunktioniert. An der B 65 (Lindenstraße) gelegen, dient das große Fachwerkhaus auch als Museum, in dem bäuerliche Möbel und Einrichtungen, alte landwirtschaftliche Geräte und Werkzeuge, Geräte zum Spinnen, Weben und Torfstechen sowie eine vollständig eingerichtete Zigarrenarbeiterstube zu besichtigen sind. Der Heimatverein bietet Führungen an.
Kontakt: Lindenstr. 45, 32312 Lübbecke-Gehlenbeck; Heimatverein, 05741/61709, www.gehrmke.de

Der Bierbrunnen vor dem Alten Rathaus

Golddorf Stockhausen

In Stockhausen, nördlich der Lübbecker Kernstadt, ist es gelungen, die traditionelle Form bäuerlicher Hofanlagen zu erhalten, wofür das Dorf bereits mehrfach ausgezeichnet wurde. Allein 19 Objekte stehen unter Denkmalschutz. Hofeichen, Streuobstwiesen und Bauerngärten bilden den natürlichen Rahmen für die dörfliche Struktur. Bedeutendstes historisches Zeugnis ist das Gut Stockhausen mit Herrenhaus und Wirtschaftsgebäuden, seinem malerischen Torhaus, dem mittelalterlich anmutenden Innenhof, der Kastanienallee und dem kleinen Gutsfriedhof. Der Heimatverein bietet Führungen und spezielle Programme

für Gruppen nach Anmeldung an. Auch eine Bewirtung, Kutschwagenfahrten oder Fahrradtouren (Fahrradverleih) sind möglich. Am Backhaus finden Backprogramme für Kinder und Erwachsene statt, ein Scheunenladen für Kunsthandwerk und ein Bauernhofcafé laden zum Stöbern und Verweilen ein.
Informationen: 05741/5212,
www.heimatverein-dorf-stockhausen.de

Museen

Museum der Stadt Lübbecke
Das Alte Rathaus mit seinem neugotischen Stufengiebel von 1861 wurde zum Kultur- und Medienzentrum umgestaltet, in dem sich auch das Museum der Stadt befindet. Neben der umfangreichen Trachtensammlung, der Zigarrenmacherstube und der Schusterwerkstatt werden eine Waffen- und Gemäldesammlung sowie Münzfunde gezeigt. Verschiedene Spielstationen lassen Geschichte im wahrsten Sinne des Wortes „begreifbar" werden.
Kontakt: Am Markt 3, 32312 Lübbecke,
05741/276411

Brauereimuseum „Barre's Brauwelt"
Hier kann man erleben, wie in der Mitte des 19. Jhs. Bier gebraut wurde und welche technischen Neuerungen im Laufe der Jahre die Arbeit der Brauer erleichtert haben. Die Exponate reichen von großen Maschinen und Bottichen bis hin zu Utensilien, die mit dem Biertrinken verbunden sind. Ein vollständig eingerichtetes Labor kann der Besucher ebenso betrachten wie die historische Böttcherei, die Fassreinigung und die Flaschenabfüllanlage. Genauso beeindruckend ist der 160 Jahre alte Gär- und Lagerkeller, in dem das Museum untergebracht ist.
Kontakt: Berliner Str. 121–123,
32312 Lübbecke, 05741/2304950,
www.barres-brauwelt.de

Freizeit & Natur

Großes Torfmoor
Auf dem *Moor-Erlebnis-Pfad* kann man mit viel Spaß den geheimnisvollen Lebensraum eines Hochmoors erleben. Auf vier gut ausgeschilderten Rundwanderwegen mit Aussichtstürmen und Schutzhütte erschließt sich dem Besucher eine faszinierende Landschaft. Im neuen NABU-Besucherzentrum „Moorhus" erwartet die Besucher eine Dauerausstellung über das Große Torfmoor. Es wird anschaulich über die Geschichte und Besonderheiten des bedeutendsten Hochmoores in Westfalen informiert. Der Naturschutzbund bietet fachkundige Führungen an.
Kontakt: NABU Kreisverband Minden-Lübbecke e.V., Frotheimer Str. 57 a, 32312 Lübbecke, 05741/2409505, www.nabu-minden-luebbecke.de, www.moorhus.eu

Freilichtbühne Nettelstedt
Die Freilichtbühne Nettelstedt wurde schon 1923 gegründet und ist heute eines der ältesten Amateur-Freilichttheater Deutschlands. Die weitläufige Bühne mit dem Turm als Wahrzeichen im Hintergrund ermöglicht abwechslungsreiche Inszenierungen auf verschiedenen Spielebenen. Es werden Kinder-/Jugendstücke und Schauspiel aufgeführt, dabei reicht das Repertoire von der Komödie bis zum Kriminalstück.
Kontakt: Hünenbrinkstr. 4, 32312 Lübbecke-Nettelstedt, 05741/370192,
www.freilichtbuehne-nettelstedt.de

Planwagenfahrten
Gemütliche Planwagenfahrten für bis zu 20 Personen, Kutschfahrten für Hochzeiten, Fahrten für Kindergeburtstage und noch viel mehr kann man bei Gerhard Aspelmeier buchen.
Kontakt: Am Esch 59, 32312 Lübbecke,
05741/4671 oder www.planwagen-stockhausen.de

▸ **Wandern & Radfahren**
Zahlreiche Radrouten und Wanderwege führen durch das Lübbecker Land. Die bekanntesten sind der *Wittekindsweg*, der *Arminiusweg* sowie der *Mühlensteig*, dessen Teilstück *Wanderweg der Müllerburschen* auf einer Länge von 60 km zehn restaurierte – mit Wind-, Wasser-, Motor- oder Pferdekraft angetriebene – Mühlen verbindet.
Für Radfahrer bietet sich der 40 km lange *Lübbecker Landweg* durch die Ortsteile an. Durch die Stadt führt außerdem die *Westfälische Mühlenroute* und die *LandArt-Route*. Beliebter Radweg ist außerdem der Betriebsweg entlang des Mittellandkanals.

Lügde

(Kreis Lippe)

In den Hügeln des Weserberglandes liegen die ländlich geprägten Ortsteile von Lügde. Der Ort Lügde wurde schon im 8. Jh. erwähnt und erhielt vermutlich im 12. Jh. die Stadtrechte. Die ältere Siedlung wurde um 1240 von einer planmäßig angelegten „Festungskleinstadt" überbaut. Der mittelalterliche Grundriss nach dem „Lippischen Dreistraßensystem" ist bis heute praktisch unverändert erhalten geblieben und noch immer von einer Stadtmauer umgeben. Die Stadt gehört damit zu den geschlossensten Ackerbürgerstädten unseres Landes. Aufgrund eines uralten hier gepflegten Brauchs darf sich Lügde seit 2012 offiziell „Stadt der Osterräder" nennen.

Tourist-Information Lügde
Am Markt 1
32676 Lügde
05281/770870
www.luegde.de

Sehenswertes

▸ **Historische Altstadt**
Die Stadt wurde planmäßig angelegt und ist – trotz mehrerer Großbrände – im Grundriss nahezu erhalten geblieben. Die Altstadt wird geprägt durch die **frühklassizistischen Fachwerkhäuser** der Ackerbürger mit ihren typischen hallenartigen Deelen. Die ältesten Häuser der Stadt befinden sich in der Hinteren Straße (Nr. 10, 12, 14). Sehenswert ist auch die Wall- und Grabenzone mit zwei komplett erhaltenen **Stadttürmen und Stadtmauer.** Die Altstadt zählt damit zu den am besten erhaltenen historischen Stadtkernen Nordrhein-Westfalens.

Die historische Altstadt von Lügde

▸ **Kloster Falkenhagen**
Über mehrere Jahrhunderte hinweg prägte das Kloster Falkenhagen das geistliche und kirchliche Leben im Südosten Lippes. Die Anfänge der bis heute nahezu komplett erhaltenen spätmittelalterlichen Klosteranlage finden wir im Jahre 1247, als das Kloster Burchhagen hierher verlegt wurde. Zisterzienser, Wilhelmiten, Kreuzherren und Jesuiten nutzten das Kloster mit unterschiedlichem Erfolg, bis es 1773 vom Landesherrn aufgehoben wurde. Besondere Erwähnung verdient das 1509 errichtete Dormitorium,

das heutige Pfarrhaus, das als das älteste Fachwerkhaus Lippes gilt.
Kontakt: Kloster Falkenhagen 7, 32676 Lügde-Falkenhagen, 05283/948080, www.klosterlandschaft-owl.de

Ehem. Franziskanerkloster
Mitten in Lügde errichteten Franziskanermönche ein Kloster, das jedoch nur bis 1812 Bestand hatte. Nach dem Auszug der Mönche wurde die Anlage als Lager, Krankenhaus und Alten-, Pfarr- und Jugendheim genutzt. Seit den späten 1990er-Jahren beherbergt das ehemalige Klostergebäude eine Kindertagesstätte und die Bücherei. Der Klostersaal wird regelmäßig für Kleinkunst- und Kabarettveranstaltungen genutzt.
Kontakt: Mittlere Str. 2, 32676 Lügde, 05281/967000, www.kulturimkloster.de

Kilianskirche
„Sieben acht vier war Karl der Große hier" – so lernen es die Kinder von Lügde. Denn im Jahre 784 soll Karl der Große hier das Weihnachtsfest gefeiert und vor Ort eine kleine Kirche errichten lassen haben, den mutmaßlichen Vorgängerbau der Kilianskirche. Die heutige kreuzförmige Gewölbebasilika mit hohem Mittelschiff entstand um 1200. Die Kirche im Steinsweg ist von einem der ältesten Friedhöfe der Region umgeben. Beachtenswert ist vor allem das Grabkreuz des letzten Scharfrichters aus Lügde.

Kirche in Elbrinxen
Die romanische Kirche im Ortsteil Elbrinxen gehört zu den ältesten Gotteshäusern in Lippe. Der Turm mit seinen meterdicken Mauern bot den Bewohnern in Kriegszeiten Schutz. Zwar wurde das Dorf in der Soester Fehde (1447) zerstört und fiel lange Zeit wüst, doch die Kirche blieb erhalten. Es darf vermutet werden, dass sich das Gotteshaus in den letzten acht Jahrhunderten kaum verändert hat. Auf dem Kirchhof befindet sich die 1000-jährige Linde mit einem Stammumfang von zwölf und einem Kronendurchmesser von 30 m. Sie zählt zu den zehn schönsten Naturdenkmälern Deutschlands.

Museum

Heimatmuseum Lügde
Am südlichen Eingang der historischen Altstadt wurde 1987 das Heimatmuseum mit angeschlossenem Café in einem Vierständer-Fachwerkhaus von 1799 eingerichtet. Neben der umfangreichen stadtgeschichtlichen Ausstellung werden auch die Themen der einstigen Nebenerwerbsquellen wie Klöppelspitzenherstellung und Zigarrenmacherei dargestellt. Das originale Osterrad von 1951 wurde vom Dechenverein gestiftet.
Kontakt: Hintere Str. 86, 32676 Lügde, 05281/609299, www.luegde-heimatmuseum.de

Freizeit & Natur

Storchenstation Elbrinxen
Wegen seiner Storchenstation, in der jedes Frühjahr zahlreiche Jungstörche das Licht der Welt erblicken, wird der Ortsteil Elbrinxen auch Storchendorf genannt. Das direkt an der Wörmke gelegene Storchengelände ist Heimat zahlreicher Weißstorch-Paare und ihrer Jungen. Mittels einer am Nest angebrachten Kamera können die Jungtiere bei der Aufzucht beobachtet werden. Führungen durch die Anlage sind auf Anfrage möglich.
Informationen: www.storchenverein-elbrinxen.de

Köterberg
Mit seinen 496 m Höhe ist er der höchste Berg im Lipper Bergland und eines der beliebtesten Ausflugsziele der Region. Der unbewaldete Gipfelbereich bietet dem Besucher einen faszinierenden Rundumblick.

Auf dem Gipfel befinden sich ein Fernmeldeturm und das 1929 erbaute „Köterberghaus". Hier finden im Sommer die bekannten sonntäglichen Motorradtreffs statt, da der Köterberg ein Etappenziel auf der 205 km langen *Sieben auf einen Streich-Motorrad-Route* ist. Im Winter erfreuen sich die Skifreunde an der Piste. Wer am Langlauf mehr Spaß hat, nutzt die Loipe rund um den Köterberg.
Adresse: Köterberghaus, Köterberg 17, 32676 Lügde-Köterberg

Spiel und Spaß im Emmerauenpark

▸ Golf

Der 18-Loch-Platz des Golfclubs Weserbergland e. V. zählt zu den schönsten Golfplätzen der Region. Eingebettet in die idyllische Umgebung, bieten Hügel, Wasserhindernisse und alter Baumbestand ideale Voraussetzungen für den Abschlag. Zudem kann man sich auf dem Gelände an verschiedenen Skulpturen des Projektes „Golf Art Land" erfreuen, die der Golfclub seit 1993 erworben hat.
Kontakt: Weißenfelder Mühle 2, 37647 Polle, ☏ 05535/8842, 🌐 www.golfclub-weserbergland.de

▸ Wandern & Radfahren

Naturbelassene Pfade, beeindruckende Panoramablicke und historische Orte darf man auf den mehr als 120 km Rad- und Wanderwegen rund um Lügde erwarten.
Zu den beliebtesten Wandertouren gehört der *Lügder Mythenweg*, der *Köterberg-Rundweg* und der *Rischenau Rundwanderweg*. Kürzer, aber nicht weniger erlebnisreich sind der *Naturparktrail Schwalenberger Wald*, der *Vogellehrpfad Elbrinxen* und der *Waldlehrpfad Rischenau*.
Ob gemütlicher Sonntagsausflug oder eine anspruchsvolle Mehrtages-Tour – die Landschaft in und um Lügde lädt zum Fahrradfahren ein. Verschiedene Themenrouten führen durch die Hügellandschaft und entlang der Emmer. Neben zahlreichen örtlichen Radwegen gibt es die Themenrouten: *GPS-Erlebnispfad Sagenhaftes Lügde, Fürstenroute* und die *BahnRadRoute Hellweg-Weser.*

▸ ☺ Reiten

Reiterferien und Reitunterricht werden beim Reit- und Fahrverein Rischenau angeboten.
Kontakt: *Reit- und Fahrverein Zwei Schwalben Rischenau,* Hof Zwei Schwalben, Falkenhagener Str. 3, 32676 Lügde-Rischenau, ☏ 05283/1801, 🌐 www.rv-rischenau.jimdo.com

▸ ☺ Emmerauenpark

Am Rande der historischen Altstadt lohnt ein Spaziergang durch den idyllischen Emmerauenpark. Die Parklandschaft lädt zum Erholen und Genießen ein und bietet mit Abenteuerspielplatz und Biergarten Freizeitspaß für Jung und Alt. Ein besonderes Highlight ist der „Emmer Beach", der im Sommer unterschiedliche Möglichkeiten für Sport, Spiel und ein entspanntes Sonnenbad bietet. Zudem finden im Sommer regelmäßig Veranstaltungen statt. Besonders beliebt ist das Unterhaltungsprogramm „Sonntags im Park" für Familien, da spezielle Kinderunterhalter auftreten.
Informationen: 🌐 www.emmerauenpark.de

Marienmünster

(Kreis Höxter)

Die als kleine Landgemeinde klassifizierte Stadt Marienmünster wurde nach dem ehemaligen Benediktinerkloster aus dem 12. Jh. benannt, das die Region wirtschaftlich und kulturell über Jahrhunderte prägte. Sie wurde aus 13 Dörfern gebildet, deren Ursprünge teilweise in die Zeit Kaiser Karls des Großen zurückreichen. Marienmünster liegt im Norden des Kreises Höxter zwischen der Weser, dem Köterberg und dem Eggegebirge. Der zentrale Ort ist staatlich anerkannter Luftkurort und „Tourismus-Musterdorf".

Tourist-Information im Rathaus
Schulstr. 1
37696 Marienmünster
05276/989819
www.marienmünster.de

Sehenswertes

▸ Abtei Marienmünster

Zum Bau der Abtei stellte Widekind I. Graf von Schwalenberg in unmittelbarer Nähe seiner Stammburg Oldenburg Grund, Güter und Mittel zur Versorgung der Mönche bereit. 1128 konnten Kloster und Kirche geweiht werden und erlebten unter den Benediktinern eine Blütezeit. Im Dreißigjährigen Krieg wurde die Abtei mehrfach geplündert und in weiten Teilen zerstört. Der Wiederaufbau der ehemals romanischen Basilika zu einer Hallenkirche begann 1661. 1803 gingen die Kirche und das Kloster an das Königreich Preußen. Die Mönche wurden entlassen und das wertvolle Inventar und die Bibliothek versteigert. Dennoch sind bis heute viele sakrale Kunstschätze aus der barocken Einrichtung zu bewundern.

Kontakt: Abtei 3, 37696 Marienmünster, 05231/23493, www.kulturstiftung-marienmuenster.de

▸ Herrenhaus Schloss Vörden

Das barocke Herrenhaus mit Mittelrisalit, Eckpavillon, Gartenparterre sowie einem Vorhof mit Wirtschaftsgebäuden wurde 1730 an der Stelle einer ehemaligen Burg errichtet. Die Burg entstand Anfang des 14. Jhs. zum Schutz des Klosters Marienmünster. Sie wurde vielfach verpfändet und ging 1582 an die Familie von Haxthausen, in deren Besitz sie heute noch ist.

Adresse: Marktstr., 37696 Marienmünster

▸ Hungerbergkapelle & Kreuzweg

Auf dem Hungerberg stand ab 1833 das Dienstgebäude der optisch-mechanischen Signalstation zur Nachrichtenübermittlung. Nach Einstellung des Betriebes 1851 wurde

Abtei Marienmünster

Idyllische Wanderwege laden zu Ausflügen ein

auf den Grundmauern eine Kapelle unter dem Patronat der schmerzhaften Mutter errichtet. Die mehrfach umgebaute Kapelle zeigt sich heute als neugotischer Ziegelsteinbau mit Pyramidendach. Etwa 1 km entfernt beginnt der Aufstieg zum Berg, an dem sich die 14 Stationen des 1857 angelegten Hungerbergkreuzwegs erstrecken.
Adresse: Am Hungerberg, 37696 Marienmünster

▸ Historisches Windrad
Das alte Windrad ist das Wahrzeichen von Altenbergen und gilt heute als herausragendes technisches Denkmal. 1911 fertiggestellt, versorgte es bis etwa 1960 die Bevölkerung mit Frischwasser. Der 24-flügelige eiserne „Schnellläufer" mit Windfahne und kleinerer Querfahne funktioniert nach gründlicher Renovierung wieder tadellos und speist den Dorfteich. Er steht südöstlich des Ortsteils Altenbergen.

▸ Oldenburg
Die „Olde Schwalenburg", wie die Oldenburg im Ortsteil Münsterbrock ursprünglich hieß, wurde um 1100 von den Grafen im Wetigau errichtet, die das Benediktinerkloster Marienmünster stifteten. Um 1230 gründeten die Grafen einen neuen Sitz oberhalb des heutigen Ortes Schwalenberg und siedelten nach dort über. Der noch erhaltene Wohnturm wurde um 1370 erbaut und befindet sich heute in Privatbesitz. Eine Besichtigung ist nach Absprache mit der Tourist-Information möglich.

Freizeit & Natur

▸ Aussichts- & Museumsturm
Auf dem 325 m hohen Hungerberg erhebt sich ein hölzerner Turm mit Aussichtsplattform. Wer den inneren Treppenturm mit seinen 111 Stufen erklommen hat, dem eröffnet sich eine grandiose Aussicht. Zudem soll der Turm an die 1850 abgerissene Station Nr. 30 der optischen Telegrafenlinie von Berlin nach Koblenz erinnern.
Adresse: Am Hungerberg, 37696 Marienmünster

▸ ☺ Minigolf
Viel Spaß für Jung und Alt bietet die 18-Loch-Minigolfanlage in Vörden. Im Sommer sorgt der schöne Baumbestand für angenehmen Schatten; entlang der Bahn gibt es immer wieder Sitzmöglichkeiten, sodass man sich bei einer länger andauernden Runde auch mal ausruhen kann.
Adresse: Wenderweg 4, 37696 Marienmünster-Vörden, ✆ 05277/1556 o. 0151/26099133

▸ ☺ Abenteuerspielplatz
Auf dem großzügig angelegten Abenteuerspielplatz am Hungerplatz sorgen Felsenburg, Wasserspiele und Kletterpyramide für erlebnisreiche Stunden. Ganz in der Nähe bieten Ponyreiten und Ferienpark mit Spielparadies weitere Abwechslung.

▸ Wandern & Radfahren
In Marienmünster erwarten den Besucher 130 km markierte Wanderwege und zahlreiche Radrundwege. Durch das Stadtgebiet geht auch der *Europaradweg R 1*, der über die *Wellnessroute* durch die Heilbäder in Ostwestfalen führt.

Zu den beliebten Wanderrouten durch die Stadt Marienmünster gehören der *Burgensteig*, der *Kreiswanderweg I*, der Rundweg *Dreizehnlindenweg* sowie der *Annette-von-Droste-Hülshoff-Weg*. Oder wie wäre es mit dem ökumenischen *Pilgerpfad Weg der Stille* oder dem jüngst eröffneten *Niesetalweg?*
Informationen: www.teutonavigator.com, www.eggegebirgsverein.de.

Minden

(Kreis Minden-Lübbecke)

Die Stadt mit ihren rund 82 000 Einwohnern schaut auf eine über 1200 Jahre alte, höchst wechselvolle Geschichte zurück, die besonders in den Gassen der Altstadt ihre Spuren hinterlassen hat. In einer fränkischen Chronik wurde „Minda“ 798 erstmals erwähnt. Karl der Große hatte hier eine Reichsversammlung einberufen und gründete im Jahre 800 ein Bistum. 977 erhielt Minden das Markt-, Münz- und Zollrecht und entwickelte sich rings um den Dom zu einem wichtigen Zentrum in Norddeutschland. Nach dem Dreißigjährigen Krieg begann die lange Zeit als preußische Garnisons- und Festungsstadt, die im Jahre 1759 mit der Schlacht bei Minden weltweite Bekanntheit erlangte. Trotz Kriegszerstörungen verleihen die Blütezeit der Weserrenaissance und der preußische Klassizismus der Stadt bis heute einen unverwechselbaren Charme.

Minden Marketing GmbH
Tourist Information
Domstr. 2
32423 Minden
0571/8290659
www.minden-erleben.de
www.minden.de

Sehenswertes

▸ Altstadt

Ein Spaziergang durch Mindens Ober- und Unterstadt ist so vielseitig und voller Abwechslung, dass er sich nicht nur für historisch Interessierte lohnt. Lebendige Geschäftsstraßen wechseln sich ab mit kopfsteingepflasterten kleinen Gassen, die engen Fachwerkhäuser der Handwerker mit den stolzen Kaufmanns- und Adelshäusern. Besonders sehenswert: das historische Rathaus mit seinen Laubengängen und die Speicherhäuser am Markt, der Bilderfries am Haus Schmieding, das frühere Proviantmagazin und die ehemalige Heeresbäckerei, die Alte Münze, das Haus Hill, das Hanse-Haus und die Museumszeile.

Das „Windloch“ in der historischen Altstadt

▸ Dom

Von Kunsthistorikern wird der Dom zu Minden als die schönste gotische Hallenkirche des 13. Jhs. in Deutschland gepriesen. Das berühmte Mindener Kreuz aus romanischer Zeit (um 1070), der spätromanische Apostelfries im südlichen Querhaus (um 1270), der

Heilig-Geist-Altar im nördlichen Querhaus (ca. 1625) und eine Fülle weiterer bemerkenswerter Kunstschätze aus unterschiedlichen Epochen wie z. B. die neue Goldene Tafel im Hochchor (2002) sind in ihm zu bewundern.

Der Dom zu Minden

▸ Wasserstraßenkreuz

Seit 1914 führt eine 341 m lange, trogähnliche Brücke den Mittellandkanal über die Weser und ermöglichte der Schifffahrt freie Fahrt. Nördlich der alten Brücke wurde 1998 im Zuge des Mittellandkanal-Ausbaus die neue Kanalbrücke als zweite Weserüberfahrt fertiggestellt. Die Mindener Fahrgastschifffahrt bietet verschiedene Fahrten an, bei denen man das größte Doppel-Wasserstraßenkreuz der Welt hautnah erleben kann.

▸ Schleusen

Die **Schachtschleuse** am Wasserstraßenkreuz Minden ist die kürzeste Verbindung zwischen Mittellandkanal und Weser. In einer 85 m langen und 10 m breiten Kammer können Binnenschiffe die 13 m Höhenunterschied überwinden. Gleich daneben: die **Weserschleuse Minden**. Sie ist eine Sparschleuse am Wasserstraßenkreuz Minden. Sie ergänzt dort die für Großmotorgüterschiffe zu kleine Schachtschleuse Minden. Der Hafen Bremen hat über diese größere Schleuse für diesen Schiffstyp auch einen direkten Zugang zum Mittellandkanal erhalten. Am besten lässt sich die technische Attraktion der Stadt bei einer Schleusung auf einem Schiff der „Weißen Flotte" erleben. In unmittelbarer Nähe betreibt zusätzlich das Wasserstraßen- und Schifffahrtsamt ein umfassendes Informationszentrum.
Adresse: WSA Minden, Am Hohen Ufer 1–3, 32425 Minden, 🌐 www.wsa-minden.de

Museen

▸ Preußen-Museum Minden

Mit dem Westfälischen Frieden 1648 wurde Minden brandenburg-preußische Verwaltungs- und Garnisonsstadt. In der historischen Defensionskaserne von 1829 kann der Besucher der facettenreichen und wechselhaften westfälisch-preußischen Geschichte nachspüren. Mit zahlreichen Originalen, aufwendigen Inszenierungen und modernen Ausstellungsmedien ermöglicht die neu gestaltete Präsentation (Eröffnung 2018) unterschiedliche Zugänge zum Verständnis des Themas.
Kontakt: Simeonsplatz 12, 32427 Minden, ✆ 0571/837280, 🌐 www.preussenmuseum.de

▸ Mindener Museum

Zentral in der malerischen „Oberen Altstadt" Mindens kann man Stadt- und Regionalgeschichte von den ältesten menschlichen Siedlungsspuren bis in die Gegenwart erleben. Sechs Häuser aus dem 16. Jh. im Stil der Weserrenaissance bilden den Rahmen für eines der traditionsreichsten westfälischen Museen.

Kontakt: Ritterstr. 23–33, 32423 Minden, ✆ 0571/9724020, 🌐 www.mindener-museum.de

▸ Domschatz Minden

Die neue Domschatzkammer wurde im März 2017 eröffnet und zeigt auf drei Ebenen sakrale Exponate. Zu den wertvollsten Teilen gehören neben dem Mindener Kreuz aus dem späten 11. Jh. der Petri-Schrein, der Gießlöwe (Aquamanile) und das Hedwigsglas aus dem 12. Jh. Mit 70 Objekten, die zu den Spitzenwerken christlicher Kunst in Deutschland zählen, wird die lange und wechselvolle Kirchengeschichte Mindens lebendig.
Kontakt: Kleiner Domhof 24, 32423 Minden, ✆ 0571/83764119, 🌐 www.domschatz-minden.de

Die Schleuse in Minden

▸ Schiffmühle

Die deutschlandweit erste Rekonstruktion einer Korn mahlenden Schiffmühle auf einem Fluss zählt zu den beliebtesten musealen Einrichtungen im ganzen Kreis. Nach alter Technik aus dem 18. Jh. rekonstruiert, ist sie voll funktionsfähig. In Minden wurde diese besondere Art einer Mühle bereits 1326 erwähnt, als die Stadt gleich sechs Liegeplätze für schwimmende Mahlwerke verpachtete. Neben geführten Besichtigungen findet hier zu Pfingsten auch der „1000-Matjes-Tag“ statt. Gastronomie mit Biergarten sowie ein Bouleplatz ergänzen das Angebot.
Adresse: Weserpromenade 24, 32423 Minden, 🌐 www.schiffmühle.info

Freizeit & Natur

▸ ☺ Museums-Eisenbahn Minden

Mit ihrem Angebot bietet die Museums-Eisenbahn allen kleinen und großen Freunden historischer Eisenbahnen ein nostalgisches Erlebnis. Der Preußenzug mit der Dampflok 7906 „Stettin“ von 1912 verkehrt jeweils von April bis Oktober an festgelegten Tagen auf zwei Strecken: vom Bahnhof Minden-Oberstadt nach Kleinenbremen und Hille sowie zwischen Preußisch Oldendorf und Bohmte. Auf beiden Strecken werden in den Sommermonaten sowohl Plan- als auch (kulinarische) Sonderfahrten angeboten, in der Vorweihnachtszeit auch die beliebten Nikolausfahrten.
Informationen:
🌐 www.museumseisenbahn-minden.de

▸ Weserschifffahrt

Eine Fahrt mit den Schiffen der Mindener Fahrgastschifffahrt gehört zu den Höhepunkten eines Besuchs in Minden. Neben den Rund- und Linienfahrten bieten die Schiffer zwischen Anfang April und Ende September auch spannende Tagesfahrten, unterschiedlichste Erlebnisfahrten und Nostalgiefahrten an.
Kontakt: Sympherstr. 16, 32425 Minden, ✆ 0571/6480800, 🌐 www.mifa.com

▸ Planwagenfahrten

Wer die Gegend für ein paar Stunden in geselliger Runde (bis zu 20 Personen) erfahren möchte, der lasse sich per Planwagen kutschieren. Gemütlich geht es, von einem Oldtimer-Traktor gezogen, zu einem Spargel-

Hier kreuzen sich Weser und Mittellandkanal

hof oder Weihnachtsmarkt, zum Uchter Moor, zum Dümmer oder zur Hausberger Schweiz. Die Routen können frei gestaltet werden.
Kontakt: BE-Reisen, Bierpohlweg 125, 32425 Minden, 0571/44334, www.be-reisen.de

Freizeit- und Erlebnispark „potts park“

Als einer der ersten Freizeitparks in Deutschland öffnete der „potts park“ im Juni 1969 seine Pforten. Auf dem Gelände einer ehemaligen Eisenerzzeche wurde ein Freizeitpark errichtet und im Laufe der Zeit ständig erweitert und aktualisiert. Neben den zahllosen Erlebnisattraktionen wie Familien-Achterbahn, Wildwasserbahn, Gokartbahnen, Turbodrachen und Hubseilturm gibt es mehr als 130 Wissensstationen und das Science Center. Neben Spiel, Spaß und Action können hier nicht nur Kinder vielen Phänomenen auf den Grund gehen.
Kontakt: Bergkirchener Str. 99, 32429 Minden, 0571/51088, www.pottspark-minden.de

Disc Golf

Wer schon immer von fliegenden Untertassen fasziniert war, dem wird die Trendsportart Disc Golf auf jeden Fall liegen. Ziel ist es, eine Wurfscheibe (Disc) mit möglichst wenigen Würfen in den Auffangkorb einer Bahn zu befördern. Um diesen geselligen Freizeitwettbewerb bekannt zu machen, wurde auf Kanzlers Weide an der Weser ein weitläufiger Disc-Golf-Parcours mit 18 Spielbahnen angelegt. Discs kann man beim MTV-Vereinsheim (Weserpromenade 26), bei Skyracer (An der Tränke 4) oder bei der Strandbar ausleihen.
Informationen: www.mtv-minden.de/abteilungen/disc-golf

Mindener Glacis

Aus dem ehemaligen Glacis der Festung Minden, dem freien Schussfeld rings um die Anlage, entstand nach Auflösung der Befestigung 1873 die größte und wichtigste Parkanlage der Stadt. Rund um den Stadtkern wurde ein ringförmiger Stadtpark mit wertvollem Baumbestand angelegt. Auch der denkmalgeschützte Alte Friedhof wurde einbezogen und zu einem Botanischen Garten mit verschiedenen Themengärten umgewandelt.

Planetenpfad

Einen Sonntagsausflug durch unser Sonnensystem kann man auf dem Mindener Planetenpfad (Maßstab 1:1 Mrd.) unternehmen. Gestartet wird bei der Sonne am Preußen-Museum. Entlang der Weser geht es an weiteren Planeten vorbei Richtung Petershagen, bis nach 5,9 km der Pluto erreicht wird.

Wandern & Radfahren

Zahlreiche abwechslungsreiche Wanderwege schlängeln sich durch die Region, unter denen der *Mühlensteig* zu den interessantesten gehört. Auf seinen insgesamt 65 km führt er an zehn renovierten Mühlen vorbei. In Minden sind der *Glacis-Rundweg* (4,9 km), der *Weser-Bastau-Weg* (2,6 km) sowie die *Mindener Friedhofstour* (12,4 km) zu empfehlen. Für Radfahrer geht es auf der berühmten *Mühlenroute* (320 km) an 42 Mühlen vorbei. Die weiteren Fernwege sind der attraktive *Weser-Radweg* und die *LandArt-Route*. Und nicht zuletzt wird der Mittellandkanal von ausgebauten Betriebswegen begleitet, die für Fußgänger und Radfahrer freigegeben sind.

Reiten

Egal ob für Anfänger, Fortgeschrittene oder Spezialisten, beim Mindener Reitverein kann jeder den Pferdesport ausüben.
Kontakt: *Mindener Pferdezucht-, Reit- und Fahrverein e.V.,* Mitteldamm 80, 32429 Minden, 0571/55932, www.mindener-reitverein.de

Weserstrand

Nach einem nur kurzen Fußweg gelangt man von der Innenstadt an den Mindener Weserstrand und zur „Beachbar", wo man durchaus ein Bad in der Weser wagen darf.

Nieheim

(Kreis Höxter)

Vermutlich im Jahre 1243 wurde das Dorf Nieheim am Fuße des Holsterberges zur Stadt erhoben und mit einem Mauerring befestigt. Nieheim blieb eine bescheidene Ackerbürgerstadt, obwohl sie zeitweise sogar Mitglied der Hanse war. Fehden, der Dreißigjährige Krieg, Brände und Seuchen behinderten die Fortentwicklung, sodass Nieheim bis zum 19. Jh. nicht über die historischen Stadtgrenzen hinaus wuchs. Die kreisförmige, nahezu unverändert erhaltene Stadtanlage und die klare Teilung in eine Unter- und Oberstadt machen Nieheim zu einer städtebaulichen Besonderheit in Ostwestfalen-Lippe. Die Stadt ist ein staatlich anerkannter heilklimatischer Kurort.

Tourismusbüro im Westfalen-Culinarium
Lange Str. 12
33039 Nieheim
05274/8304
www.nieheim.de

Sehenswertes

Pfarrkirche St. Nikolaus

St. Nikolaus (Marktstr. 20) gehört zu den ganz wenigen Gebäuden der Stadt aus der Zeit vor 1700, als ein Großbrand 257 Häuser zerstörte. Bereits Ende des 13. Jhs. wurde die erste romanische Stadtpfarrkirche zu einer Hallenkirche umgestaltet. Ihre heutige Form erhielt sie 1497. Sehenswert sind das eindrucksvolle Sterngewölbe, ein turmartiges spätgotisches Sakramentshäuschen und ein Taufstein mit Reliefs aus dem Alten und Neuen Testament.

Holsterturm

Als Wahrzeichen Nieheims kann der Holsterturm auf den nahen Anhöhen des Holster Berges südlich der Kernstadt auf eine 700-jährige Geschichte zurückblicken. Der frühere Wartturm, der auch Nieheimer Warte genannt wird, ist heute ein beliebter Ausflugspunkt mit grandioser Aussicht über Nieheim und seine Heckenlandschaft. In Erinnerung an seine umkämpfte Vergangenheit wurde das Kunstwerk „ATTACKE" installiert: mehrere in der Turmwand verankerte Speere.

Kumpgewölbe

Auf der Marktstraße ist vor der Pfarrkirche und neben der Gaststätte „Altenmüller" jeweils ein steinerner Kump zu entdecken. Sie dienten einst der Wasserversorgung. Um sie zu speisen, wurde der Nikolausbach, der unterhalb des Holsterberges entspringt, schon im Mittelalter überwölbt, sodass er kanalisiert ins Ortszentrum floss. Einen Blick in das in Westfalen einmalige Gewölbesystem mit dem unterirdisch fließenden Bach kann man durch einen modernen Einstieg erhaschen.

Historischer Orstkern mit St. Nikolaus

▸ Grevenburg

Die nach dem Bach Greve benannte Wasserburg, einen Kilometer nordöstlich des Stadtteils Sommersell, wurde im Jahre 1536 als Vorwerk errichtet und später als Familiensitz ausgebaut. Das sehenswerte Renaissance-Herrenhaus ist von einem historischen Landschaftspark mit Teichen und altem Baumbestand umgeben. Zu besichtigen sind nur die Außenanlagen.
Adresse: Grevenburg 5, 33039 Nieheim-Sommersell

▸ Schloss Holzhausen

Die Schlossanlage in Nieheim-Holzhausen besteht aus einem Herrenhaus und der ehemaligen Vorburg mit einem großen Wirtschaftshof. Das Herrenhaus entstand 1801–09 auf der ursprünglich 1312 erbauten Wasserburg Holthusen. Mit dem alten Torhaus, dem Taubenturm und den ehemaligen Stallgebäuden ist die vollständig erhaltene Hofanlage eine Rarität in Ostwestfalen. Lohnenswert ist auch ein Besuch des Hofladens mit eigenen Produkten und der Alte Kornboden, der für Feierlichkeiten hergerichtet wurde.

Kontakt: Gut Holzhausen, 33039 Nieheim-Holzhausen, ✆ 05274/98910, 🌐 www.gut-holzhausen.de

▸ Gasthaus „Zum Kukuk"

Das mit liebenswerten Dingen von heute, gestern und vorgestern ausgestattete Gasthaus im Ortsteil Himmighausen empfiehlt sich als ein Ausflugsziel besonderer Art. Die ehemalige Fuhrmannskneipe wurde 1780 errichtet. Hier lebte und wirkte der bekannte Lyriker und Heimatdichter Fritz Kukuk (1905–1987), der

Holsterturm mit dem Kunstwerk „ATTACKE"

jahrzehntelang die einkehrenden Besuchergruppen mit Versen und plattdeutschen „Dönekes“ unterhielt.
Kontakt: Antoniusstr. 13, 33039 Nieheim-Himmighausen, 05238/228,
www.gasthaus-zum-kukuk.business.site

Hillehaus

Im versteckt liegenden Ortsteil Erwitzen wird des poetischen Mystikers und Weltwanderers Peter Hille (1854–1904) gedacht, der hier geboren wurde. Seit 1983 bemüht sich die Peter-Hille-Gesellschaft darum, an den bedeutenden Wegbereiter der literarischen Moderne in Westfalen zu erinnern. Sein Geburtshaus wurde als literarische Gedenk- und Begegnungsstätte hergerichtet, in der Vorträge und Lesungen aus allen Bereichen der Literatur stattfinden.
Informationen: 0160/97935646,
www.peter-hille-gesellschaft.de

Optische Telegrafenstationen

Die etwa 700 km lange Telegrafenlinie, die 1834 den Betrieb aufnahm, bestand aus 61 Stationen an geografisch besonders günstigen Stellen. Nach nur 15-jähriger Tätigkeit wurde der Betrieb wieder eingestellt und die Anlagen wurden abgerissen. In Nieheim wurde 1984 ein Zeuge dieser fast vergessenen Nachrichtentechnik wieder aufgebaut. Die Station Nr. 32 befindet sich auf der Finnstätte nahe Oeynhausen. Auf Wunsch sind fachkundige Führungen möglich.
Ganz in der Nähe befand sich auf dem 231 m hohen Lattberg im Nieheimer Ortsteil Entrup ebenfalls eine optische Telegrafenstation: die Entruper Station, Nummer 31. 2012 wurde an eben jener Stelle ein Aussichtsturm mit Telegrafenaufsatz errichtet.
Kontakt: Auf der Finnstätte, 33039 Nieheim, 05274/95826

Museen

Westfalen Culinarium

Mit einem einzigartigen, innovativen Museumskonzept überrascht das Westfalen Culinarium. Mitten im historischen Stadtkern widmen sich vier Museen der kulinarischen Vielfalt Westfalens: das Deutsche Käsemuseum, das Westfälische Brotmuseum, das Westfälische Schinkenmuseum und das Westfälische Biermuseum. Auf insgesamt 3000 qm kann man erfahren, wo die kulinarischen Wurzeln der Westfalen liegen und wie man sie heute noch finden kann.
Kontakt: Lange Str. 12, 33039 Nieheim, 05274/982150, www.westfalen-culinarium.de, www.nieheimer-bier.de

Das Westfalen Culinarium

Sackmuseum

In einem alten Backsteingebäude widmet sich das Museum Säcken, Beuteln und Tüten. Die Sammlung reicht vom Strampelsack bis zum Leichensack, thematisiert den Kohlen-, Stroh- und Rucksack ebenso wie den Klammer- oder Tabakbeutel. Komplettiert wird die Ausstellung durch eine Sackflickerwerkstatt, eine Sackausklopfmaschine und eine kleine Sackdruckerei.
Kontakt: Wasserstr. 6, 33039 Nieheim, 05274/953630, www.sackmuseum.de

Freizeit & Natur

▸ Schwimmbad
Das Kombibad aus Hallenbad mit Schwimmerbecken und Hubboden sowie dem Freibadbecken mit sechs Bahnen schafft prima Voraussetzungen für sportliche Betätigung zu jeder Jahreszeit. Dazu gesellen sich ein Bistro, ein Spielplatz mit Matschanlage und ein Beach-Volleyballfeld.
Kontakt: Bad am Holsterberg, zur Warte, 33039 Nieheim, ✆ 05274/9850120

▸ Kunst- und Erlebnispfad
Ein Wandererlebnis der besonderen Art bietet der Nieheimer *Kunstpfad*. Internationale Künstler haben im Einklang mit der Natur Kunstobjekte gestaltet, die inmitten schöner Natur neue Akzente setzen. Zu entdecken sind unter anderem die überdimensionale „Windwiege" oder das kugelrunde Baumhaus, das nach Absprache sogar betreten werden darf.
Auf den 19 Stationen des *Erlebnispfades* – Anfassen und Ausprobieren sind ausdrücklich erlaubt – kann man viel über biologische und physikalische Prozesse sowie die Eigenheiten der Natur lernen. Ein kleiner schwarzer Vogel weist den Weg zu den Erlebnissen wie „Geschlossene Gesellschaft", das „Baumtelefon" oder „Leben im Untergrund".

▸ Schaukäserei
Wie die Milch zum Käse wird oder wie die Rinde an den Käse kommt, erfährt man in Menne's Nieheimer Schaukäserei. Hier kann man den fachkundigen Käsespezialisten über die Schulter schauen und den Produktionsprozess verfolgen. Die moderne Hofkäserei bietet in ihrem Hofladen neben zahlreichen Käsesorten auch diverse andere Spezialitäten zum Verkosten und Kaufen an.
Kontakt: Hospitalstr. 22, 33039 Nieheim, ✆ 05274/472, www.dieschaukaeserei.de

▸ Wandern & Radfahren
Zahlreiche Wanderwege auf insgesamt 130 km führen rund um Nieheim. Neben dem Erlebnis- und dem Kunstpfad empfehlen sich die sieben *Heilklima-Wanderwege* rund um den Holsterberg.
Abseits der viel befahrenen Straßen lassen sich Nieheim und Umgebung prima mit dem Fahrrad erkunden. Die Tour *Rund um Nieheim* und die überörtlichen Wege *R 1*, *R 51* und *R 53* bieten zahlreiche Gelegenheiten.

▸ Nieheimer Flechthecken
Früher als „lebende Zäune" zwischen den Weideflächen errichtet, gelten die Nieheimer Flechthecken heute als Kulturlandschaftsrelikt von europäischem Rang. Die ehemals wichtigen Lieferanten von Viehfutter, Brennholz und Haselnüssen sind ein ästhetisches Charakteristikum der hiesigen Kulturlandschaft und lassen sich auf einem Rundgang entdecken.
Informationen: ✆ 05274/953630, www.sackmuseum.de

▸ Planwagenfahrten
Die Nieheimer „Freunde des Westfälischen Kaltblutes" bieten die Möglichkeit, mit dem Planwagen (ca. 15–20 Pers.) gemütlich durch die Nieheimer Flechtheckenlandschaft zu fahren. Auf Wunsch auch mit einem Zwischenstopp beim Sackmuseum, inklusive fachkundiger Führung und Kaffeetafel.
Informationen: ✆ 05274/953630, www.sackmuseum.de

▸ Bogenschießen
Hinter der Grillhütte in Nieheim kann man auf dem Bogenschießplatz unter fachkundiger Anleitung das Zielen und Schießen mit Pfeil und Bogen erlernen. Auch Kinder sind bei den „Freunden des traditionellen Bogenschießens" herzlich willkommen.
Informationen: ✆ 095274/1447, www.nieheim-bogenschiessen.de

Oerlinghausen

(Kreis Lippe)

Die Bergstadt im Westen Lippes – mitten im Teutoburger Wald – verzaubert ihre Gäste bereits seit Ende des 19. Jhs. mit einer historischen Altstadt mit denkmalgeschützten Bürgervillen, Handwerkerhäusern und Bruchsteinmauern.
Der Höhenzug und der Pass bei Oerlinghausen waren schon in alter Zeit von strategischer Bedeutung, wie die eisenzeitliche Wallburg auf dem nahen Tönsberg beweist. Eine erste Erwähnung als „Vorwerk Orlinchusen" stammt aus dem Jahre 1036. Aufgrund der ungünstigen Hanglage wurde auch hier die Leinenweberei zur Lebensgrundlage. Fast 300 Webstühle standen hier, auf denen ein besonders feines Leinentuch entstand, das in ganz Deutschland gerühmt wurde. Neben der dominierenden Leinenindustrie war die Zigarrenproduktion von Bedeutung, die um 1870 in vier Fabriken stattfand.

Tourist-Information
Rathausplatz 1
33813 Oerlinghausen
05202/49312
www.oerlinghausen.de

Die Kumsttonne ist ein Wahrzeichen der Stadt

Sehenswertes

Kumsttonne
Auf dem 334 m hohen Tönsberg befindet sich ein Windmühlenstumpf, im Volksmund liebevoll Kumsttonne (Kumst = Kohl) genannt. Das weithin sichtbare Wahrzeichen der Stadt wurde 1753 erbaut, war nur ca. 60 Jahre in Betrieb, verlor bei einem schweren Sturm die Flügel und verblieb in diesem Zustand. Aus der Innenstadt kommend erreicht man den „Kohltopf" über die Stufen der „Himmelsleiter". Einmal oben, sollte man auch den Hermann-Löns-Gedenkstein und die Hünenkapelle innerhalb einer cheruskischen Volksburg aus dem 4. Jh. v. Chr. besuchen.

Alexanderkirche
Schon von weit her ist der Turm der Alexanderkirche in Oerlinghausen (Hauptstr. 80 a) sichtbar. Die romanisch gegründete Kirche ist vermutlich im 9. Jh. entstanden. Ihre heutige Form erhielt die Kirche im Wesentlichen zwischen 1511 und 1514. Erst 1878 wurde der ursprünglich stumpfe Turm auf seine jetzige Höhe aufgestockt. Besonders sehenswert sind die Orgel mit ihrem geschnitzten Prospekt (sog. Bauernbarock, 1688), die bunten Glasfenster im Chor und die älteste Glocke der Gemeinde, die im Jahre 1547 gegossen wurde.

Synagoge und jüdischer Friedhof
In der Oerlinghauser Altstadt steht die ehemalige jüdische Synagoge. Das Gotteshaus aus Bruchstein entging den Novemberpogromen 1938, weil die jüdische Gemeinde es bereits verkauft hatte. Zwar wurde der Holzturm mit Kuppel und Davidstern entfernt, dennoch zählt sie zu den wenigen Synagogen in der Region, die weitestge-

hend erhalten geblieben sind. Heute wird das Gebäude vom örtlichen Kunstverein für Ausstellungen und Kulturveranstaltungen genutzt. Oberhalb der ehemaligen Synagoge liegt der jüdische Friedhof, der schon seit dem 17. Jh. als letzte Ruhestätte diente. Rund 60 Grabsteine stehen heute noch auf dem umfriedeten Gelände, der älteste stammt aus dem Jahre 1761.
Adresse: Tönsbergstr., 33813 Oerlinghausen

▸ **Tweten**
Zwischen den Häusern der Bergstadt hindurch führen viele kleine Wege und wunderschöne Gassen, die als „Tweten" bezeichnet werden. 26 dieser schmalen Pfade, Stiege, Gassen oder Durchgänge zwischen zwei Grundstücken sind mit kleinen blauen Schildern gekennzeichnet und lassen sich prima bei einem Spaziergang erkunden.

Museum

▸ ☺ **Archäologisches Freilichtmuseum**
Zwischen den Kämmen des Teutoburger Waldes und der Senneebene kann man erfahren, wie unsere Vorfahren in der Steinzeit oder im frühen Mittelalter gelebt haben, sich kleideten oder was sie aßen. In sechs Baugruppen und Häusern vom Sommerlager eiszeitlicher Rentierjäger bis zum frühmittelalterlichen Gehöft werden diese und viele andere Fragen eindrucksvoll beantwortet. Zu den beliebtesten Mitmachangeboten gehören Bogenschießen, Feuermachen und Brotbacken.
Kontakt: Am Barkhauser Berg 2–6, 33813 Oerlinghausen, ✆ 05202/2220, 🌐 www.afm-oerlinghausen.de

Freizeit & Natur

▸ **Wandern & Radfahren**
Die Bergstadt bietet mit ihren wilden Weiden samt Waldrindern und Wildpferden sowie den urwüchsigen Wäldern viele Möglichkeiten, die herrliche Natur mit romantischen Heideflächen und majestätischen Kalk-Buchenwäldern intensiv zu erleben. Eine der bekanntesten Strecken in ganz Deutschland, der *Hermannsweg*, verläuft mitten durch die Stadt. Einer der ältesten Wanderwege ist der aussichtsreiche *Rundwanderweg „Tönsbergblicke"*.
Örtliche Radwege sind mit den Bezeichnungen *OE 1* und *OE 2* ausgeschildert. Trotz ihrer steilen Lage ist die Bergstadt auch bei Radlern ein sehr beliebtes Ausflugsziel. Neben den überregionalen Radwegen wie der *Fürstenroute* und der *Route der Weserrenaissance* führen zahlreiche Touren durch die Sennelandschaft und die Ortschaften.

In der Senne grasen Schottische Hochlandrinder

▸ ☺ **Reiten**
Die Reitwege durch die Umgebung sind bestens für Ausritte geeignet. Pferdeliebhabern werden daher diverse Möglichkeiten geboten, ihren Sport auszuüben. Gleich auf mehreren Höfen sind Dressur-, Spring- oder Freizeitreiter herzlich willkommen.
Kontakt:
Hof Brokmeier, Währentruper Str. 55, 33813 Oerlinghausen, ✆ 05202/2010, 🌐 www.hof-brokmeier.de

Reitverein Lippische Rose, 05202/2162, www.reitverein-oerlinghausen-waehrentrup.de

‣ Segelflugplatz Oerlinghausen
Ein Blick auf das Stadtwappen verrät, dass hier das Fliegen einen besonderen Stellenwert hat. Der Flugplatz mit den weltweit meisten Segelflug-Starts pro Jahr (ca. 25 000) lockt Luftsportbegeisterte und Besucher aus der ganzen Region an. Neben Segelfliegern heben auch Motorsegler, Ultraleicht-, Motor- und Modellflugzeuge, Hubschrauber, Drachen, Gleitschirme und Ballone ab. Höhepunkt des Jahres ist das Flugplatzfest mit Flugshows, Modellflugvorführungen und jeder Menge Musik am Pfingstwochenende.
Kontakt: ERLEBNIS Fliegen, Luftsportzentrum Oerlinghausen, Stukenbrocker Weg, 33813 Oerlinghausen, 05202/72477, www.flugplatz-oerlinghausen.de

‣ UrLand
UrLand nennt sich die eindrucksvolle Senne-landschaft im Teutoburger Wald. In dem Naturschutzgebiet mit riesigen Weideflächen grasen schottische Hochland-Rinder und Exmoor-Ponys.

Paderborn

(Kreis Paderborn)

Paderborn ist mit rund 154 000 Einwohnern die größte Stadt im Süden von OWL. Sie entstand im Quellgebiet der Pader, dem mit gut 4 km Länge kürzesten Fluss Deutschlands. Die ersten festen Wohnplätze gibt es mindestens seit der vorrömischen Eisenzeit. 777 hielt sich Karl der Große an den Paderquellen auf und gründete zur weiteren Christianisierung die Karlsburg und karolingische Pfalz. In der Folgezeit hielt Karl hier mehrfach Reichstage ab, traf sich mit dem Papst und gründete das Bistum Paderborn. Nach mehreren Stadtbränden entstanden ab etwa 1000 der Dom und weitere bedeutende Kirchen, Kapellen und Klöster. 1295 wurde die Stadt am Kreuzungspunkt von Via Regia und Hellweg Mitglied der Hanse. 1614 gründeten die Jesuiten eine Universität, die bis zu ihrer Auflösung 1818 die älteste Universität Westfalens war. Im Dreißigjährigen Krieg erlebte die Stadt insgesamt 16 Belagerungen und wurde arg in Mitleidenschaft gezogen. Auch im Zweiten Weltkrieg verlor Paderborn viel von seiner alten Bausubstanz.

Tourist Information Paderborn
Verkehrsverein Paderborn e. V.
Königsplatz 10
33098 Paderborn
05251/8812980
www.paderborn.de

Sehenswertes

‣ Dom
Der 92 m hohe, weithin sichtbare Turm der Paderborner Bischofskirche prägt das Stadtbild. Der heutige Dom St. Maria, St. Liborius und St. Kilian ist im Wesentlichen eine Schöpfung des 13. Jhs., wobei Teile der Vorgängerbauten einbezogen wurden. An- und Umbauten in späterer Zeit haben den gotischen Gesamteindruck nicht wesentlich verändert. Unbedingt sehenswert ist die 32 m lange Krypta, eine der größten Deutschlands, in der die Reliquien des hl. Liborius aufbewahrt werden. Zudem: Paradiesportal (vor 1240), Pietà (um 1380), gotischer Hochaltar (spätes 15. Jh.), Doppelmadonna (um 1480), monumentales Grabmal des Fürstbischofs Dietrich IV. von Fürstenberg (1618) und das berühmte Hasen-

fenster („Der Hasen und der Löffel drei und doch hat jeder Hase zwei.“) im Kreuzgang.

‣ Kaiserpfalzen

In der Siedlung an den Paderquellen wurde europäische Geschichte geschrieben. 776 ließ Karl der Große die Karlsburg errichten, deren Befestigung den heutigen Dombereich umschloss. Im Nordwestbereich der Burg entstand eine Königspfalz, deren Grundmauern nördlich des Domes ausgegraben worden sind. Hier hielt Karl im Jahre 777 die erste der jährlichen fränkischen Reichsversammlungen auf sächsischem Boden und traf sich im Jahre 799 mit Papst Leo III. An den karolingischen Bereich grenzt die ottonisch-salische Kaiserpfalz aus dem 11. und 12. Jh. Der Saalbau samt einigen Nebengebäuden wurde auf den alten Grundmauern bei größtmöglicher Bewahrung ursprünglicher Bausubstanz neu aufgebaut.

Der Dom zu Paderborn

‣ Gaukirche

Gegenüber dem Dom erhebt sich am Markt die 1170/80 errichtete Pfarrkirche St. Ulrich, die meist als Gaukirche, Gokirche oder Gokerken bezeichnet wird. Mit ihrem auffälligen achteckigen Turm ist die Pfeilerbasilika ein romanisches Gebäude, das jedoch wichtige Elemente der Barockzeit aufweist, wie das um 1740 vorgebaute Barockportal an der Marktseite. Vielen gilt sie als eine der besten Barockfassaden Westfalens.

Die neu aufgebaute Kaiserpfalz

‣ Rathaus

Das Paderborner Rathaus am Markt mit seinen drei Giebeln ist ein Paradebeispiel für die Baukunst der Weserrenaissance. Es wurde 1613–15 unter Verwendung mittelalterlicher Bauteile errichtet. Besonders typisch ist das Obergeschoss mit seiner breiten Fensterfront, hinter der sich der Festsaal verbirgt. Architektonisch wird das Gebäude durch die beiden seitlichen Vorbauten betont, die im Erdgeschoss als Lauben geöffnet sind.

‣ Kümpe

In Paderborn werden die historischen Wasserbecken als Kümpe bezeichnet. Mithilfe eines Pumpsystems wurde schon im 15. Jh. das Wasser der Pader durch hölzerne Rohrleitungen in diese Becken geleitet, aus denen sich die Bürger bedienen konnten. Alte Kümpe findet man heute noch vor dem Rathaus, vor der Franziskanerkirche in der Westernstraße und am Kamp (mit Liboriusdenkmal).

Bartholomäuskapelle

Die Bartholomäuskapelle unmittelbar neben dem Dom wurde unter Bischof Meinwerk um 1017 durch im byzantinischen Stil kundige griechische Bauleute errichtet. Sie ist die älteste bekannte Hallenkirche auf deutschem Boden und beeindruckt durch ihre besondere Akustik. Wie durch ein Wunder hat die Kapelle alle Irrungen und Wirrungen im Laufe ihrer 1000-jährigen Geschichte nahezu unbeschadet überstanden.

Der Rathausplatz von Paderborn

Abdinghofkirche

Oberhalb der Paderquellen erhebt sich die doppeltürmige Abdinghofkirche, die ebenfalls von Bischof Meinwerk erbaut wurde und zum ehemaligen Benediktinerkloster Abdinghof gehörte. Das 1016 gegründete Kloster war im Mittelalter eines der mächtigsten und reichsten Klöster in Westfalen und wurde 1803 aufgelöst. Besonders sehenswert ist die 1023 geweihte Krypta, die sich unterhalb des Chores erstreckt. Sie ist als dreischiffige Halle mit Tonnengewölben gebaut, die so stark sind, dass sie 1945 den Bomben standhielten.

Adam-und-Eva-Haus

Eines der schönsten Fachwerkhäuser der Stadt wurde um 1560 erbaut. Das dreigeschossige Fachwerkgiebelhaus (Hathumarstr.) zeichnet sich durch seine reichen Schnitzereien aus. Das Schnitzfries erzählt von links nach rechts die Geschichte vom Sündenfall Adam und Evas mit der Vertreibung aus dem Paradies. Der namensgebende Fries wird gerne sowohl als das Paradebeispiel für die Architektur der Weserrenaissance als auch für die Geschichte der Reformation bezeichnet.

Busdorfkirche

Von der ursprünglichen, im Jahr 1036 geweihten Kirche – ein Achteckbau mit vier Flügeln nach dem Vorbild der Grabeskirche zu Jerusalem –, stammen die beiden Rundtürme und der Westflügel. Der untere Teil des großen Turms stammt aus dem 12. Jh., doch seine heutige Form erhielt er 1629 und 1665. Zu den besonderen Sehenswürdigkeiten zählen ein siebenarmiger Leuchter, ein von etwa 1228 stammendes hölzernes Kruzifix, ein spätgotisches Sakramentshäuschen und ein Taufstein sowie Epitaphien aus dem 15. bis 18. Jh.

Schloß Neuhaus

Im 13. Jh. gerieten die Bischöfe von Paderborn mit der aufstrebenden Stadt in solche

Streitigkeiten, dass sie vor den Toren der Stadt eine neue Residenz errichteten: „novum castrum“, Schloß Neuhaus. Die heute recht einheitliche Anlage ist das Ergebnis mehrerer Bauperioden und gehört zu den bedeutendsten Weserrenaissance-Wasserschlössern Westfalens. In den historischen Räumen der geschlossenen Vierflügelanlage wurde ein Residenzmuseum eingerichtet, das die Baugeschichte und das Selbstverständnis der fürstbischöflichen Herrschaft dokumentiert.

Das Schloss von Schloß Neuhaus

Kontakt: Residenzstr. 2, 33104 Paderborn-Schloß Neuhaus, ✆ 05251/8811065, 🌐 www.paderborn.de/residenzmuseum

Museen

▸ Heinz Nixdorf MuseumsForum (HNF)

Das „HNF“ ist das größte Computermuseum der Welt. Erlebniswelten zu Themen wie Robotik, Künstliche Intelligenz und Mobile Kommunikation faszinieren die Besucher ebenso wie die neuesten Innovationen im Showroom.

Kontakt: Fürstenallee 7, 33102 Paderborn, ✆ 05251/306600, 🌐 www.hnf.de

▸ Museum in der Kaiserpfalz

Wo einst Kaiser Karl bedeutende Gäste empfing und sein Nachfolger Heinrich II. residierte, befindet sich heute das LWL-Museum in der Kaiserpfalz. Mit ca. 500 Fundstücken gibt die Ausstellung einen Einblick in die Geschichte Paderborns und Westfalens des 6. bis 12. Jhs. Ein zentrales Thema ist dabei die Pfalz Karls des Großen, die er im Jahre 777 oberhalb der Paderquellen als erste und einzige in Sachsen errichten ließ.

Kontakt: Am Ikenberg, 33098 Paderborn, ✆ 05251/105110, 🌐 www.kaiserpfalz-paderborn.de

▸ Erzbischöfliches Diözesanmuseum

In den 1970er-Jahren wurde das Museum über den Gewölben des mittelalterlichen Bischofspalasts errichtet und zeigt in seiner Dauerausstellung etwa 1000 Exponate sakraler Kunst des 11. bis 20. Jhs. Neben wertvollen Skulpturen, Gemälden, Goldschmiedearbeiten und Paramenten sind die romanische Imad-Madonna (11. Jh.), der Tragaltar des Rogerus von Helmarshausen (Anfang 12. Jh.) und der vergoldete Schrein des heiligen Liborius (1627) als Meisterwerke von internationalem Rang hervorzuheben.

Kontakt: Markt 17, 33098 Paderborn, ✆ 05251/1251400, 🌐 www.dioezesanmuseum-paderborn.de

Stadtmuseum Paderborn
Nahe dem Dom hat ein neues Stadtmuseum seine Pforten geöffnet. Neben der ausgestellten Vielfalt der kulturhistorischen Sammlungen lassen zahlreiche Modelle, Medien- und Hörstationen ein vergangenes Stadtbild wieder lebendig werden. Einzigartig für den Standort sind der Kreuzgang und das Refektorium des von Bischof Meinwerk gegründeten Abdinghofklosters aus dem Jahr 1015/16.
Kontakt: Am Abdinghof 11, 33098 Paderborn, 05251/881247, www.paderborn.de/stadtmuseum

Deutsches Traktoren- und Modellauto-Museum
Mit über 120 Original-Traktoren gibt das Museum einen Überblick über die technikgeschichtliche Entwicklung dieser Maschinen von den Anfängen in den 1920er-Jahren bis in die Nachkriegszeit. Darüber hinaus werden arbeitende Dampfmaschinenmodelle, eine originale Schmiede und eine Sammlung von ca. 10 000 Modellfahrzeugen gezeigt.
Kontakt: Karl-Schoppe-Weg 8, 33100 Paderborn, 05251/490711, www.deutsches-traktorenmuseum.de

Museum für Sakrale Kunst
Das Museum wurde 1999 im Hause des Künstlers und Sammlers Bernd Cassau eröffnet. Die private Sammlung umfasst auf Reisen und Auktionen erworbene Stücke ebenso wie eigene künstlerische Arbeiten. Exponate wie Monstranzen, Kelche und Kreuze sind beeindruckende Beispiele für die Schönheit und Vielfalt sakraler Kunstwerke.
Kontakt: Bernd Cassau, Grube 7, 33098 Paderborn, 05251/23558 o. 23712, www.cassau.de

Kunstmuseum und Naturkundemuseum im Marstall
Das Kunstmuseum im Marstall beherbergt seit 2016 die Städtischen Kunstsammlungen, deren Anfänge auf die 1970er-Jahre zurückgehen. Es werden bemerkenswerte Konvolute und Werkgruppen der Malerei und Grafik des 20. Jhs. sowie Exponate aus der Keramik- und Glassammlung Nachtmann gezeigt.
Das Naturkundemuseum im Marstall befasst sich vor allem mit der heimischen Natur, die mit einem großen Reliefmodell und ausgestellten Tierpräparaten vorgestellt wird. Ein begehbares Modell einer Fledermaushöhle, ein Beobachtungsbienenstock, das sichtbare Gangsystem eines Maulwurfs und eine Spurentafel laden zum Mitmachen ein. Es werden verschiedene Rallyebögen für eine Entdeckungstour angeboten.
Kontakt: Im Schlosspark 9, 33104 Paderborn-Schloß Neuhaus, 05251/88110-52 o. -44, www.paderborn.de/naturkundemuseum, www.paderborn.de/kunstmuseum

Städtische Galerie in der Reithalle
Die ehemalige Reithalle Schloß Neuhaus wurde 1825 für die im Schlossareal stationierte preußische Garnison errichtet. Seit 1994 befindet sich in dem restaurierten und mit moderner Museumstechnik ausgestatteten Bau die „Städtische Galerie", in der Wechselausstellungen aus dem Bereich der Malerei und Grafik des 16. bis frühen 20. Jhs. sowie spezielle Themen der traditionellen Kunstgeschichte gezeigt werden.
Kontakt: Im Schlosspark 12, 33104 Paderborn-Schloß Neuhaus, 05251/88110-76 o. -77, www.schlosspark-paderborn.de, www.paderborn.de/galeriereithalle

Freizeit & Natur

Wandern & Radfahren
Auf über 2000 km ausgeschilderten Radwegen kann man beeindruckende Landschaften und zahlreiche Sehenswürdigkeiten erleben. Dazu gehören die lokalen Radwege wie die *PB-Touren* (25–34 km), regionale Routen wie der *Senne-Parcours* (60 km) und *Alme-Radweg*

(68 km) und bekannte Fernradwege wie die *Römer-Lippe-Route*, die *LandesGartenSchau-Route* und die *BahnRadRoute Teuto-Senne*. Zu den vielen Hundert Kilometern Wanderwegen gehört die *PaderWanderung* (11,9 km), der *Paderborner Höhenweg* (21,4 km), der *Alte Pilgerweg* (20,7 km) oder der *Paderborner Karstrundweg* (12,6 km).
Kontakt: Tourist Information, Königsplatz 10, 33098 Paderborn, 05251/8812980

Skating

Inlineskating ist auch in Paderborn nach wie vor höchst populär. Daher führen eine ganze Reihe schöner Touren durch die Umgebung, die sich besonders für die Fortbewegung auf kleinen, schnellen Rollen eignen. Die zumeist jugendlichen Fun-Skater kommen in den Skate-Parks voll auf ihre Kosten.
Adressen: Im Goldgrund 6 a, 33100 Paderborn; Sennelagerstr. 62, 33106 Paderborn; www.teutonavigator.de

Kletterpark

Wer das sportliche Abenteuer sucht, dem bietet der PaderKletterPark eine Herausforderung. Es stehen mehrere Parcours in verschiedenen Schwierigkeitsstufen und Höhen – von 1 m bis 12 m über dem Erdboden – zur Auswahl. Besonderes Highlight ist eine etwa 70 m lange Seilrutsche über das Wasser. Besondere Klettererfahrungen sind nicht notwendig. Klettergurte und Helme können vor Ort geliehen werden.
Kontakt: Dubelohstraße 79, 33102 Paderborn, 05251/8719471, www.paderkletterpark.de

Bäder

Zwei Freibäder – Rolandsbad und Waldbad – sowie vier Hallenbäder – Alisobad, Kiliansbad, Residenzbad, Schwimmoper – bieten reichliche Gelegenheiten zur Freizeitgestaltung im und am Wasser.
Informationen: www.paderbaeder.de

Lippe, Lippesee und Nesthauser See

Die beiden benachbarten Seen im Stadtteil Sande bieten vielfältige Freizeitmöglichkeiten. Rund um den Lippesee gibt es Gelegenheit zum Segeln, Surfen, Tretboot- und Radfahren, Spazierengehen, Joggen, Minigolfspielen, Camping oder einfach zum Relaxen am Liegestrand.
Informationen: www.lippe-see-freizeitanlagen.de
Auf dem Lippesee kann man mit einem **Tretboot** fahren.
Kontakt: Tretbootverleih Café Seemöve, Sennelager Straße 58 a, 33106 Paderborn-Sande, 05254/8059508, www.see-moewe.de
Wer lieber ein Kanu oder Kajak bevorzugt, dem sei eine Kanutour auf der Lippe empfohlen. Mehrere **Kanu-Verleiher** bieten Touren ab dem Lippesee in Paderborn-Sande an.
Informationen: www.gamann-kanus.de, www.beo-concept.de, www.kanutouren-deppe.de.
Am benachbarten Nesthauser See laden gleich zwei **Wasserski-Seilbahnen** zu sportlichen Runden ein.
Kontakt: Wasserski Paderborn, Sander Str. 160, 33106 Paderborn, 05254/68660, www.wasserski-paderborn.de

Golf

Der Universitäts-Golfclub Paderborn e. V. spielt auf den Golfplätzen im Haxterpark. Der 9-Loch-Kurs lädt ein zu einer schnellen Runde. Der 18-Loch-Kurs Haxterhöhe nach schottischem Vorbild charakterisiert sich durch eine wellige Dünenlandschaft, 121 Bunker, kargen Bewuchs und eine atemberaubende Fernsicht über Paderborn hinweg. Auch Schulklassen, Jugend- und Freizeitgruppen können hier den Golfsport entdecken.
Kontakt: Haxterhöhe 2, 33100 Paderborn, 05251/604242, www.haxterpark.de

Petershagen

(Kreis Minden-Lübbecke)

Unter dem Namen „Huculvi" wurde der Ort bereits im Jahre 784 erwähnt, als Karl der Große aufgrund eines Hochwassers nicht über die Weser setzen konnte. Der Name Petershagen wurde von der Burg, die der Mindener Bischof hier 1306 erbaute, auf den Ort übertragen. Sie war nach dem heiligen Petrus, dem Schutzpatron seines Bistums, benannt worden. Die heutige Stadt liegt beiderseits der Weser, die landschaftlich und wirtschaftlich stets das prägende Element war. Das Zentrum bilden die einander an der Weser gegenüberliegenden Stadtteile Petershagen und Lahde.

Tourist-Info
Schloßfreiheit 2–4
32469 Petershagen
05707/822155
www.petershagen.de

Sehenswertes

▸ Schloss Petershagen

Die um 1306 als Wasserburg errichtete Anlage im alten Stadtkern von Petershagen wurde im 16. Jh. im Stil der Weserrenaissance zu einem Schloss umgebaut. Die ehemalige Residenz der Mindener Bischöfe und Sitz der brandenburgischen Regierung (1649–69) wird seit 1967 als Hotel- und Restaurantbetrieb genutzt. Über das Jahr finden in Schloss und Garten kulturelle und kulinarische Veranstaltungen statt. Schlossführungen auf Anfrage.

Kontakt: Schloßfreiheit, 32469 Petershagen, 05707/93130, www.schloss-petershagen.com

▸ Schlüsselburg und Scheunenviertel

Die Schlüsselburg wurde vom Mindener Bischof im Jahre 1335 auf einer Weserinsel errichtet. Der Ort wurde im späten 14. Jh. planmäßig angelegt und erhielt 1400 ein begrenztes Stadtrecht. Der einstige Grundriss, die Straßenführung und die enge Bebauung lassen sich noch heute nachvollziehen. Aufgrund der Enge und wiederkehrender Weserhochwasser erbauten die Bauern ihre Scheunen zu Beginn des 17. Jhs. auf der Humke außerhalb des Stadtgebietes. Es entwickelte sich ein regelrechtes Scheunenviertel, das teilweise bis heute genutzt wird. In dem denkmalgeschützten und sehr sehenswerten Ensemble sind noch 26 Scheunen in ihrer ursprünglichen Konstruktion als Zweiständerfachwerkbau erhalten.

▸ Altes Amtsgericht

Das „Alte Amtsgericht" von 1913 ist ein vollständig erhaltenes preußisches Amtsgericht. Heute fungiert das Gebäude als Kulturzentrum und Tourist-Information. Bemerkenswert ist, dass man dort, wo früher Strolche ihre Strafe absaßen, heute übernachten kann. Weserwanderer und Radler machen es sich heute freiwillig in den Gefängniszellen gemütlich, inklusive gestreifter Häftlingskleidung und Etagenbett.

Kontakt: Mindener Straße 16, 32469 Petershagen, „Zur Freien Zelle" – Café, Restaurant, Knasthotel, 05707/800120, rast-im-knast.com

▸ Mühlen

Petershagen liegt an der „Westfälischen Mühlenstraße", die über 40 Wind-, Wasser- und Rossmühlen zu einem einzigartigen „Mühlenmuseum" verbindet. Nirgendwo in Deutschland gibt es noch eine solche Vielzahl funktionstüchtiger Mühlen unterschiedlichster Bauarten. Allein in Petershagen sind elf Mühlen restauriert worden, in denen von April bis Oktober an den Wochenenden die beliebten Mahl- und Backtage stattfinden.

Kontakt:
Windmühle Bierde: Holländer-Windmühle von 1802 mit einem achteckigen hölzernen Fachwerkturm; ☏ 05702/4621, 🌐 www.windmuehle-bierde.de
Plaggen Mühle Döhren: Oberschlächtige Wassermühle aus Mitte 18. Jh.; ☏ 05705/410
Windmühle Großenheerse: Holländer-Windmühle von ca. 1860 mit achteckigem Turm; ☏ 05702/2694
Heimser Windmühle: Holländer-Windmühle mit stark konischem Backsteinturm von 1873; ☏ 05768/1598, 🌐 www.windmuehle-heimsen.de
Lahder Klostermühle: Konische Turmwindmühle von 1876 auf älterem Wassermühlengebäude; ☏ 05702/1674
Windmühle Meßlingen: Holländer-Windmühle mit tailliertem achteckigem Turm aus Holzfachwerk von 1843; ☏ 05704/679
Bockwindmühle Neuenknick: Mühle mit hölzernem Kasten von 1747; ☏ 05705/7193
Büschings Mühle: Achteckige Holländer-Windmühle von 1810; ☏ 05707/8719, 🌐 www.muehle-buesching.de
Pottmühle Petershagen: Sehr große konische Turmwindmuhle von 1938; ☏ 05707/398
Seelenfelder Königsmühle: Holländer-Windmühle von 1731; ☏ 05705/7117, 🌐 www.koenigsmuehle-seelenfeld.de
Windmühle Wegholm: Holländer-Windmühle von 1861; ☏ 05704/652
Informationen: 🌐 www.muehlenverein-minden-luebbecke.de

▸ Schleuse Windheim
Die Windheimer Schleuse regelt mit der Staustufe in Petershagen die Schifffahrt auf der Mittelweser. Nach dem Bau des Schleusenkanals wurden die Ortschaften Jössen und Windheim sozusagen zu Inselorten. Damit man trotz alledem trockenen Fußes den Schleusenkanal überqueren kann, wurden drei Brücken erbaut, die imposanteste ist die Bogenbrücke, die direkt nach Windheim führt.

Die Mühle Großenheerse

Museen

▸ Industriemuseum Glashütte Gernheim
Von der 1812 gegründeten Glasfabrik, in der zeitweise 200 Menschen arbeiteten, sind viele Gebäude erhalten geblieben. In den Arbeiterhäusern, der ehemaligen Fabrikanten-Villa und der Korbflechterei mit der Fabrikschule werden heute die Lebens- und Arbeitsbedingungen der Glasmacher dokumentiert. Im kegelförmigen Glashüttenturm von 1826, einem der zwei letzten in Deutschland erhaltenen Gebäude dieser Art,

kann man täglich erleben, wie aus glühender Glasmasse Gefäße hergestellt werden. Auf die Jüngsten warten die beiden „Glasmacherkinder" Auguste und Wilhelm, deren Figuren die Entdeckungstour begleiten.
Kontakt: Gernheim 12, 32469 Petershagen, 05707/93110, www.glashuette-gernheim.de

Die Glashütte Gernheim

Alte Synagoge
Die um 1800 errichtete Fachwerk-Synagoge musste schon 1842 wegen akuter Einsturzgefahr schließen. Im Jahre 1845/46 wurde das Haus durch einen massiven Neubau ersetzt, in dem seit 2003 eine Gedenk- und Informationsstätte eingerichtet ist. Ein Verein hat es sich zur Aufgabe gemacht, die jüdische Geschichte der Region in einer Dauerausstellung und durch begleitende Wechselausstellungen sowie kulturelle Veranstaltungen den Besuchern näherzubringen.
Kontakt: Goebenstr. 5 u. 7, 32469 Petershagen, 05707/1378 o. 238, www.synagoge-petershagen.de

Heimat- und Heringsfängermuseum
Im Ortsteil Heimsen direkt an der Weser wird deutschlandweit einmalig die Lebenswelt der Heringsfänger präsentiert, die das Leben in der Region einst prägten. Das Leben zwischen Binnen und Buten wird im Haupthaus und in drei Fachwerkhäusern anhand von gegenständlichen Objekten und historischen Exponaten gezeigt. Im Juni werden die traditionellen Matjestage veranstaltet.
Kontakt: Am Mühlenbach 9, 32469 Petershagen, 05768/941855, www.heringsfaengermuseum.de

Ilser Webstube
Auf anschauliche Weise wird in der Webstube im Ortsteil Ilse das traditionelle Handwerk des Webens vorgeführt. Neben elf Webstühlen werden auch alte Muster sowie historische und neue Webstücke gezeigt.
Kontakt: Ilser Postweg 8, 32469 Petershagen, 0176/80649147, www.webstube-ilse.de

Westfälisches Storchenmuseum
In der reizvollen Atmosphäre des über 300 Jahre alten denkmalgeschützten Gebäudes Windheim No. 2 informiert das Museum in einer ständigen Ausstellung über die geglückte Rettung des letzten Brutgebietes des Weißstorchs in Nordrhein-Westfalen. Hier kann die kulturgeschichtliche Bedeutung von Meister Adebar und seine besondere Beziehung zum Menschen erforscht werden.
Kontakt: Haus Windheim No. 2, Im Grund 4, 32469 Petershagen, 05705/9586771, www.stoerche-minden-luebbecke.de

Museumswerkstatt Phoenix
Im Ortsteil Windheim an der Weser ist man in der Wirtschaftsdiele eines 1885 erbauten Geschäftshauses bis heute fleißig. Besucher können erleben, wie mit ausschließlich historischen Maschinen und Werkzeugen sowie alten Arbeitsmethoden Holz für alle Lebenslagen bearbeitet wird.

Kontakt: Weserstr. 25, 32469 Petershagen, ☏ 05705/602, 🌐 www.museumswerkstatt-phoenix.de

▸ Museum Neuenknick

Aus der Begeisterung einiger privater Sammler entstand ein kleines Museum, in dem technisches Kulturgut aller Art bewahrt wird. Nach Absprache kann man die Fahrzeuge, Requisiten und weiteren Schätze des Vereins begutachten. Zweimal im Jahr wird zum „Technischen Kulturgut-Treffen“ eingeladen.
Kontakt: Depenbrock 11, 32469 Petershagen, ☏ 05705/1443227

Freizeit & Natur

▸ Wandern & Radfahren

Flaches Land, unberührte Natur und historische Sehenswürdigkeiten kann man auf über 300 km gut ausgebauten und ausgeschilderten Radwanderwegen rings um Petershagen erleben. Neben dem überregionalen *Weser-Radweg*, der *LandArt-Route* und der *Mühlenroute* sind vor allem die regionalen Strecken *Kult(o)ur* (30 km), *Nat(o)ur* (29 km) und die *Storchenroute* (50 km) zu empfehlen, die sich auch zum Wandern eignen.

▸ ☺ Weserfähre PetraSolara

Unterhalb des Storchennestes in Windheim befindet sich die alte Fährstelle, von der die einzige mit Sonnenenergie angetriebene Fähre in Nordrhein-Westfalen ihren Dienst verrichtet und die beiden Weserdörfer Hävern und Windheim verbindet. Die Fähre liegt auf der Strecke der örtlichen Radrouten.
Fährbetrieb: Apr, Mai, Sep, Okt nur Sa, So, Feier-, Brücken- u. Markttage 10–18 Uhr, Juni tägl. 10–19 Uhr, Juli–Aug tägl. 10–18 Uhr; Sonderfahrten auf Anfrage
Informationen: ☏ 05705/7520 oder 0170/5530344, 🌐 www.petrasolara.de

▸ ☺ Findlingswald in Neuenknick

Anstatt wie lange Zeit üblich die gewichtigen Relikte der Eiszeit zu sprengen, werden die Findlinge in Petershagen seit 1976 gesammelt. Inzwischen befinden sich im „Findlingswald“ rund 2000 Stück, deren größter etwa 12,5 t wiegt. Die skurrile Anlage ist täglich geöffnet, Gruppen melden sich bitte an.
Kontakt: Bredenbeeke/Auf der Seelhorst, 32469 Petershagen, ☏ 0175/9357935, 🌐 www.kulturgemeinschaft-neuenknick.de

▸ ☺ Barfuß-Erlebnispfad

In der Umgebung des Ösperhafens kann man neben dem interessanten Wesertalmodell auch seine Fußsohlen mit unterschiedlichen Reizen stimulieren. Der Erlebnispfad für nackte Füße führt über verschiedene Beläge wie beispielsweise Holz, Kiesel, Sand oder Rindenmulch.
Adresse: Maschstr., 32469 Petershagen, Hafengelände

▸ Vogelschutzgebiet „Weseraue“

Das Vogelschutzgebiet „Weseraue“ liegt zwischen Lahde und Schlüsselburg. Die fast 3000 ha große Weseraue hat sich zu einem international bedeutsamen Feuchtgebiet entwickelt. Sie ist eines der herausragenden Brut-, Mauser-, Rast-, Durchzugs- und Überwinterungsgebiete vor allem für Wat- und Wasservögel in Nordrhein-Westfalen. Barrierefreie Beobachtungsmöglichkeiten und Wegeführungen bieten ein echtes Naturerlebnis.
Kontakt: Biologische Station Minden-Lübbecke, ☏ 05704/1677680, 🌐 www.biostation-ml.de

▸ ☺ Badesee Lahde

In den Sommermonaten bietet der Badesee Lahde mit 9 ha Wasserfläche naturnahe Entspannung und garantiertes (kostenloses) Badevergnügen. Mehrfach erreichte der

See sogar mit die besten Werte in puncto Wasserqualität in ganz Nordrhein-Westfalen. Hunde sind nicht gestattet.
Adresse: Friller Str. 12, 32469 Petershagen

Reiten
In Petershagen und seinen Ortsteilen finden auch Pferdefreunde Gelegenheit, sich zu betätigen.
Kontakt:
Reit- u. Fahrverein Bierde-Lahde-Neuenknick, Meierend 14, 32469 Petershagen, 05702/2286, www.reitverein-bln.de
Reitverein Petershagen-Eldagsen, Mühlenweg 16, 32469 Petershagen-Eldagsen, 05707/8209, www.rv-petershagen-eldagsen.de
Pferdeparadies Asche, Brokenkamp 22, 32469 Petershagen-Ilvese, 05768/1654, 0173 2769724, www.pferdeparadies-asche.de

Porta Westfalica

(Kreis Minden-Lübbecke)

Die „Westfälische Pforte", wie man das Durchbruchtal der Weser zwischen Weser- und Wiehengebirge bezeichnet, war wegen ihrer zentralen Lage stets von Bedeutung. Spuren eines Römerlagers und alte Wallburgen erinnern daran. Die erste bekannte Ansiedlung im heutigen Stadtgebiet wird mit der Erwähnung der „Schalksburg" auf das Jahr 1096 datiert. Die Burg entwickelte sich zu einem bedeutenden Verwaltungssitz und war Sitz des Amtes Hausberge. Auch die umgebende Siedlung, der heutige Stadtkern, wurde nach der Burg „Hausberge" genannt. In den 1970er-Jahren wurde die Gebietsbezeichnung Porta Westfalica auf die aus 15 Gemeinden zusammengeschlossene Stadt übertragen.

Touristikzentrum Westliches Weserbergland
I–Punkt Porta Westfalica
Schalksburgstr. 3–5
32457 Porta Westfalica
05751/403980
www.westliches-weserbergland.de
www.portawestfalica.de

Sehenswertes

Kaiser-Wilhelm-Denkmal
Das dreigeteilte, tempelartige Bauwerk auf dem Wittekindsberg wurde 1892–96 zu Ehren Kaiser Wilhelms I. errichtet. Das 88 m hohe Denkmal besteht aus einer Ringterrasse, dem Baldachin und dem 7 m hohen Standbild des Kaisers. Die Figur aus vernieteten Kupferplatten zeigt den Kaiser barhäuptig, die linke Hand auf den Pallasch gestützt, die rechte Hand segnend erhoben. Von den Denkmal-Terrassen hat man eine unvergleichliche Aussicht auf das gegenüberliegende Wesergebirge. Das landschaftsprägende Denkmal entstand nach den Plänen des Architekten Bruno Schmitz, während das Standbild von Bildhauer Caspar von Zumbusch entworfen wurde. Seit 2008 zählt das eindrucksvolle Bauwerk zur „Straße der Monumente", zu der u. a. auch das Hermanns-, das Kyffhäuser- und das Völkerschlachtdenkmal gehören. Ein Besucherinformationszentrum am Denkmal fasst die Natur- und Kulturgeschichte der Porta multimedial und interaktiv zusammen.

Wittekindsburg und -kapelle
Unweit vom Kaiserdenkmal gelangt man über den Wittekindsweg zunächst zum Moltketurm, einem 14 m hohen Aussichtsturm von 1829. Der Weg führt weiter zur Wittekindsburg, der bekanntesten der sächsischen Volksburgen an der Weserpforte. Innerhalb der Wallanlagen findet man die sagenumwobene Wittekindsquelle und

die „Margarethen-Klus“, die im Volksmund „Wittekinds-Kapelle“ genannt wird. Möglicherweise gehörte sie zu einem im Jahr 992 gegründeten Benediktinerinnenkloster, das bereits um 1000 nach Minden verlegt wurde. Auch der Schutzpavillon mit den Grundmauern der 1000 Jahre alten Kreuzkirche befindet sich in Gehweite. Eine weitere vielbesuchte Attraktion ist die Startrampe für Drachenflieger. Alle auf dem Berg befindlichen Sehenswürdigkeiten sind über den Kammweg miteinander verbunden.

Das Kaiser-Wilhelm-Denkmal

▸ Wassermühlen Kleinenbremen

Die denkmalgeschützte Hartingsche Mühle von 1809 im Ortsteil Kleinenbremen ist eine von ehemals sechs Wassermühlen, die hier betrieben wurden. Es ist ein oberschlächtiges Wasserrad, zwei funktionsfähige Mahlgänge sowie diverse Müllereimaschinen sind vorhanden. Im Mühlengebäude von 1900 wurde ein kleines Dorfmuseum mit Schneiderei, Schusterwerkstatt, Bauernküche und landwirtschaftlichen Gerätschaften eingerichtet.

Kontakt:
Hartingsche Mühle, Am Rehm 27, ✆ 05722/9050287, 🌐 www.muehlenkreis.de
Mönkhoffsche Mühle, Am Rehm 2 a, ✆ 05722/9050287, 🌐 www.heimatverein-kleinenbremen.de

▸ Röckemanns Mühle Eisbergen

Der Erdholländer mit leicht konischem Turm und Jalousieflügeln wurde um 1855 errichtet und 1989–92 an den jetzigen Standort am Rande von Eisbergen umgesetzt. 2007 wurde er durch den Sturm Kyrill zerstört. Seit 2009 ist Röckemanns Mühle mit einem Elektro- und zwei Windmahlgängen wieder mahlfähig. Sie kann an den Mahl- und Backtagen von März bis Oktober sowie nach Vereinbarung besichtigt werden.
Kontakt: Rohenfeld, 32457 Porta Westfalica-Eisbergen, ✆ 05751/8541, 🌐 www.muehlenkreis.de

▸ Windmühle Holzhausen a. d. Porta

Das Baujahr des Wall-Holländers im Ortsteil Holzhausen, auch Maschmeyers Mühle genannt, ist unbekannt. Allerdings wurde an diesem Platz schon 1740 eine königliche Mühle beurkundet. Vor dem Ersten Weltkrieg trieb sie auch ein Sägewerk an. Sie kann an den Mahl- und Backtagen von März bis Oktober sowie nach Vereinbarung besichtigt werden.
Kontakt: Hackfeldstr. 57, 32457 Porta Westfalica-Holzhausen, ✆ 0571/70871, 🌐 www.muehlenkreis.de

▸ Laurentiuskapelle

Dem heiligen St. Laurentius war bereits die alte Kapelle von 1184 im Ortsteil Nammen gewidmet. Die heutige Kapelle, die mit ihrem Erbauungsjahr 1523 die älteste Fachwerkkapelle im gesamten nordwestdeutschen Raum ist, behielt den Namen. Heute wird sie vorrangig als Hochzeitskapelle und für besondere Gottesdienste genutzt. Besichtigung möglich, Schlüssel über das

Blick von der Porta Westfalica

Touristikzentrum Westliches Weserbergland erhältlich (☏ 05751/403980).
Adresse: Laurentiusstr. 4–8, 32457 Porta Westfalica-Nammen

Museum

▸ Besucher-Bergwerk & Museum Kleinenbremen
Im Jahr 1957 wurde der Betrieb auf der Eisenerzgrube Wohlverwahrt ganz eingestellt, da die Erzförderung nicht mehr wirtschaftlich war. Seit 1988 können Besucher unter sachkundiger Führung die Arbeitswelt der Bergleute nachempfinden. Tief im Innern des Wesergebirges künden riesige Hohlräume und gewaltige Maschinen von der harten Arbeit unter Tage. Im Betriebsgebäude wurde ein Museum für Bergbau und Erdgeschichte eingerichtet, das über die Geschichte der Montanindustrie in der Region informiert. Interaktive Modelle, erhaltene Räumlichkeiten und eine umfangreiche Sammlung von Gegenständen vermitteln einen Einblick in die Arbeitswelt des Bergmanns. Zudem finden regelmäßig Mineralien- und Fossilienbörsen sowie Aktionstage statt.

Kontakt: Rintelner Str. 396, 32457 Porta Westfalica-Kleinenbremen, ☏ 05722/90223, 🌐 www.bb-mk.de

Freizeit & Natur

▸ Fernsehturm und Bismarck-Zimmer
Seit 1978 prägt der Fernsehturm (Einheitstypturm „FMT 2/73") auf dem 232 m hohen Jakobsberg die Silhouette der Westfälischen Pforte. Eine Besucherplattform in 23 m Höhe erlaubt ungehinderte Fernblicke bis zu 50 km. Am Fuße des Turmes befinden sich ein Bismarck-Zimmer mit diversen Ausstellungsstücken sowie ein kleiner Kiosk.
Informationen: 🌐 www.fernsehturm-porta.de

▸ ☺ Porta-Bad
Im Porta-Bad kommt jeder auf seine Kosten: Schwimmer- und Erlebnisbecken, zwei lange Rutschen, ein riesiges Außengelände zum Toben, Sonnenbaden, Volleyballspielen und das Kinderbadeland sind nur einige Highlights. In der Saunalandschaft sorgen verschiedene Saunen ganzjährig für Abwechslung.
Kontakt: Sprengelweg 10, 32457 Porta Westfalica, ☏ 0571/71409, 🌐 www.porta-bad.de

▸ ☺ Freizeitanlage „Großer Weserbogen"
Die moderne Ferien-, Camping- und Freizeitanlage ist ein ideales Familienparadies. In der durch Auskiesung entstandenen Seenlandschaft gibt es umfangreiche Sport- und Bademöglichkeiten wie Surfen und Segeln, Tretbootfahren, Paddeln und Angeln. Am mittleren See befindet sich eine Surf- und Segelschule. Neben dem großen Sandba-

destrand des Campingplatzes mit flachem Zugang gibt es eine große Liegewiese, einen Tretboot- und einen Kettcarverleih, eine Trampolinanlage und Gastronomie.
Kontakt: Zum Südlichen See 1, 32457 Porta Westfalica, 05731/6188, www.grosserweserbogen.de

Wesertreff
Das Weserufer im Bereich des Schiffsanlegers Barkhausen ist ein zentraler und beliebter Treffpunkt für zahlreiche touristische Aktivitäten. Es ist ein idealer Ausgangspunkt für Ausflugsfahrten mit der „Mindener Fahrgastschiffahrt", Radtouren und Wanderungen sowie Schlauchbootfahrten und Kanutouren. Ein Kinderspielplatz und eine besondere Gastronomie laden zum Verweilen ein.
Kontakt: S & K Bootsverleih, Weinsberg 4, 32457 Porta Westfalica, 05751/87543 o. 0172/5603355, www.sk-bootsverleih.de

Wandern & Radfahren
Rundwanderwege, Fernwanderwege, Pilgerwege und der zertifizierte *Weserbergland-Weg* durch die Region Porta Westfalica laden zum Erkunden ein.
Der *Weser-Radweg*, die *Mühlenroute* und die *LandArt-Route* zählen zu den Highlights der Radregion.

Weserfähre Veltheim
Ein besonderes Erlebnis bietet die Weserüberquerung mit der historischen Hochseilfähre Varenholz-Veltheim. Die etwa 10 m lange Gierseilfähre, bei der zur Fortbewegung nur die Strömung des Flusses genutzt wird, wurde nachweislich schon im Jahre 1661 erwähnt. Die heutige Technologie erhielt die Fähre 1924. Ursprünglich als Wagenfähre im Einsatz, wird sie seit 1959 als reine Personenfähre genutzt und gilt bei Wanderern und Radfahrern als Attraktion.
Fährzeiten: Apr–Okt, Wochenenden u. Feiertage 10–18 Uhr, sonst nur mit Anmeldung bei der Gemeinde Kalletal, 05264/644113

Goethe-Freilichtbühne
Bereits seit 1928 werden auf der Naturbühne zu Füßen des Kaiser-Wilhelm-Denkmals im Ortsteil Barkhausen klassische und zeitgenössische Theaterstücke sowie Kinder- und Jugendaufführungen in Szene gesetzt. Die imposante Felswand und die große Fläche inspirieren immer wieder zu faszinierenden Kulissenbauten.
Kontakt: Unter den Tannen, 32457 Porta Westfalica-Barkhausen, 0571/71368, www.portabuehne.de

Preußisch Oldendorf

(Kreis Minden-Lübbecke)

Ganz im Nordosten, an der Grenze zu Niedersachsen liegt die Stadt Preußisch Oldendorf. Die fruchtbare Gegend ist ein altes Siedelland und die verkehrsgünstige Lage an einer frühmittelalterlichen Heer- und Handelsstraße beförderte die Anfänge der Stadt ab dem 10. Jh. Im Jahre 1719 zur Stadt erhoben, wurde dem Ortsnamen ab 1806 der Zusatz „Preußisch" hinzugefügt. Die Bergstadt ist Heilbad und zweifach staatlich anerkannter Luftkurort und wartet neben der reizvollen Landschaft mit diversen Rittergütern und historischen Bauwerken auf.

Touristik Preußisch Oldendorf
Hudenbeck 2
32361 Preußisch Oldendorf
05742/9311200
www.tourismuspreussischoldendorf.de

Sehenswertes

Idylle am Haus des Gastes

Schloss Hüffe

Das 1775–84 in Lashorst errichtete Schloss ist das einzige Bauwerk der Region im Stil des spätbarocken Klassizismus und gilt als ein Juwel der Schlossbaukunst. Es beeindruckt mit einem siebenachsigen Mittelbau und zwei fünfachsigen Flügelbauten sowie Wasseranlage und einem „Spiegelsaal" in der „Belle Etage". Das Schloss befindet sich in Privatbesitz und kann nur von außen besichtigt werden.

Kurpark und Gutswassermühle

Am Kurpark in Bad Holzhausen liegt die restaurierte Wassermühle von Gut Hudenbeck, die erstmals 1529 genannt wurde. Das Rittergut Hudenbeck in unmittelbarer Nähe zur Wassermühle beherbergt heute das Haus des Gastes, das, umgeben vom Park mit altem Baumbestand und Teichen, zahlreiche Freizeitmöglichkeiten bietet, wie das Wassertretbecken, den Garten der Generationen (Bewegungsanlage), den Barfuß- und Sinneslehrpfad sowie einen großen Spielplatz.
Kontakt: Hudenbeck 1, 32361 Preußisch Oldendorf, 05742/9311200

Burgruine Limberg

Die restaurierte Ruine der Burg Limberg am Limberg ist das Wahrzeichen von Preußisch Oldendorf und seinem Stadtteil Börninghausen. Von der gesamten Anlage aus dem 13. Jh. sind der Turm, der imposante Bergfried, einige Umfassungsmauern und Reste des Torhauses erhalten geblieben. Der Turm kann auch von innen besichtigt werden, der Schlüssel ist in der Touristik Preußisch Oldendorf erhältlich.
Kontakt: 05742/9311200

Schloss Hollwinkel

Im Stadtteil Hedem befindet sich das Schloss Hollwinkel, ein altes Wasserschloss aus dem 13. Jh. Die ursprünglich als bischöfliche Grenzburg errichtete Anlage wurde mehrfach umgebaut und präsentiert sich als beeindruckendes Herrenhaus mit vier Flügeln, teils Fachwerkgeschossen und einem mächtigen runden Wehrturm aus dem 14. Jh. Die gesamte Anlage ist von einer weitläufigen Gräfte umgeben. Das Schloss befindet sich in Privatbesitz.

Adelsgüter Engershausen

Östlich von Engershausen liegt das Rittergut Groß-Engershausen, das um 1500 gegründet wurde. Erhalten ist das von einer Gräfte umgebene Herrenhaus (um 1770) mit Fachwerkwirtschaftshof und einem Mausoleum im Park. Am Nordrand des Dorfes entwickelte sich im 14. Jh. das Gut Klein-Engershausen. Das eingeschossige Herrenhaus (1753) wird von einer Gräfte, einem Wirtschaftshof und einer kleinen Parklandschaft umrahmt. Beide Güter befinden sich in Privatbesitz und können nicht besichtigt werden.

▸ Schloss Crollage
Das Schloss Crollage im Stadtteil Bad Holzhausen ist ein ehemaliges Rittergut aus dem 14. Jh. mit einem Dreiflügelbau im Stile der Weserrenaissance. Es liegt außerhalb des Dorfkerns im Tal der Großen Aue unterhalb des Limbergs. Das Schloss befindet sich in Privatbesitz und kann nur von außen besichtigt werden.

▸ Historisches Fachwerkensemble Offelten
Offelten zählt zu den schönsten Fachwerkdörfern in Westfalen-Lippe. In großer Dichte sind hier historische bäuerliche Fachwerkgebäude erhalten, wie man sie woanders kaum noch findet. Dabei handelt es sich nicht um ein Museumsdorf, sondern um ein in Jahrhunderten gewachsenes, nur wenig verändertes Bauerndorf, dessen Landwirtschaft bis heute lebendig geblieben ist.

Die Wassermühle von Gut Hudenbeck

▸ Kirche St. Ulricus
Zwischen 1220 und 1237 errichtete der Mindener Bischof die heutige Pfarrkirche St. Ulricus in Börninghausen zunächst als adelige Eigenkirche. Das kleine Gotteshaus gilt als älteste Wehrkirche des Ravensberger Landes und beeindruckt mit erhaltenen gotischen Wandmalereien, lebensgroßen Heiligenfiguren und zahlreichen ritterlichen Wappen.

▸ Jüdischer Friedhof
Der Jüdische Friedhof von Preußisch Oldendorf (Bergstr. Richtung Börninghausen) ist das einzige und letzte Kulturerbe der früheren Synagogengemeinde, deren Wurzeln bis in das 17. Jh. zurückreichen. Auf dem 700 qm großen Gräberfeld befinden sich noch 58 Grabsteine, deren Gestaltung und Symbolik vieles über die einstige jüdische Gemeinde verraten.

Museen

▸ Mühlenmuseum
Am Kurpark in Bad Holzhausen liegt die Wassermühle des Gutes Hudenbeck, die erstmals 1529 genannt wurde. Dank sorgsamer Restaurierung war die Gutswassermühle 1983 die erste wieder betriebsbereite Wassermühle an der Mühlenstraße des Kreises Minden-Lübbecke. Es entstand ein kleines Mühlenmuseum, das anschaulich die Entwicklung des Müllerhandwerkes zeigt.
Kontakt: Hudenbeck 1, 32361 Preußisch Oldendorf, ✆ 05742/9311200

▸ ☺ Feuerwehrmuseum
Das Feuerwehrmuseum in Schröttinghausen wurde 1973 in der ehemaligen Schule aus dem Jahr 1862 untergebracht und ist das erste Museum dieser Art in Ostwestfalen. Es zeigt die historische Entwicklung des Feuerlöschwesens im ländlichen Raum und dokumentiert mit Ausstellungsstücken aus vier Jahrhunderten die Arbeit der heimischen Feuerwehr.
Adresse: Dahlinghauser Str. 5, 32361 Preußisch Oldendorf-Schröttinghausen

Freizeit & Natur

Wandern & Radfahren

Im Stadtgebiet von Preußisch Oldendorf gibt es zahlreiche Wander- und Radwege mit unterschiedlichen Längen und Schwierigkeitsgeraden. Mit Markierungen entlang der Strecke, Kartenmaterial aus der Touristinformation und digital abrufbaren Routeninformationen ist die Navigation für Wanderer und Radfahrer ganz einfach. Es besteht Anschluss an die überregionale *Mühlenroute* und *LandArt-Route*.

Aussichtsturm

Der über 29,5 m hohe Wiehenturm auf dem Kamm des Wiehengebirges an der Bergstraße zwischen Börninghausen und Preußisch Oldendorf ist ein beliebtes Wanderziel und bietet eine beeindruckende Aussicht über das schöne Eggetal. 125 Stufen führen hinauf zur neuen Aussichtsplattform.

Minigolf

Eine turniergerechte Anlage mit 18 Bahnen bietet die Minigolfanlage am Haus der Begegnung in Börninghausen. Eine weitere Gelegenheit zum gekonnten „Einputten" findet sich auf der Anlage Preußisch Oldendorf.

Kontakt:

Haus der Begegnung, Eggetaler Straße 69, 32361 Preußisch Oldendorf-Börninghausen, Susanne Wohlfahrt, 0175/8087906

Minigolfanlage Preußisch Oldendorf, Am Golfplatz, 32361 Preußisch Oldendorf, 05742/5010142 o. 0176/56777323, www.minigolf-preussischoldendorf.de

Reiten

Das sprichwörtliche Glück auf dem Rücken der Pferde kann man in Preußisch Oldendorf gleich mehrfach suchen.

Kontakt:

Reiterverein Bad Holzhausen-Heddinghausen, Wiehenstr. 10, 32361 Bad Holzhausen, 0176/68238481

Reithalle Scheepers, Echterbrocksweg 9–11, 32361 Bad Holzhausen, 0176/68238481

Reiterverein St. Georg, Engershauser Str. 1, 32361 Preußisch Oldendorf, 05742/2441 o. 5602

Planwagen- und Kutschfahrten

Ausflüge oder Tagestouren mit bis zu 20 Leuten im Planwagen oder in der Kutsche mit Pferdegespann werden auf dem Tannenhof Michaelis und dem Obsthof Wickemeyer offeriert.

Kontakt:

Tannenhof Michaelis, Im Glanetal 57, 32361 Preußisch Oldendorf, 05742/1061, www.t-michaelis.com

Obsthof Wickemeyer, Dummerter Straße 7, 32361 Preußisch Oldendorf-Bad Holzhausen, 05742/3163

Skateranlagen

Die Freunde flotter kleiner Rollen können ihre Fähigkeiten auf zwei Anlagen unter Beweis stellen.

Adressen: Ravensberger Str., 32361 Preußisch Oldendorf-Börninghausen; Dielinger Weg, 32361 Preußisch Oldendorf-Schröttinghausen

Wassersport

Im Freizeitbereich hat Getmold mit seinem idyllischen Yachthafen, betrieben vom WSV Preußisch Oldendorf, und hervorragenden Angel- und Wassersportmöglichkeiten viel zu bieten. Zudem hält in Getmold die „Weiße Flotte" der Mindener Fahrgastschifffahrt auf ihren Fahrten von Bad Essen nach Minden.

Informationen: www.wvs-pr-oldendorf.de, www.mifa.com

Kartfahren

Im „Motorpark am Wiehen" im Industriepark Tanklager kommen Freunde des Kartfahrens auf ihre Kosten.

Kontakt: Langenhegge 20, 32361 Preußisch Oldendorf, 05742/7045640, https://motorpark-am-wiehen.myshopify.com

Rahden

(Kreis Minden-Lübbecke)

In einer Urkunde Kaiser Konrads II. aus dem Jahr 1033 wird Rahden erstmals unter dem Namen „Rodun" erwähnt. Vermutlich leitet sich der Name von den Rodungen der umliegenden Wälder ab. An einer strategisch wichtigen Furt über die Aue wird zu Beginn des 14. Jhs. die Wasserburg Rahden zur Sicherung mehrerer Handelswege errichtet. Ausgangspunkt der Siedlung und des heutigen Hauptortes Rahden war die St.-Johannis-Kirche, die 1353 vom Mindener Bischof und dem Schaumburger Grafenhaus gestiftet wurde. Unter preußischer Herrschaft erblühte im 18. Jh. die Textilverarbeitung mit über 1000 Webstühlen.

Touristeninfo Stadt Rahden
Lange Str. 9
32369 Rahden
05771/7350
www.rahden.de

Sehenswertes

▸ Nordrhein-Westfalen-Nordpunkt
Der nördlichste Punkt von Nordrhein-Westfalen befindet sich in der Ortschaft Preußisch Ströhen der Stadt Rahden. Er liegt 52° 32' nördl. Breite und etwa 8° 39' östl. Länge. 2001 wurde der Nordpunkt offiziell eingeweiht und ist seither zu einem beliebten Ausflugsziel geworden, an dem verschiedene Radwege vorbeiführen. Neben Sitzgruppe, Informationstafel und einem Steintisch in der Form des Landes Nordrhein-Westfalen wurde das Kunstwerk „ZeichenSetzung" installiert und das „Nordpunkt-Haus" eröffnet, in dem man sich nach Anmeldung bewirten lassen kann.

Kunst am Nordpunkt

Adresse: Moororter Birkenweg, 32369 Rahden (Navi: Auf dem Pustel, 49419 Wagenfeld)

▸ Burgruine Rahden
Im Ortsteil Kleinendorf nahe der Großen Aue steht die Ruine einer ehemaligen Wasserburg, die im 14. Jh. zum Schutz der hiesigen Handelswege errichtet wurde. Im Winter 1878 brannte die Burg vollständig aus und hinterließ lediglich die ruinierten, aber sehenswerten Außenmauern.
Adresse: Museumshof 1, 32369 Rahden-Kleinendorf

▸ Bockwindmühle Wehe
Die nach bisherigen Erkenntnissen älteste Bockwindmühle an der Mühlenstraße, die noch an ihrem ursprünglichen Standort steht, wurde um 1650 erbaut. Anfang der 1980er-Jahre umfangreich saniert, ist sie seither ein beliebtes Ausflugsziel. Neben den Backtagen werden an der Mühle auch Tanz-

und Theateraufführungen, Ausstellungen und Gottesdienste veranstaltet. Führungen nach Absprache.
Kontakt: Zur Bockwindmühle 35, 32369 Rahden-Wehe, 05771/4084, 05777/1397, 05771/3560

▸ Windmühle Tonnenheide
Weil die auffällige Galerie-Holländer-Windmühle ein Standesamt beherbergt, wird sie auch als „Hochzeitsmühle“ bezeichnet. Der achteckige Ziegelturm mit Segelflügeln wurde 1878 errichtet. Es finden Bewirtungen und Führungen nach Absprache statt.
Kontakt: Mindener Str. 185, 32369 Rahden-Tonnenheide, 05771/4158, www.heimatverein-tonnenheide.de

Bockwindmühle Wehe

▸ Großer Stein
Beliebtes und sehenswertes Ziel für Radler und Wanderer ist der „große Stein von Tonnenheide“. Der Riesenfindling ist ein Zeuge der Eiszeit und mit einem Gewicht von ca. 350 t einer der größten bekannten Findlinge Norddeutschlands. Am 30. August 1981 wurde der Findling mithilfe eines riesigen, auf Ketten fahrenden Kranes und eines Autokranes gehoben und um etwa 70 m an seinen heutigen Ort versetzt.
Adresse: Hahnenkamp 12, 32369 Rahden-Tonnenheide/Hahnenkamp

Museum

▸ Museumshof Rahden
Der Besucher findet ein vollständig eingerichtetes Bauerngehöft mit allem, was im 19. Jh. dazugehörte. Alle Gebäude und die gesamte Inneneinrichtung bestehen aus Originalstücken und stammen von verschiedenen Gehöften der heutigen Stadt Rahden. Zum Museumshof gehört auch die alte Rossmühle von 1860, die zu den verschiedenen Aktionstagen in Betrieb ist. Thementage wie Osterbrauchtum oder mittelalterliches Treiben, der Wurstetag oder die Mahl- und Backtage locken regelmäßig Scharen von Besuchern in Rahdens Stadtteil Kleinendorf.
Kontakt: Museumshof 1, 32369 Rahden-Kleinendorf, 05771/2282, www.museumshof-rahden.de

Freizeit & Natur

▸ Minigolf
Nahe dem Naturschutzgebiet „Schnakenpohl“ gibt es die Gelegenheit zum Minigolfen. Die Bahnen des schönen Platzes gehören zum Gasthaus, das auch das nötige Equipment verleiht.
Kontakt: Zum Goldenen Hecht, Schnakenpohl 3, 32369 Rahden-Varl, 05771/2140

▸ Draisinenfahrten
Einen besonderen Freizeitspaß kann man auf dem Schienenstrang zwischen Rahden und Hannoversch Ströhen erleben. Hier verkehren auf einer Länge von ca. 14 km Fahrrad-Draisinen für zwei oder vier Fahrer und zwei bis acht Mitfahrer. Ohne besondere Anstrengung geht es durch eine herrliche Grünlandschaft mit vielfältigen Zwischenstopp-Angeboten.
Zeiten: Apr–Okt 9.30–11 Uhr, außerhalb der Saison nach Absprache

Museumshof Rahden

Kontakt: Weher Str. 51, 0160/99779770, www.auenland-draisinen.de

Museumsbahn

Die Museumseisenbahn Rahden-Uchte e.V. befährt mit ihren historischen Fahrzeugen die 25 km lange Strecke zwischen Rahden und Uchte. Die Fahrt mit den mehr als 50 Jahre alten Schienenbussen geht durch eine schöne Parklandschaft mit alten Bauernhöfen. Die verschiedenen Haltepunkte ermöglichen die Erkundung der Umgebung zu Fuß oder mit dem Fahrrad. Rastplätze laden ebenso zu einer Pause ein wie Cafés, Restaurants und Biergärten.
Informationen: 05771/8510958 o. 0152/27387992, www.museumsbahn-rahden.de

Planwagenfahrten

Es gibt wohl kaum eine gemütlichere Art, die Landschaft kennenzulernen, als mit einem Planwagen durch die Gegend zu bummeln, der noch dazu mit Getränken und Speisen ausgestattet ist. Die verschiedenen Touren können individuell erweitert werden, z. B. zu den verschiedenen Mühlen, ins Oppenweher Moor oder zum Museumshof.
Kontakt: Wiehe's Planwagen, An den Riehen 10, 32369 Rahden-Varl, 05771/800, www.wiehe.varl.de

Rheda-Wiedenbrück

(Kreis Gütersloh)

Die Doppelstadt liegt in den Niederungen der Ems. Die Geschichte des Ortes reicht bis in das späte 8. Jh. zurück, als hier eine Urpfarreikirche das Zentrum eines Missionsgebietes bildete. Die Siedlung gehörte seinerzeit zu Osnabrück, dessen Bischof im Jahre 952 von Kaiser Otto I. das Markt-, Münz- und Zollrecht für Wiedenbrück erhielt. Gegen Ende des 12. Jhs. entstand die Burg Rheda, in deren Schatten bald eine Burgmannssiedlung heranwuchs, während Wiedenbrück unter den Osnabrücker Fürstbischöfen erweitert wurde.

Tourist-Info/Flora Westfalica
Rathausplatz 8–10
33378 Rheda-Wiedenbrück
05242/93010
www.rheda-wiedenbrueck.de

Sehenswertes:

Historische Altstadt Rheda

In der Rhedaer Altstadt begegnet man auf Schritt und Tritt der bewegten Vergangenheit. Die schmucken Fachwerkhäuser am Doktorplatz und Großen Wall demonstrieren eindrucksvoll die Geschichte der ehemaligen Residenzstadt, die von unterschiedlichen Baustilen geprägt ist. Auf dem Pflaster vor den historischen Gebäuden sind Symbole der alten Zünfte abgebildet, die einiges über die mittelalterliche Handwerkskunst verraten.

Wasserschloss Rheda

Erstmals 1179 erwähnt, ist das imposante Wasserschloss untrennbar mit der Geschichte Rhedas verknüpft. Die Anlage, die noch heute

von der Fürstenfamilie Bentheim-Tecklenburg bewohnt wird, weist gleich mehrere Baustile auf: Kapellenturm aus dem 13. Jh., einen Renaissancetrakt mit Galerie, einen Barockflügel und den Weißen Saal im Rokokostil. Im Sommer finden sonntags, 14 Uhr, Führungen statt.
Kontakt: Steinweg 16, 33378 Rheda, 05242/94710, www.fuerstliche-schloesser.de

Kirche St. Clemens
Die Clemenskirche in Rheda hat sich vor allem durch ihre Fischer-&-Krämer-Orgel einen Namen gemacht. Die Orgelkonzerte mit weltbekannten Musikern sind echte Besuchermagneten. Neben den jährlich im Herbst stattfindenden „Rhedaer Orgeltagen" ist von Juni bis August jeweils freitags um 18.30 Uhr die „Orgelmusik zum Feierabend" zu hören.
Adresse: Pixeler Str. 8, 33378 Rheda

Domhof Rheda
Der stattliche Vierständer-Fachwerkbau mit Diele wurde 1616 errichtet und war Sitz des gräflichen Stadt- und Landrichters. Besonders sehenswert sind die schönen Renaissancefenster und die einzige bekannte bemalte Holzbalkendecke im Stil der Lipperenaissance von 1663. Das Haus entging nur knapp dem Abriss und dient heute als Bürgerbegegnungsstätte.
Kontakt: Am Domhof 1, 33378 Rheda, 05242/48676

Historische Altstadt Wiedenbrück
In der Altstadt von Wiedenbrück beeindrucken die historischen Fachwerkhäuser aus dem 16. bis 18. Jh. Das älteste noch bestehende Fachwerkhaus wurde schon 1549 erbaut (Mönchstr. 10). Über 200 bestens erhaltene und sorgfältig restaurierte Gebäude prägen das Bild der mehr als 1000-jährigen Stadt. Prunkvoll verzierte Giebel und reiche Schnitzfassaden berichten besonders an der Langen Straße von der bewegten Vergangenheit. Mittel- und Treffpunkt des Geschehens ist der historische Marktplatz, der sich im Sommer in einen einzigen großen Biergarten verwandelt.

Kirche St. Aegidius
Mit ihren Ursprüngen im 9. Jh. bildet die Wiedenbrücker Pfarrkirche seit über 1000 Jahren ein religiöses Zentrum. Das Gotteshaus mit quadratischem Grundriss wurde immer wieder umgebaut und erweitert. An einem Kirchenfenster erinnert eine Kanonenkugel an Belagerung und Beschuss im Dreißigjährigen Krieg.
Adresse: Kirchplatz, 33378 Wiedenbrück

Die historische Altstadt von Rheda

Franziskanerkloster Wiedenbrück
Das ehemalige Kloster ist durch einen auffälligen Bogen über der Straße mit der Marienkirche – im Volksmund Paterskirche – verbunden. Die Franziskaner, die bereits 1644 in Wiedenbrück ein Kloster gründeten, blicken auf eine lange Geschichte zurück. Bis 2020 waren die Mönche eng mit der Stadt und ihrer Bevölkerung verbunden. Im gleichen Jahr übernahm die gemeinnützige Genossenschaft Kloster Wiedenbrück eG die Gebäude. Heute stehen Kloster und Klostergarten für Konzerte, Seminare, Lesungen, gemeinsames Gärtnern oder andere kulturelle Veranstaltungen zur Verfügung.

Kontakt: Mönchstr. 19, 33378 Rheda-Wiedenbrück, 05242/92890, www.kloster-wiedenbrueck.de

Pulverturm

Das älteste weltliche Bauwerk und letzter sichtbarer Rest der mittelalterlichen Stadtbefestigung ist der halbrunde Pulverturm am Emsufer. Der Backsteinturm aus dem 15./16. Jh. – der nie zur Aufbewahrung von Schießpulver gedient hat – kann vom Mühlenwall aus betreten und umrundet werden.

Alte Ziegelei

Das westfälische Industriedenkmal ist in einem hervorragenden Zustand und könnte noch heute in Betrieb genommen werden. Besonders faszinierend ist der gewaltige Ringofen, der begangen und besichtigt werden kann. Besichtigung und Führungen nach Vereinbarung.
Kontakt: Stromberger Str. 55, 33378 Wiedenbrück, 05242/36231

Museen

Museum Wiedenbrücker Schule

In einer ehemaligen Altarbauwerkstatt am Rande der Wiedenbrücker Altstadt widmet sich ein Museum der „Wiedenbrücker Schule". Das deutschlandweit einzige Museum zur Kunstgeschichte des Historismus gibt Einblicke in die Ursprünge der Kunst und des Kunsthandwerks im 18. und 19. Jh. Neben der Altarbaukunst und Malerei kann man zudem Wissenswertes über die Wiedenbrücker Stadtgeschichte erfahren.
Kontakt: Hoetger Gasse 1, 33378 Wiedenbrück, 05242/3785526, www.wiedenbruecker-schule.de

Kutschenmuseum

Die im Schloss Rheda zusammengestellte Sammlung von Gebrauchskutschen aus drei Jahrhunderten zählt zu den Besten ihrer Art.

Das Wasserschloss Rheda

Zu sehen sind beispielsweise ein Berliner Coupé, ein Landauer, eine Reise-Chaise, Schlitten, Kinderkutschen und eine historische Feuerspritze. Auch das Skelett eines Pferdes ist ausgestellt. Besichtigung nach Vereinbarung.
Kontakt: Steinweg 2, 33378 Rheda, 05242/94710

Leinewebermuseum

Das privat geführte Museum zeigt altes Handwerk in historischer Umgebung. In einem kleinen Fachwerkhaus in der Rhedaer Altstadt lassen Handwerksgeräte zur Flachsverarbeitung, funktionstüchtige Webstühle sowie eine Wäsche- und Trachtensammlung die Vergangenheit lebendig werden.
Kontakt: Kleinestraße 11, 33378 Rheda, 05242/47335

Radio- und Telefonmuseum

Die private Sammlung im Verstärkeramt umfasst unter anderem Radios, Röhren, Fernseher, Tonbandgeräte, Telefone, Funktechnik und Fernschreiber. Besonders reizvoll ist die Nachbildung von Wohnzimmerszenen aus den 1930er-, 1950er-, 1960er- und 1970er-Jahren.
Kontakt: Eusterbrockstr. 44, 33378 St. Vit, 05242/44330, www.verstaerkeramt.eu

Freizeit & Natur

Flora-Westfalica-Park

Das Gelände der Landesgartenschau von 1988 gehört zu den schönsten innerstädtischen Parks in Westfalen. Als grünes Band verbindet der 60 ha große Park auf einer Länge von fast drei Kilometern die Stadtteile Rheda und Wiedenbrück. Es ist ein Erlebnispark, der Naturliebhabern und Blumenfreunden ebenso etwas zu bieten hat wie Familien auf der Suche nach Spielspaß. An der Mittelhegge beispielsweise wagen sich mutige Klettermaxe den Seilzirkus hinauf oder schwingen sich auf der Schaukelparade bis in den Himmel. Ein Wasserspielbereich sorgt mit Fontänen, Spritzdüsen und Pumpen für zusätzlichen Spaß. Nur wenige Schritte entfernt liegt die Spielerei. Hier begeistern der Wasserspielgarten, die Bottiche auf dem Teich und die Streichelwiese. Auch die Minigolfbahnen sind heiß begehrt.
Kontakt: Mittelhegge 13, 33378 Rheda-Wiedenbrück, 05242/93010, www.flora-westfalica.de

Emssee

Der Wiedenbrücker Emssee wurde zur Landesgartenschau 1988 angelegt. Mitten im Flora-Westfalica-Park gelegen, ist er ein touristisches Highlight. Besonders im Sommer finden sich an den Wochenenden zahllose Besucher ein, um die „Emsflotte" der Modellbootbauer zu beobachten.
Adresse: Paul-Schmitz-Str., 33378 Wiedenbrück

Skatepark „Altes Klärwerk"

Die 850 qm große Anlage ist der Hit für Skateboarder, Inline- und BMX-Fahrer. Eine Spezialfirma hat die Bahn individuell gestaltet, und so ist der Skatepark tatsächlich einzigartig und verspricht einen Riesenspaß für Anfänger und Profis.
Adresse: Mittelhegge 35, 33378 Rheda-Wiedenbrück

Alpaka-Ausflüge

Es ist wohl eine der entspanntesten Möglichkeiten, auf Schusters Rappen die schöne Landschaft zu erkunden. Ob für Erwachsene oder für Kinder, vielleicht sogar mit Picknick, die 15 Alpakas zaubern jedem Gast ein Lächeln ins Gesicht. Und hinterher geht's in den Hofladen, da dicke Socken und flauschige Decken aus wertvoller Alpakawolle jeden Winter vertreiben können.
Kontakt: Meinpaka, Rentruper Str. 20, 33378 Rheda-Wiedenbrück, 0176/84148439, www.meinpaka.de

Der Wasserspielplatz im Flora-Westfalica-Park

Wandern & Radfahren

Durch die ebene Landschaft rings um Rheda-Wiedenbrück lässt es sich angenehm radeln. Neben sechs überregionalen Radwanderwegen wurden auch mehrere lokale Strecken ausgeschildert. Zu den beliebtesten Rundwegen gehört: *Durch Wiedenbrück und seine Bauernschaften* (R 8, 18 km), *Der Name der Rose* (42 km) oder die *Architek-Tour* (54 km).
Viele Wanderwege laden zu geruhsamen Entdeckungstouren ein. Außer den ausführlichen Stadtrundgängen und einem Spaziergang durch den Flora-Westfalica-Park bieten sich das Stadtholz in Wiedenbrück, der Rhedaer Forst und der Linteler See für einen Ausflug an.

Reiten und Planwagenfahrten
Ob Reitkurse für Kinder ab drei Jahren, Anfänger, Fortgeschrittene oder passionierte Westernreiter, in Rheda-Wiedenbrück findet jeder eine individuelle Reitmöglichkeit. Auch für entspannte Kutsch- oder Planwagenfahrten gibt es Möglichkeiten.
Kontakt:
Hartmanns Reiterhof, Rentruper Str. 11, 33378 Rheda-Wiedenbrück, Ortsteil St. Vit, 05242/35088 o. 0173/9303758, www.reiten-auf-hartmanns-hof.de
Ponyhof Reiling, Marburg 40, 33378 Rheda-Wiedenbrück, 0171/7447044
Westerntraining Blue-Eyes, Lippstädter Str. 126, 33378 Rheda-Wiedenbrück, 05242/586669 o. 0171/5065545, www.westerntraining-blue-eyes.de
Kutsch- und Planwagenfahrten Meyer, Im Schilffeld 28 b, 33378 Rheda-Wiedenbrück, 05242/57682

Rietberg

(Kreis Gütersloh)

Die Stadt am Oberlauf der Ems entwickelte sich aus der Grafschaft Rietberg, die bis 1807 ein eigenständiges Territorium war. Erstmals um 1100 unter der Bezeichnung „Rietbike“ erwähnt, stand hier eine Grenzburg der Grafen von Werl-Arnsberg gegen Paderborn, in deren Schatten sich Handwerker und Kaufleute ansiedelten. Später wurde die Siedlung befestigt und entwickelte sich zu einer lebendigen Stadt, die im 13. Jh. ihre eigene Ratsverfassung besaß. Das Stadtbild ist von gut erhaltenen Fachwerk-Dielenhäusern des 16. und 17. Jhs. geprägt, wodurch sich Rietberg seinen Charakter als kleine Residenzstadt bewahren konnte.

Touristikinformation
Rathausstr. 38
33397 Rietberg
05244/986100
www.rietberg.de

Sehenswertes

Historischer Stadtkern
Der historische Stadtkern, das Herz und Zentrum der Stadt, ist geprägt durch die Vergangenheit Rietbergs als Grafschaftsresidenz und Landeshauptstadt. Aufgrund der zahlreichen liebevoll restaurierten Fachwerkgebäude nennt sich Rietberg auch „Stadt der schönen Giebel“. Besonders beeindruckend ist die Fassade des zweigeschossigen Fachwerk-Rathauses von 1805 mit dem gedeckten Treppenaufgang (1915), das als eines der schönsten Rathäuser in Westfalen gilt.

Ehemaliges Franziskanerkloster
Mehr als drei Jahrhunderte prägten die Mönche das kulturelle und religiöse Leben der Grafschaft Rietberg. Klosterkirche St. Katharina (1629) und Klostergebäude (1726) wurden bis 1979 genutzt und beeindrucken mit prachtvoller Barockausstattung. Im Rahmen von Führungen finden auch Orgelkonzerte statt. Führungen auf Anfrage.
Adresse: Klosterstr. 15, 33397 Rietberg, www.jugendwerk-rietberg.de

Johannes-Nepomuk-Kapelle
Die leuchtend weiße Johanneskapelle am Eingang der Schlossallee wurde 1748 eingeweiht. Wenzel Anton Fürst von Kaunitz-Rietberg ließ die Kapelle im spätbarocken Stil zu Ehren des hl. Johannes von Nepomuk, Schutzheiliger der Grafschaft Rietberg, errichten. Über dem weiß-goldenen Altar schwebt die Figur des Nepomuk auf einer Wolke. Die traditionelle Wallfahrt findet alljährlich am Sonntag nach Pfingsten statt.

Die Müntestraße in der Altstadt

Museen

▸ Bibeldorf
Auf einem 35 000 qm großen Gelände entstand in den letzten Jahren ein deutschlandweit einzigartiges Projekt: ein pädagogischer Lernort mit Freilichtmuseum, in dem die Welt der Bibel – Altes Testament und Neues Testament – erlebbar gemacht wird. Sonntagsführung 15 Uhr.
Kontakt: Perlbruch 2, 33397 Rietberg, 05244/974974, www.bibeldorf.de

▸ Heimathaus Rietberg
Das großzügige Fachwerkhaus mit typischer Rietberger „Utlucht" stammt aus dem Jahre 1645. Seit seiner Eröffnung 1989 ist es Begegnungsstätte und dokumentiert die Wohn- und Lebenskultur der Rietberger Ackerbürger.
Adresse: Klosterstr. 3, 33397 Rietberg

▸ Heimathaus Mastholte
Erbaut 1845, steht das denkmalgeschützte Fachwerkhaus seit 1990 als Heimathaus zur Verfügung. Es veranschaulicht das Leben und Wohnen der Landbevölkerung vergangener Zeiten. Im Außengelände gibt es einen typischen Bauerngarten mit Remise, Ziehbrunnen und Brotbackofen. Öffnungszeiten und Führungen nach Absprache.
Kontakt: Lippstädter Str. 2, 33397 Rietberg, 02944/974753, www.heimatverein-mastholte.de

▸ Kunsthaus Rietberg – Museum Wilfried Koch
In einem Ackerbürgerhaus aus dem Jahr 1767 werden seit 2007 sowohl das malerische und zeichnerische Werk als auch Dokumente zur Person und dem wissenschaftlichen Arbeiten des Künstlers Dr. Wilfried Koch gezeigt. Zudem finden wechselnde Ausstellungen und kleinere Veranstaltungen statt. Rund um das Kunsthaus und im Rietberger Klostergarten werden 19 Bronzeskulpturen des Künstlers präsentiert.
Kontakt: Emsstr. 10, 33397 Rietberg, 05244/986373

Freizeit & Natur

▸ Gartenschaupark
Das 40 ha große barrierefreie Nachfolgegelände der Nordrhein-Westfalen-Landesgartenschau 2008 ist nach wie vor ein Blumen- und Gartentraum für alle Generationen und ein riesiges Spielparadies für Kinder und Familien. Weitläufige Seenlandschaften, lauschige Picknickplätze, üppige Blumenbeete und klassische Themengärten sowie Abenteuer- und Wasserspielplätze für die Kleinen, der 23 m hohe Rutschenturm mit Dschungelbrücke, Tausende von Großbausteinen nach Lego-Manier, außergewöhnliche Übernachtungsmöglichkeiten in Camping Pods und Hexenhäuschen lassen nicht nur Kinderaugen leuchten.
Kontakt: Torfweg 53, 33397 Rietberg, 05244/986100, www.gartenschaupark-rietberg.de

▸ Hochseilgarten
Der Hochseilklettergarten im Gartenschaupark zählt zu den größeren Seilgärten und hat mit sieben unterschiedlichen Parcouren

einiges zu bieten. Höhepunkt für Mutige ist der freie Fall von der 13 m hohen Turmplattform. Zudem gibt es einen Tretbootverleih. **Kontakt:** An den Teichwiesen 23, 33397 Rietberg, 05244/9338988, www.schnurstracks-kletterparks.de

Druffeler Schaukäserei

Idyllisch am Rande des Naturschutzgebietes Merschwiesen gelegen, wird auf dem Hof Buschsieweke im Stadtteil Druffel seit 2001 Käse produziert. In der Schaukäserei kann man hautnah miterleben, wie Käse hergestellt wird. **Kontakt:** Westring 21, Rietberg-Druffel, 05244/10406, www.das-kaesehaus.de

Radfahren

Die Emskommune Rietberg ist seit 2011 mit dem Prädikat „Fahrradfreundliche Stadt" ausgezeichnet. Der *EmsRadweg* (375 km), der von Hövelhof in der Senne über Rietberg bis zur Emsmündung in Emden führt, gehört zu den wichtigsten überregionalen Radwegen. Zudem führen auch der *Europaradweg R1*, die *Landesgartenschau-Route* (200 km) oder die *Radroute Historische Stadtkerne* (390 km) durch Rietberg und seine historische Innenstadt. Neben diesen lohnen sich auch regionale Radwege wie die *Genussroute* (80 km) oder die *ArchitekTour* (50 km) mit zahlreichen Besichtigungszielen, Bauernhofcafés und Gasthöfen. An Herrenhäusern und Klosteranlagen vorbei führt die Tour *Der Name der Rose* (40 km), während die *Fröhliche Landpartie* (61 km) Bauernhöfe, Privatbrauerei, Landkäserei und Naturschutzgebiete verbindet.

Blumenpracht im Gartenschau-Park

Der Emswall lädt zum Radfahren und Spazieren ein

Wandern

Natur erleben, Geschichte erfahren, Rietberg genießen – dieses bietet der *Rundwanderweg Grafenschritte*. Auf gräflichen Spuren führen idyllische Wege entlang der Ems durch den denkmalgeschützten, historischen Stadtkern und vorbei an vielfältigen Naturräumen. Auf der Route gibt es viel zu entdecken: Malerisches Fachwerk mit kunstvoll verzierten Giebeln, jahrhundertealte Herrenhäuser und Denkmäler sowie schmale, verwinkelte Gassen, die zu geheimen Gärten führen.

Rietberger Fischteiche und Emsniederung

Die Teiche im Bereich der ehemaligen Gräfte des abgerissenen Rietberger Schlosses dienten einst zur Fischzucht. Heute steht das Gebiet mit einer Vielzahl gebietstypischer Tier- und Pflanzenarten unter Naturschutz und stellt besonders für Wasservögel eines der wertvollsten Biotope in Nordrhein-Westfalen dar. Das Gebiet ist nicht öffentlich zugänglich, jedoch ermöglicht eine Aussichtskanzel Einblick. Direkt angrenzend erstreckt sich das Naturschutzgebiet „Rietberger

Emsniederung", eines der bedeutendsten Brut- und Rückzugsgebiete für gefährdete Wiesenvogelarten in Nordrhein-Westfalen. Die unberührte Natur lädt zu ausgiebigen Spaziergängen und Radtouren ein.

Mastholter See
Im Naherholungsgebiet Mastholter See lässt es sich prima surfen, segeln und Wasserski fahren. Auf einem 2,7 km langen Rundwanderweg bieten sich Spazierwege, Rad-, Jogging- und Nordic-Walking-Touren an.
Kontakt: Am Mastholter See, 33397 Rietberg, 05244/986201, www.mastholte-online.de

Rödinghausen

(Kreis Herford)

Die Gemeinde Rödinghausen blickt auf eine lange Geschichte zurück, die sich bis ins frühe Mittelalter schriftlich belegen lässt. In den von dichtem Wald umgebenen Siedlungen lebten die Menschen fast ausschließlich vom Ackerbau und der Vieh- und Waldwirtschaft. Zahlreiche westfälische Höfe belegen mit ihren Gebälkschnitzereien und den typischen Geckpfählen auf der Giebelspitze bis heute den damaligen Ertragsreichtum. Ab dem 15. Jh. kamen der Flachsanbau und dessen Verarbeitung zu Leinen hinzu. Mit der Krise der Leineweberei im 19. Jh. wanderten viele Rödinghausener nach Amerika aus oder fanden in den Zigarrenmanufakturen Arbeit.

Bürger- und Touristikservice im Haus des Gastes
Pemberville Platz 1
32289 Rödinghausen
05746/948200
www.roedinghausen.de

Sehenswertes

Kirche St. Bartholomäus
Erstmals 1233 erwähnt, reichen die Ursprünge der Pfarrkirche vermutlich bis ins 9. Jh. zurück. Die ältesten Teile stammen aus dem späten 12. und 13. Jh. Ein gotischer Umbau erfolgte im 16. Jh., die Querarme wurden im 19. Jh. angefügt. Zu den wertvollsten Ausstattungsstücken zählen ein Holzschnitzaltar (1520) und ein Kruzifix (1400). Führungen auf Anfrage.
Adresse: Alte Dorfstr. 33, 32289 Rödinghausen, 05746/431 o. 732 o. 8238

Haus Kilver
Der für die Orte Ostkilver und Westkilver namensgebende Herrensitz ist schon für das Jahr 851 schriftlich belegt. Von der ursprünglichen Gestalt als Wasserburg zeugt ein letzter Wassergraben. Das heutige Aussehen des Herrenhauses mit Brücke, Torweg und Eckturm entstand 1605. Haus Kilver befindet sich in Privatbesitz; auf dem Gut kann heute standesamtlich geheiratet werden.
Adresse: Westkilverstr. 19, 32289 Rödinghausen

Gut Böckel
Das schon 1350 erwähnte Gut ist heute eine weitläufige Anlage mit breitem Wassergraben und Vorburg. Das eigentliche Gutshaus besteht aus zwei Flügeln, die 1682 bzw. 1884 errichtet wurden. Heute ist die ausnehmend schöne Anlage Ort für vielfältige Kulturveranstaltungen, die u. a. an die hier geborene Dichterin und Kunstsammlerin Hertha Koenig und ihren mehrmonatigen Gast Rainer Maria Rilke erinnern. Zudem finden hochkarätige Konzertreihen statt. Daneben gibt es im Sommer das Literatur- und Musikfest „Wege durch das Land", die Weihnachtsausstellung und kulinarische Erlebnisse.
Adresse: Rilkestr. 18, 32289 Rödinghausen, www.gutboeckel.de

Freizeit & Natur

▸ Aussichtsturm Nonnenstein
Rödinghausens Wahrzeichen ist der 14 m hohe Aussichtsturm auf dem Berg Nonnenstein, der 1897 als Kaiser-Wilhelm-Turm errichtet wurde. Der Blick reicht bis zum Bielefelder Fernsehturm und manchmal sogar bis zum Hermannsdenkmal. Nur 100 m weiter steht der Bismarckturm, eine sechs Meter hohe Sandsteinsäule. Berg und Turm sind über den *Wittekindsweg* (Fernwanderwegs E 11) zu erreichen.

▸ Freibad
Ein modernisiertes Freibad bietet im Sommer die Möglichkeit, ein paar Bahnen zu ziehen, das Schwimmen zu erlernen oder im Kinderbecken zu planschen. Zudem stehen ein Beach-Volleyballfeld sowie eine große Liegewiese unter Bäumen zur Verfügung.
Kontakt: Bruchmühlener Str. 53–55, 32289 Rödinghausen, ✆ 05226/5535

▸ Wandern & Radfahren
Durch die Gemeinde führt die 25,5 km lange *Radkulturroute Rödinghausen*, die durch schönste Landschaften und zu elf bemerkenswerten Denkmälern, zu neun Naturdenkmälern und zu 15 sehenswerten bäuerlichen Gebäuden führt.
Informationen: www.fahr-im-kreis.de

▸ Kur- und Sportzentrum
Das topmoderne Sport- und Fitnesszentrum „Wiehenpark" in Rödinghausen wird von vielen Nutzern ob seiner Freundlichkeit und Fairness gelobt. Zum großen Angebot gehören Tennishalle, Squashcourts, Fitnesscenter, Sauna, Solarien, Kegelbahn, Massagepraxis und Gastronomie.
Kontakt: Westerbergstr. 35, 32289 Rödinghausen, ✆ 05746/920333, www.wiehen-park.de

▸ Lehrbienen und Minigolf
Der örtliche Imkerverein hat in Rödinghausen am Weg zum Nonnenstein in der Nähe der Jugendherberge einen Lehrbienenstand errichtet. Dem Besucher wird hier unter sachkundiger Führung eines Imkers ein Einblick in die wunderbare und geheimnisvolle Welt der Bienen gegeben. An der Jugendherberge befindet sich auch die Minigolfanlage.
Informationen: Haus des Gastes, ✆ 05746/948200

Salzkotten

(Kreis Paderborn)

Während des ganzen Mittelalters war in Salzkotten die Salzgewinnung aus den Solequellen zentraler Bestandteil des wirtschaftlichen Lebens. 1160 wurden erstmalig drei Häuser zum Salzsieden in „Saltcoten" erwähnt. Zum Schutz der Westgrenze seines Bistums zwang der Paderborner Bischof die Bewohner der umliegenden Dörfer, sich an den Salzquellen niederzulassen und es entstand eine Ortschaft, die 1247 Stadtrechte erhielt. Die Stadt am Hellweg wurde von Feuersbrünsten und dem Dreißigjährigen Krieg schwer getroffen, wovon sie sich jedoch erstaunlich schnell erholte, um mit dem Salzhandel zur wirtschaftlichen Blüte zu gelangen. 1908 wurde die Salzgewinnung schließlich eingestellt.

Informationsbüro
Marktstr. 8
33154 Salzkotten
✆ 05258/5071121
www.salzkotten.de

Sehenswertes

▸ Pfarrkirche St. Johannes Baptist

Die typisch westfälische Hallenkirche aus der Zeit zwischen 1256 und 1270 zeigt romanische und frühgotische Elemente. Die Fundamente und das Turmportal wurden aus dem widerstandsfähigen Kütgestein gefertigt. Zur Inneneinrichtung gehören zwei sehenswerte Seitenaltäre von 1751, ein 24-armiger Bronzeleuchter von 1664 und eine Pieta aus dem frühen 16. Jh. Vor dem Chor außerhalb der Kirche ist eine gotische Totenleuchte aus dem 14. Jh. zu sehen.
Adresse: Klingelstr. 12, 33154 Salzkotten

▸ Ölmühle

Die alte Ölmühle wurde 1767 als Öl-, Grütz- und Sägemühle, 1838 nur noch als Mahlmühle bezeichnet. 1863 erfolgte die Aufgabe und ihre Vermietung zu Wohnzwecken. Ein Förderverein machte sich ab 1986 an den Wiederaufbau einer Mühle im Franz-Kleine-Park. Es entstand die „Handwerksinsel", auf der neben der Ölmühle eine Holzschuhmacherwerkstatt, ein Backhaus sowie eine Stellmacherei mit Schmiede zu besichtigen sind. Der Franz-Kleine-Park und die Ölmühle sind über die Geseker Straße oder über eine Brücke am Wallgraben erreichbar.
Vorführungen: An den Mühlentagen oder nach Absprache, ☏ 02941/57987

▸ Gradierwerk

Das alte Gradierwerk zur Salzgewinnung hatte eine Länge von fast 600 m. Die Anlage wurde mit Aufkommen des Steinsalzes 1908 stillgelegt und 1920/21 abgerissen. Zum 750-jährigen Stadtjubiläum wurde 1997 ein neues, 50 m langes Gradierwerk mit 8 m hohen Dornenwänden nahe der Sälzerhalle aufgebaut. Die Anlage wird mit dem Solewasser der nahen Quelle „Neuer Sprudel" gespeist und dient der therapeutischen Freiluftinhalation.

▸ Liboriuskapelle

Auf einer Anhöhe an der Einmündung der Liboriusstraße erhebt sich ein sehenswertes sakrales Gebäude mit kleeblattförmigem Grundriss. Die Kapelle mit einem niedrigen, „gefalteten" Helm auf dem Turm wurde 1901/1902 im neuromanischen Stil erbaut. Sie erinnert an die Überführung der Reliquien des hl. Liborius von Le Mans nach Paderborn im Jahre 836. An dieser Stelle soll der Zug mit den Reliquien vor dem Einzug in den Paderborner Dom zum letzten Mal Station gemacht haben.

Nachbau eines Wasserrades an der Heder

▸ Mutterhaus der Franziskanerinnen

Die 1860 gegründete Genossenschaft der Franziskanerinnen errichtete das Mutterhaus 1870/72 an der Paderborner Straße. 1902 wurde die kleine Kapelle zu einer dreischiffigen Hallenkirche im neugotischen Stil erweitert, eine Neugestaltung des Kirchenraumes erfolgte 1957/1958. Im Innenhof des Mutterhauses befindet sich ein Brunnen mit einer Bronzeplastik des hl. Franziskus von Assisi.
Adresse: Paderborner Str. 7, 33154 Salzkotten, 🌐 www.franziskanerinnen-salzkotten.de

Brunnenhaus und Kütfelsen

Das Pumpenhäuschen wurde 1554 über der Unitas-Quelle, der ältesten Quelle Salzkottens, errichtet. Aus deren abgesinterten Solemineralien hinter dem Rathaus entstand in den vergangenen ca. 15 000 Jahren der etwa 4 m hohe Kütfelsen, der heute teilweise überbaut ist. Die Biologische Station Paderborn pflanzte auf dem Felsen seltene Salzpflanzen wie Salzschwaden, Strandaster, Salzbinse, Salzschuppenmiere und Salzdreizack an.

Stadtbefestigung

Von der 1245–47 unter dem Paderborner Bischof Simon I. angelegten Stadtbefestigung blieben drei von ehemals vier Türmen erhalten: der **Hexenturm**, den man nach einem ehemaligen Bewohner „Piepers Eule" auch Eulenturm nennt, der **Bürgerturm** in dem Abschnitt der Stadtmauer, den die Bürger zu verteidigen hatten, und das **Westerntor**, ein verbliebener Torturm einer Doppeltoranlage, in dessen Durchgang die Kanone der Schützenbruderschaft geparkt wird. Reste der alten Stadtmauer sind am Weg „An der Stadtmauer" unweit der Schützenstraße und Am Wallgraben zu sehen.

Dreckburg

Östlich vor den Toren der Stadt erhebt sich die um 1350 erbaut Dreckburg (Dreck = Moor). Sie diente als vornehmer Wohnsitz geistlicher Herren. Die Soester Fehde und den Dreißigjährigen Krieg überstand die Burg schadlos. 1676 wurden die Ringmauern der Burg teilweise entfernt, 1762 erfolgte der Ausbau zum heutigen Aussehen mit zwei barocken Flügeln. Die Burg ist in Privatbesitz, die Außenanlagen sind frei zugänglich und zu besichtigen.

Adresse: Dreckburg 1, 33154 Salzkotten, www.dreckburg.de

Museum

Deutsches Polizeimuseum

Im historischen Bahnhofsgebäude von 1849 ist eine Sammlung rund um die Polizeigeschichte Deutschlands zusammengetragen, einschließlich des Bundesgrenzschutzes und der Bahnpolizei. Der Fundus umfasst neben Uniformen und Polizeitechnik auch alte Dienstfahrzeuge und Einrichtungsgegenstände.

Kontakt: Otto-Mauel-Platz 1, 33154 Salzkotten, 05258/930455 o. 0170/3819938, www.polizeimuseum.de

Salzmuseum Salzkotten

In der alten Mädchenschule am Kirchplatz hat der Heimatverein ein Museum errichtet, in dem die Welt des Salzes erkundet werden kann. Neben bis zu 800 Jahre alten Exponaten reizt besonders die „Sinnesinsel".

Kontakt: Klingelstr. 6, 33154 Salzkotten, 05258/6149, www.salzmuseum-salzkotten.de

Freizeit & Natur

Kunst im Ackerbürgerhaus

In einem der ältesten Fachwerkbauten der Sälzerstadt, dem Ackerbürgerhaus von 1575, finden vielfältige kulturelle Veranstaltungen statt. So hat sich der Kunstkreis Salzkotten im Dachgeschoss ein Atelier eingerichtet, in dem man sich mit allen Techniken der Malerei vertraut machen kann.

Kontakt: 05258/931293 o. 9776869

Sälzer Lagune

Das solehaltige Freibad „Sälzer Lagune" ist ein Freizeit-, Sport- und Gesundheitsbad mitten im Grünen. Hohe Hecken und große Kastanienbäume umgeben das große Gelände am Stadtrand. Strömungskanal, Sprudelliegen, Wasserpilz, Wasserfontänen, Unterwasserdüsen, Brodelquellen und eine

45 m lange Rutsche bieten Badefreude pur.
Kontakt: Alte Bleiche 10, 33154 Salzkotten, ☏ 05258/21962

▸ Reiten
Neben der Ausbildung in Dressur-, Spring- und Geländereiten werden auch Voltigieren und Vielseitigkeitslehrgänge sowie Kutschfahrten angeboten.
Kontakt:
Reiterverein St. Georg, Thüler Feld 35, ☏ 05258/7896
Reiterhof Gut Wandschicht, Wandschicht 21, ☏ 05258/6120
Reiterhof Keuper, Hederbornstr. 11, Upsprunge, ☏ 05258/7861

▸ Golf
Im Norden der Stadt Salzkotten, auf dem Gebiet der Ortschaft Thüle im „Glockenpohl", liegt der Golfplatz des Golfclubs Paderborner Land e.V. Neben der 27-Loch-Anlage steht ein nach neuesten Erkenntnissen entwickeltes Übungsgelände mit Driving Range, Chipping- und Putting-Grün sowie ein 3-Loch-Kurzplatz zur Verfügung.
Kontakt: Im Nordfeld 25, 33154 Salzkotten-Thüle, ☏ 05258/937310, www.gcpaderbornerland.de

▸ Wandern & Radfahren
Innerhalb des Stadtgebietes von Salzkotten werden die *Hellwegwanderung* (16 km) und die *Grenzwanderung* (15 km) empfohlen. In der Ortschaft Niederntudorf (Haarener Str.) ist zudem ein ökologischer *Naturlehrpfad* (5 km) mit Informationshütte, Wetterpilz, Pflastersteinbruch, zwei Holzbrücken, Bienenhütte und 20 Informationstafeln eingerichtet. Durch das Stadtgebiet führen die überörtlichen Radwanderwege *Römer-Route, Kaiser-Route, Alme-Radweg* und *Wellness-Route.* Zudem gibt es diverse lokale Radrundwege wie *Durch Feld und Land* (25 km) oder den *Dreiländer-Parcours* (20 km).

Schieder-Schwalenberg

(Kreis Lippe)

Die Stadt Schieder-Schwalenberg liegt zwischen dem Teutoburger Wald und dem Weserbergland. Wegen der traumhaften Lage wird besonders die Malerstadt Schwalenberg als eine der schönsten Ortschaften Lippes gepriesen. Während Schieder schon im Jahr 822 erste urkundliche Erwähnung fand, wurde der Ort Schwalenberg erstmals 1231 notiert, als der Graf von Schwalenberg die Höhenburg Schwalenberg errichtet hatte. Im Schutze dieser Burg wuchs eine kleine Siedlung heran, die jedoch erst im 16. Jh. zu wirtschaftlicher Blüte kam. Im späten 19. Jh. begann Schwalenbergs Geschichte als Malerstadt und Künstlerkolonie dank der Schönheit der Landschaft und der außergewöhnlichen Lichtverhältnisse.

Tourist-Information Schwalenberg
Marktstr. 5
32816 Schieder-Schwalenberg
☏ 05282/60194

Bürger- und Gästeinformation Schieder
Domäne 3
32816 Schieder-Schwalenberg
☏ 05282/60110

tourismus.schieder-schwalenberg.de

Sehenswertes

▸ Schwalenberg
Die Innenstadt von Schwalenberg wird von zahlreichen Fachwerkhäusern geprägt, die teilweise aus dem 16. Jh. stammen. Hervorzuheben ist das stattliche **Dielenhaus**, Brauergildestr. 5, dessen reich beschnitzte

Torbalken das Haus als ehemalige Schankwirtschaft kennzeichnen, in der gleichen Straße (Nr. 21) auch das schlichte Traufenhaus der **Löwenapotheke**. Im Papenwinkel 2 ist das **Vierständer-Ackerbürgerhaus** sehenswert, das der Drost Heinrich von Mengersen 1592 als Wohn- und Wirtschaftshaus erbauen ließ. An der Marktstr. 32 fällt ein schlichtes Dielenhaus mit zwei symmetrisch angeordneten Utluchten ins Auge. Von besonderer Bedeutung ist das Haus Alte Torstr. 14, ein **altes Gasthaus**, das in der zweiten Hälfte des 20. Jhs. zum Treffpunkt von Künstlern und Besuchern der Malerstadt avancierte.

▸ Altes Rathaus

Obwohl es nicht im Mittelpunkt des Ortes steht, dominiert das historische Rathaus von Schwalenberg in der Marktstraße 7 das Stadtbild. Der markante Baukomplex besteht aus vier unterschiedlichen Teilen: dem giebelständigen Kernbau (1579), dem linken Anbau mit Ratsstube (1603), dem rückwärtigen Bruchsteinanbau (1853) und dem rechten Anbau (1907/08). Besonders imponierend ist der vorragende, reich beschnitzte Schaugiebel mit den Rundbögen im Erdgeschoss. Sehenswert sind auch die Wandbilder im Rathaussaal, die das Leben in der Ackerbürgerstadt Schwalenberg zu Beginn des 20. Jhs. zeigen.

▸ Schloss und Schlosspark Schieder

1621 kam der Gutsbetrieb Domäne Schieder in den Besitz der Grafen zur Lippe-Brake. Graf Casimir und sein Sohn Rudolph ließen das romantische Schloss 1703–08 durch einen Tiroler Baumeister im „niederländischen Klassizismus" errichten. Gleichzeitig entstanden das heutige „Palais" als Back- und Brauhaus mit einer Schlosskapelle sowie der barocke Schlosspark, der 2009 neu eröffnet wurde. Ab 1789 nutzte das Fürstenhaus zur Lippe-Detmold die Anlagen als Sommerresidenz. Seit 1980 dient die Gartenanlage als Kurpark des anerkannten Kneippkurortes Schieder. Der Förderverein bietet geführte Zeitreisen vom barocken Garten des 18. Jhs. bis in den englischen Landschaftsgarten des 19. Jhs. an.
Kontakt: Im Kurpark 1, 32816 Schieder-Schwalenberg, ✆ 05282/60194,
🌐 www.schlosspark-schieder.de

Blick auf das Malerstädtchen Schwalenberg

▸ Burg Schwalenberg

Auf einem Bergsporn hoch über Schwalenberg liegt die Burg Schwalenberg. Die Anlage wurde um 1225 vollendet. Im Laufe der Jahrhunderte wurde die Burg mehrfach verpfändet und als Witwensitz und Steinbruch benutzt. Ihr heutiges Aussehen erhielt sie im frühen 17. Jh. Die Burg befindet sich heute in Privatbesitz. Am Westhang unterhalb der Burg bietet der „Grafenblick" einen herrlichen Fernblick über Schwalenberg.
Adresse: Burgweg, 32816 Schieder-Schwalenberg

▸ Herlingsburg

Auf dem Plateau des isoliert liegenden Keuperberges oberhalb der Ortschaften Eschenbruch und Glashütte ist die am besten erhaltene Höhenbefestigung Ostwestfalen-Lippes zu entdecken. In etwa 345 m Höhe umschließen die hohen Befestigungswälle mit nur einem Zugang eine Fläche von annähernd 6 ha. Ob die Herlingsburg als

Wehranlage oder Fliehburg der Bevölkerung, zur Kontrolle von Fernwegen oder zu Repräsentationszwecken diente, ist nicht geklärt. Gewiss ist jedoch, dass die Anlage seit ihrem Entstehen in der vorrömischen Eisenzeit ab etwa 200 v. Chr. mehr als eintausend Jahre durchgehend genutzt wurde.

Wöbbel und Lothe

Das zum Stadtgebiet gehörende Dorf **Wöbbel** ist einer der ältesten Orte im Lipperland. Sehenswert ist die alte Kirche, die mit ihrem romanischen Turm und der gotischen Turmspitze bis in die Zeit um 1200 zurückgeht. Das Barockschloss Wöbbel (Am Kirchborn 6) wurde 1690 errichtet, nachdem ein Vorgängerbau im Dreißigjährigen Krieg zerstört wurde. Es wurde im holländischen Klassizismus-Stil erbaut und befindet sich heute in Privatbesitz. 1506 wurde das Dorf **Lothe,** das damals aus sieben Höfen bestand, erstmals schriftlich erwähnt. Es wird wegen der zahlreich erhaltenen alten Bauernhöfe auch als „Dorf der schönen Torbögen“ bezeichnet.

Museen

Städtische Galerie

Die Städtische Galerie Schwalenberg beherbergt eine Bildersammlung aus den Zeiten der Künstlerkolonie, die in wechselnden Ausstellungen präsentiert wird. Daneben wird in wechselnden Sonderausstellungen Kunst aus dem 19. und 20. Jh. gezeigt.
Kontakt: Marktstr. 5, 32816 Schieder-Schwalenberg, ✆ 05231/9925421

Robert Koepke Haus

In dem nach dem Maler und Grafiker Robert Koepke benannten Haus finden regelmäßig Ausstellungen hochkarätiger zeitgenössischer Kunst statt. Den Besuchern wird ein abwechslungsreiches Programm aus verschiedenen Sparten der internationalen bildenden Kunst geboten.
Kontakt: Polhof 1 , 32816 Schieder-Schwalenberg, ✆ 05231/9925421

Papiermühle Plöger

Die alte Papiermühle im Ortsteil Schieder existiert seit 1703 und ist eines der bedeutendsten technischen Kulturdenkmäler Nordrhein-Westfalens. Bis 1989 wurden hier noch Aktendeckel hergestellt. In der restaurierten Mühle kann man heute miterleben, wie die Papierherstellung um 1900 funktionierte.
Kontakt: Im Niesetal 11, 32816 Schieder-Schwalenberg, ✆ 05282/60194,
🌐 www.papiermuehle-ploeger.de

Freizeit & Natur

Wandern & Radfahren

Gut ausgezeichnete Rund- und Streckenwanderwege führen durch den lippischen Hochwald mit seinen ausgedehnten Buchen-, Eichen- und Fichtenbeständen. Themenwanderwege bieten Abwechslung für große und kleine Besucher. Das *Emmer-Rätsel* oder die *Märchentürenexpedition* sind hier die besonderen Highlights.
Auch Radfahrer finden ein attraktives Streckennetz vor, welches durch die Erweiterung des *Emmer-Radwegs* nun auch eine Strecke von Schieder-Schwalenberg bis zur Weser bietet. Die *Fürstenroute-Lippe* verbindet Schieder-Schwalenberg mit den zahlreichen Sehenswürdigkeiten in und um Detmold, wie den Externsteinen, dem Hermannsdenkmal und dem LWL-Freilichtmuseum.

Kahlenbergturm

Oben auf dem ca. 326 m hohen Kahlenberg erhebt sich der Kahlenbergturm. Hat man erst die 100 Stufen zur Aussichtsplattform überwunden, dann bietet sich bei gutem Wetter eine traumhafte Fernsicht auf das umliegende Lipperland. Der Turm, bei dessen Bau viele Tagelöhner und mehrere Maurer aus Schieder und Brakelsiek Beschäftigung

fanden, wurde auf Befehl des Fürsten Leopold II. im Jahre 1841 errichtet. Er ist über verschiedene Wanderwege zu erreichen und frei zugänglich.
Adresse: Burgensteig, 32816 Schieder-Schwalenberg

Freizeitzentrum SchiederSee
Mit seinen 90 ha Wasserfläche bietet der größte aufgestaute Binnensee der Region Freizeiterlebnis pur. Besondere Attraktionen sind der Familienpark „Funtastico", die Spiellandschaft, der große Spielsee, der Ponyhof und die Skaterbahn. Auch Segeln, Rudern, Kanusport und Tretbootfahren sind möglich. Längs des Uferweges locken Gaststätten mit einem vielfältigen Angebot und herrlichem Seeblick. Ein besonderer Event ist „SchiederSee in Flammen". Auf dem See verkehrt das private Motorschiff „MS SchiederSee" zwischen den verschiedenen touristischen Zielen.
Kontakt: Kronenbruch 3, 32816 Schieder, Anmeldung: 05282/411, www.schiedersee.de

Reiten
Auch Pferdefreunde kommen in Schieder-Schwalenberg auf dem Ponyhof am SchiederSee nicht zu kurz.
Kontakt: Am Kronenbruch 2, 32816 Schieder-Schwalenberg, 05261/88912 o. 0175/5240917, www.ponyhof-schiedersee.de

Schlangen

(Kreis Lippe)

Am Rande der sandigen Senne liegt die Gemeinde Schlangen. Fundamentfunde unter der heutigen Kirche belegen, dass Schlangen schon im 9. Jh. bestanden hat. Eine erste Erwähnung mit den Ortsteilen erfolgte im 10. Jh. Die Orte lagen an der Kreuzung alter Fernstraßen, doch die exponierte Lage an belebten Verkehrswegen sollte Schlangen nicht zum Vorteil gereichen. Als Durchmarschgebiet wurde der Ort mehrfach von Kriegstruppen heimgesucht.

Gemeinde Schlangen
Kirchplatz 6
33189 Schlangen
05252/9810
www.gemeinde-schlangen.de

Sehenswertes

Evangelische Kirche
Die neuromanische ev. Pfarrkirche in Schlangen (Kirchweg 3) wurde 1878 errichtet, geht aber in ihren Ursprüngen wohl bis in das 9. Jh. zurück. Von einer Vorgängerkirche aus der ersten Hälfte des 13. Jhs. blieb der mittelalterliche Westturm erhalten. Sehenswert ist ein Wandbild, das den hl. Christophorus zeigt. Das mehrfach übermalte Bild entstand Mitte des 13. Jhs. und wurde 1970 bei Renovierungsarbeiten freigelegt. Es gilt als älteste Darstellung des Heiligen in Westfalen. Die lateinische Inschrift lautet: „Wer auch immer das Antlitz des hl. Christophorus anschaut, der wird sicherlich an jenem Tage keinesfalls eines plötzlichen Todes sterben."

Jagdschloss Oesterholz
Graf Simon VI. zur Lippe ließ hier im ausgehenden 16. Jh. ein Fachwerkgebäude auf massiven Grundmauern errichten, das von einem Wassergraben umgeben und nur über eine Zugbrücke zu erreichen war. Um den hochrangigen Gästen eine prächtige Zufahrt zum Jagdschloss zu präsentieren, wurde die Fürstenallee angelegt. Vom Schloss blieben ein Teil des Wassergrabens und das „gräfli-

che Gemach", in dem heute das Kreisseniorenheim untergebracht ist, erhalten. Eine Außenbesichtigung ist jederzeit möglich. Nutzen Sie den Parkplatz am Haverkampsee, um auf einem der Wanderwege zum Schloss zu gelangen.

▸ Burgruine Kohlstädt

Vermutlich waren es die Grafen von Schwalenberg, die hier im 12. Jh. eine Burg auf einem Hügel erbauten, um die Passstraße kontrollieren zu können. Die „Motte" wurde Ende des 14. Jhs. verlassen und verfiel. Heute sind von der Ruine noch die Reste des 12 m hohen Wehrturmes und die Fundamente eines Nebengebäudes erhalten. Die Ruine liegt direkt am westlichen Ortseingang.

▸ Wassermühle Starke

Die Stark'sche Mühle im Ortsteil Kohlstädt wurde 1819 erbaut und war bis 1964 zunächst als Öl- und Bokemühle, später als Kornmühle in Betrieb. Noch immer voll ausgestattet und funktionsfähig, öffnet sie ihre Türen am Deutschen Mühlentag und nach Absprache.
Kontakt: Im Mühlengrund 4, 33189 Schlangen-Kohlstädt, ✆ 05252/973002

▸ Haustenbecker Kirchruine und Turm

Das Gebiet des bis 1971 geräumten ehemaligen Dorfes Haustenbeck ist heute unbewohnt und gehört vollständig zum Truppenübungsplatz Senne. Im einstigen Ortskern erinnern die Ruine der ehemaligen Kirche mit Gedenkstein und vereinzelte Mauerreste an das Dorf. Nordöstlich der Kirchenruine steht der Haustenbecker Turm, der 1941 als Beobachtungsturm für das übende Militär erbaut wurde. Heute dient der 41,50 m hohe Turm auf quadratischem Grundriss auch dem Vogelschutz und bietet verschiedenen Greifvögeln Nistplätze.

Museen

▸ Dorfmuseum

Im ehemaligen Haus Fischer von 1889 wurde 1993 das Dorfmuseum eingerichtet. Es können über 5000 Exponate besichtigt werden, die die Lebensbedingungen und Arbeitsweisen der Schlänger Vorfahren dokumentieren.
Kontakt: Rosenstr. 11 (Bürgerhaus), 33189 Schlangen, ✆ 05252/973261, 🌐 www.dorfmuseum-schlangen.de

▸ Heimathaus Oesterholz-Haustenbeck

Eine über 200 Jahre alte Hofanlage im Zentrum des gleichnamigen Ortsteils dient heute als Heimathaus und -museum. Im Haustenbecker Zimmer wird die 1150-jährige Geschichte des 1939 aufgelösten Dorfes Haustenbeck (heute Truppenübungsplatz) erzählt. Der große Außenbereich mit offener Remise und überdachter Terrasse mit Außenkamin kann im Sommer für Veranstaltungen genutzt werden. Besichtigung nach Vereinbarung.
Kontakt: Haustenbecker Str., 33189 Schlangen-Oesterholz, ✆ 05252/82616

▸ Rotkreuzgeschichtliche Sammlung

Unter dem Motto „Unser Rotes Kreuz: gestern ... heute ... weltweit" wird in Schlangen die vielfältige Geschichte der internationalen Rotkreuz-Bewegung und des Roten Halbmondes dokumentiert. Die Sammlung beinhaltet historische Rotkreuz- und Feldpost-Karten, Orden, Ehrenzeichen und Urkunden, alte Uniformen sowie lokale und internationale Ausbildungs- und Informationsmaterialien. Darüber hinaus werden Filme zur Geschichte und Arbeit des Roten Kreuzes gezeigt. Besichtigung nach Vereinbarung.
Kontakt: Parkstr. 18, 33189 Schlangen, ✆ 05252/935293, 🌐 www.museum-in-westfalen-lippe.drk.de

Freizeit & Natur

Archäologischer Lehrpfad
Am Ende der Heidestraße in Oesterholz-Haustenbeck kann man einen höchst interessanten Lehrpfad besuchen. Der Rundweg führt über ein Hügelgräberfeld aus der Bronzezeit. Die zehn Hügelgräber sowie der Schnitt durch zwei nachgebildete Hügelgräber zeigen Siedlungsspuren aus den Jahren 1800–700 v. Chr.
Kontakt: Heimat- und Verkehrsverein Oesterholz-Haustenbeck, 05252/82616

Wandern & Radfahren
Empfohlen wird der Wanderparkplatz nahe der Gaststätte zum Bauerkamp, von dem gleich drei Rundwanderwege, u. a. der *Rundwanderweg Bauerkamp*, starten.
Neben den überregionalen Radrouten *Senneradweg* und *Römerroute* bietet sich für Radler der rund um Schlangen führende *S-Weg* (20 km) an. Zudem lassen sich Natur und Kultur der Sennelandschaft in innovativer Art und Weise auf interaktiven, GPS-gestützten Erlebnispfaden erleben.

Reiten
Auf der Reitanlage am Alten Jagdschloss in Oesterholz bietet der Reit- und Fahrverein Schlangen e. V. zahlreiche Möglichkeiten, die Pferdefreunde begeistern.
Kontakt: Im kleinen Bruch, 33189 Schlangen-Oesterholz, 05252/81114,
www.reitverein-schlangen.de

Altes Forsthaus Kreuzkrug
Anfang des 18. Jhs. wurde im Forsthaus im Ortsteil Oesterholz-Haustenbeck der Kreuzkrug eröffnet, der den Waldarbeitern und Forstbeschäftigten als Schänke und Unterkunft diente. Nach längerer Unterbrechung entstand aus dem am Fuße der Gauseköte gelegenen Fachwerkhaus wieder ein beliebtes Ausflugslokal. Im Sommer ist der schöne Biergarten mit altem Baumbestand ein herrlicher Ort. Der umliegende Wald lädt zu verschiedenen Rundwanderungen auf Handelswegen vergangener Tage ein.
Adresse: Kreuzkrug 1, 33189 Schlangen/Oesterholz-Haustenbeck

Fürstenallee
Die 2,5 km lange Fürstenallee wurde vor ca. 300 Jahren als Prachtstraße mit vier Baumreihen angelegt und war die standesgemäße Zufahrt zum Jagdschloss Oesterholz. Da Starksturmereignisse und Umwelteinflüsse der Prachtallee massiv zugesetzt hatten, erfolgten umfangreiche Neupflanzungen.
Adresse: Fürstenallee (L 937), 33189 Schlangen/Oesterholz-Haustenbeck

Schloß Holte-Stukenbrock

(Kreis Gütersloh)

Die Stadt liegt in der Emssandebene der östlichen Westfälischen Bucht. Zwei Stukenbrocker Urhöfe fanden bereits 1153 erste urkundliche Erwähnung. Im 14. Jh. entstand am Ostrand des Holter Waldes das „Haus Holte", auf dessen Resten das heutige Schloss thront. Inmitten der kargen Senne, der „Sinithi", hatten die von der Landwirtschaft lebenden Bewohner kein einfaches Leben. Erst Mitte des 19. Jhs. fasste mit der Holter Eisenhütte auch hier die Industrialisierung Fuß.

Stadtmarketing
Rathausstr. 2
33758 Schloß Holte-Stukenbrock
05207/8905-103 o. -403
www.stadt-shs.de

Sehenswertes

Pfarrkirche St. Johannes Baptist
Die kath. Saalkirche an der Hauptstraße 3 wurde 1686 geweiht. Zur Ausstattung gehören Hochaltar, Kanzel, Taufstein, Orgelgehäuse und eine Mater-Dolorosa-Marienskulptur aus dem 17. Jh. sowie zwei Rokoko-Seitenaltäre von 1774. Zum Abschluss der Renovierung wurden 1986 Reliquien der Märtyrer Hippolyt, Caesareus, des hl. Nikolaus und der hl. Ursula in den Altar eingelassen.

Brinkkapelle
An der Paderborner Str. 35 im Ortsteil Stukenbrock ist die kleine Kapelle eine Sehenswürdigkeit. Das Kleinod mit weiß strahlenden Fächern, dunklem Ständerholz und rotem Dach, auf dem ein kleiner Glockenturm sitzt, wurde um 1730 erbaut.

Jagdschloss Holte
Auf den Fundamenten einer zerstörten alten Wehrburg errichteten die Grafen von Ostfriesland im 17. Jh. das von Wasser umgebene Jagdschloss. Im 19. Jh. fanden einige Umbauten statt. Das ansehnliche Renaissanceschloss mit seiner markanten gelben Fassade und dem umgebenden Park befindet sich in Privatbesitz und ist nicht öffentlich zugänglich. Aber es bietet auch von außen einen schönen Anblick, der sich besonders bei einer Wanderung durch den Holter Wald ergibt.
Adresse: Am Schloss 1, 33758 Schloß Holte-Stukenbrock

Museen

Gedenkstätte Stalag
Die Gedenkstätte Stalag 326 (VI K) Senne befindet sich im ehemaligen Arrestgebäude des gleichnamigen Kriegsgefangenenlagers. Die Dauerausstellung informiert eindrucksvoll über die Geschichte des Lagers, in dem Tausende während der Haft ums Leben kamen. Besonders sind einige seltene Handwerksarbeiten von Kriegsgefangenen, die Farb-Diaserie eines damaligen Lagerarztes und der amerikanische Dokumentarfilm von der Befreiung des Lagers hervorzuheben. Die Gedenkstätte mit dem Sowjetischen Ehrenfriedhof befindet sich auf dem Gelände einer Landespolizeischule. Es werden regelmäßig öffentliche Führungen sowie Gruppenführungen nach Vereinbarung angeboten.
Kontakt: Lippstädter Weg 26, 33758 Schloß Holte-Stukenbrock, 05257/3033, www.stalag326.de

Drei Heimathäuser
1978 richtete der Heimatverein in einem Heuerlingshaus aus dem 18. Jh. ein Heimathaus ein. Es werden typische hauswirtschaftliche Geräte und mehrere gusseiserne Öfen der Holter Eisenhütte gezeigt. Einen weiteren Schwerpunkt bildet die Ostdeutsche Heimatstube. 2004 wurde ein ca. 200 Jahre alter Senne-Kotten zum Heimathaus 2, in dem die Geschichte des Hauses gezeigt wird. Im Heimathaus 3, einem Fachwerk-Schuppen aus dem Jahre 1829, sind landwirtschaftliche Geräte mit entsprechenden Fotodokumentationen ausgestellt.
Kontakt: Am Pastorat 18 a, 33758 Schloß Holte-Stukenbrock, 05207/4127 o. 2264, www.hvv-shs.de

Freizeit & Natur

Ems-Erlebniswelt
Mitten in der kargen Senne entspringt die Ems. Knapp zwei Kilometer entfernt, im Zentrum von Stukenbrock-Senne, lässt sich der 371 Kilometer lange Lauf der Ems von der Quelle bis zur Mündung in der Nordsee aktiv begreifen. Es gibt einen Indoor-Erlebnisparcours und den Erlebnisgarten.

Adresse: Barbaraweg 1, 33758 Schloß Holte-Stukenbrock/Stukenbrock-Senne

Safariland

Das Safariland mit seinen zahlreichen exotischen Tieren wurde im Sommer 1969 eröffnet. Als Ergänzung wurde ein Vergnügungspark mit etwa 30 Fahrgeschäften eingerichtet, darunter das erste Swinging-Boat Europas und die 350 m lange Achterbahn Flying Tiger. Neben Western-Show und Afrikatheater, Halloween-Nacht oder afrikanischer Timbavati Night ist der Hochseilgarten über der Gepardenanlage ein Highlight für Mutige.
Kontakt: Mittweg 16, 33758 Schloß Holte-Stukenbrock, 05207/952410, www.safariland-stukenbrock.de

Wandern & Radfahren

Neben dem überregionalen *Diemel-Ems-Weg* (X 3), dem regionalen *Schlossweg* (13 km) oder dem *Naturkundlichen Lehrpfad Moosheide* stehen elf lokale Rundwanderwege (5–9 km) zur Verfügung.
Für Tagestouren auf dem Rad eignen sich besonders die regionalen Radwege. Drei lokale Radrundwanderwege, besonders *SHS 1* (45 km) laden dazu ein, Sehenswürdigkeiten und die Natur zu erkunden. An den Rad- und Wanderrouten befinden sich SHS-Selfi-Points: draufstellen, lächeln, fotografieren.

Eins von drei Heimathäusern

Emsquelle

Aus mehreren quirligen Quellen entspringt am Rande des Naturschutzgebiets Moosheide im Ortsteil Stukenbrock-Senne die Ems, die sich von hier auf den langen Weg zur Nordsee macht. Dem Wasser aus der ganzjährig schüttenden Sickerquelle sagt man übrigens glücksbringende Eigenschaften nach. Überdies sind die Emsquellen ein hervorragendes Wanderterrain mit dem Rundwanderweg *Ems-Erlebnisweg A 5* (5 km) sowie Ausgangsort des beliebten *EmsRadweges*.
Adresse: Panzerringstr. (Wanderparkplatz Jägergrund), 33758 Schloß Holte-Stukenbrock

Naturschutzgebiet Furlbachtal

Die beeindruckende Naturkulisse mit urwaldartigem Charakter macht aus dem Furlbachtal eines der schönsten Bachtäler der Region. Neben dem abwechslungsreichen Baumbestand lassen sich zahlreiche seltene Pflanzenarten und Insekten entdecken. Das Furlbachtal lässt sich am besten über den Rundwanderweg *A3* erwandern.
Adresse: Mittweg (nahe dem Wasserwerk), 33758 Schloß Holte-Stukenbrock

Gartenhallenbad mit Sauna-Oase

Im Gartenhallenbad kann man sich bei jedem Wetter in die Fluten stürzen und entspannte oder sportliche Bahnen ziehen. Neben dem Sportbecken (28,5 °C) gibt es ein Kinder- und ein Lehrschwimmbecken. Im

Außenbereich stehen eine Sonnenterrasse mit Strandkörben und Sonnenliegen sowie ein Matschspielplatz und ein Beachvolleyballfeld zur Verfügung. Zudem werden in der Saunaoase verschiedene Saunen (Dampfbad, Bio- und finnische Sauna) mit Ruheraum angeboten.
Kontakt: Am Hallenbad 1, 33758 Schloß Holte-Stukenbrock, ✆ 05207/4680

Die Emsquelle

Wasserspielplätze

Bei so vielen Bächen und Quellen ist es selbstverständlich, dass die Stadt auch über Wasserspielplätze verfügt. Der Wasserspielplatz im Erlebnispfad Holter Wald lädt zu ausgelassenem Spiel in der Matschanlage oder direkt im Bach ein. Die neu gestaltete Wapelaue verfügt dagegen über ein Wassertretbecken. Beide Wasserspielplätze sind jederzeit zugänglich.
Adressen:
Wasserspielplatz Erlebnispfad Holter Wald, Dechant-Brill-Str., 33758 Schloß Holte-Stukenbrock
Wapelaue, St. Michael-Str./Höhe Friedhofkapelle, 33758 Schloß Holte-Stukenbrock

BMX

Auf der Wiese hinter dem Gartenhallenbad befindet sich eine BMX-/Dirtbahn. Ob große Sprünge oder gemütliche Hügelrunde, hier haben BMX-Fahrer die freie Wahl. Zudem lockt in Stukenbrock-Senne eine weitere Dirtbahn.
Adresse: *BMX-/Dirtbahn*, Am Hallenbad 1 (hinter dem Hallenbad), 33758 Schloß Holte-Stukenbrock;
Dirtbahn, Jägergrund (hinter dem Spielplatz), 33758 Schloß Holte-Stukenbrock

Der Erlebnispfad im Holter Wald

Erlebnispfad Holter Wald

An 16 Stationen kann alles über das Biotop Wald erlebt werden. Ob Sie am Insektenhotel kleine und große Brummer beobachten, sich im Weitsprung mit den Tieren des Waldes messen oder einfach nur einmal das Blätterdach betrachten. Jede Station ist mit Klapptafeln ausgestattet, sodass nichts im Wald unentdeckt bleibt. Für alle Geocacher eignet sich der Erlebnispfad

ebenfalls. Der Erlebnispfad ist als Multi-Cache angelegt. GPS-Geräte gibt es an der Rathaus-Info im Verleih.
Adresse: Dechant-Brill-Str. (Turnhalle der Gesamtschule), 33758 Schloß Holte-Stukenbrock

▸ Boßeln
Auf vier Strecken im Stadtgebiet finden Fans des ostfriesischen Volkssports alles, was das Boßelherz begehrt. Die Strecken haben eine Länge von drei bis vier Kilometern und sind in zweieinhalb bis drei Stunden zu absolvieren. Das entspannte Kugelschieben durch die herrliche Landschaft ist für jedermann geeignet. Die Boßelausstattung vom FC Stukenbrock kann telefonisch reserviert werden.
Kontakt: ✆ 05257/2429

Spenge

(Kreis Herford)

Die Kleinstadt Spenge liegt im Ravensberger Hügelland nördlich des Teutoburger Waldes. Die Region wurde bereits seit der vorrömischen Eisenzeit regelmäßig besiedelt, war Gebiet der sächsischen Engern und wurde nach der Unterwerfung durch Karl den Großen fränkisch. Bis in die Gegenwart prägt die Landwirtschaft auf dem fruchtbaren Lößboden das Bild der verschiedenen Ortsteile der Stadt Spenge, die erstmals im Jahre 1096 urkundliche Erwähnung fand. Der Stadtkern präsentiert sich modern mit einer vielfältigen Infrastruktur.

Stadt Spenge – Stadtmarketing
Lange Str. 52–56
32139 Spenge
✆ 05225/8768400
www.spenge.de

Sehenswertes

▸ Kirche St. Martin
Die Kirche (Lange Str. 72), die noch vor gut einem Jahrhundert ziemlich frei auf einer Anhöhe stand, erhebt sich heute im Stadtzentrum. Die heutige Martinskirche wurde in der 2. Hälfte des 13. Jhs. gebaut, deren Vorgängerbau vermutlich bis ins 9. Jh. zurückreicht. Bedeutendstes Schmuckstück ist der Martinsaltar aus dem 15. Jh., der als besonders schönes Exemplar westfälischer Bildhauerkunst lange im Landesmuseum für Kunst- und Kulturgeschichte in Münster stand. Er zeigt Szenen aus der Passionsgeschichte Christi und ein Bild aus der Legende, in der der heilige St. Martin seinen Mantel mit einem Bettler teilt. Seit 1993 steht der „Spenger Altar“ als Dauerleihgabe wieder in der Kirche.

▸ Marienkirche Wallenbrück
Am Ufer der Warmenau im Ortsteil Wallenbrück (Neuenkirchener Str. 254) steht die älteste Kirche Spenges. Die Marienkirche wurde bereits im Jahre 1096 erstmals erwähnt und ist damit als älteste urkundliche Erwähnung des Siedlungsraumes Spenge bekannt. Glanzstück ihrer Ausstattung ist die Barock-Orgel aus dem Jahre 1659, die älteste Orgel im Ravensberger Raum.

▸ Windmühle Hücker-Aschen
Da sich das Mahlen rings um Spenge sehr viel einfacher mit der Wasserkraft der vielen Bäche erledigen ließ, sind Windmühlen eine Seltenheit. Die Wallholländer-Windmühle im Stadtteil Hücker-Aschen wurde 1861 errichtet und blieb bis 1955 (ab 1948 ohne Flügel) im Dienst. Nach umfangreichen Renovierungsarbeiten kann das fast vollständig erhaltene technische Inventar im Inneren besichtigt werden.
Kontakt: Windmühlenweg, 32139 Spenge/Hücker-Aschen, Heimatverein Hücker-

Aschen, 05225/6778, www.huecker-aschen.de

Schloss Mühlenburg
Die ehemalige Wasserburg der Adelsfamilie von Ledebur wurde im Jahr 1468 zum ersten Mal erwähnt und 1858 verkauft. Sie befindet sich nach wie vor im Privatbesitz und ist nur teilweise für die Öffentlichkeit zugänglich. Von der mittelalterlichen Burg sind lediglich die Grundmauern und ein Eckturm erhalten geblieben. In einem Teil der Räume befindet sich ein Musik- und Tanzclub. Im Sommer hat das Café im Park geöffnet (So, 14–17 Uhr), bei schlechtem Wetter im Schloss.
Adresse: Schlossstr./Mühlenburger Str., 32139 Spenge

Werburg-Ensemble
Die Spenger Werburg, Reste einer zweiten Wasserburg der Adelsfamilie von Ledebur, ist das älteste Gebäudeensemble und das Schmuckstück der Stadt Spenge. Es besteht aus dem Torhaus von 1596, heute Trauzimmer des Standesamtes und Stadtarchiv, dem Herrenhaus (Museum) und der Scheune (Sonderausstellungen).
Adresse: Werburg 1, 32139 Spenge

Das Werburg-Museum

Torhaus zur Werburg

Museum

Werburg-Museum
Im Herrenhaus des Werburg-Ensembles wurde 2016 ein historisches Museum für Kinder und Familien eröffnet. Interaktive Erlebnisräume zeigen das Leben auf einem ländlichen Adelssitz zur Zeit der Renaissance und des Barock. Kinder und Erwachsene erleben und entdecken den Gutshof-Alltag, altes Handwerk, ausgefallene Kochkünste, Mode, Recht und Familiengeschichte. Neben unterschiedlichsten Aktivitäten werden auch Rätselbögen, Museumskoffer und Führungen für Erwachsene angeboten. Und im Bereich der historischen Küche befindet sich ein schönes Besuchercafé. Regelmäßig werden öffentliche Führungen, Familiennachmittage und Workshops angeboten. In der Scheune des Werburg-Ensembles werden Sonderausstellungen gezeigt.
Kontakt: Werburg 1, 32139 Spenge, 05225/6006894, www.werburg-museum-spenge.de

Freizeit & Natur

Reiten
In Spenge und Umgebung gibt es verschiedene Möglichkeiten, die Welt vom Rücken

eines Pferdes aus zu betrachten. Von der Reitschule für Kleinkinder über Reittherapie, unvergesslichen Reiterferien mit Reitabzeichen bis hin zu professionellen Spring- und Dressurprüfungen ist alles möglich.
Kontakt:
Reitschule Pysall, Fichtenweg 12, 32139 Spenge, 05225/1757 o. 0157/85089693, www.reitschule-spenge.de
Reittherapiezentrum Warmenautal, Klockenbrink 34, 32139 Spenge, 0160/96211984, www.warmenautal.de
Reiterhof Wortmann GbR, Niedermühlenweg 18, 32139 Spenge, 05225/1468, www.reiterhof765.de
Reit- und Fahrverein „Graf Haeseler" Wallenbrück-Bardüttingdorf e. V., An der Reithalle 2, 32139 Spenge, www.graf-haeseler.de

Wandern & Radfahren

Wunderschöne Wanderwege rund um Spenge und in den Ortsteilen laden zur aktiven Freizeitgestaltung ein. So führt der *Spangenweg* mit einer Gesamtlänge von ca. 16 km einmal rund um Spenge. Mit dem neu gestalteten *Elsterweg* (vom Katzenholz an der Mühlenburg über das Werburg-Ensemble bis zur Alten Mühle am Mühlenbach) ist im Spenger Zentrum ein familiengerechter Erlebnispfad entstanden.
Für Radfahrer sind die zwei *Natur-Routen Spenge-Süd* (25 km) und *Spenge-Nord* (16,5 km) sowie die Tagestour *Enger, Spenge und das Hücker Moor* (HF 6, 43 km) zu empfehlen. Zudem ist Spenge Ausgangspunkt der *Kleinbahntrasse-Mittelachse* (34 km) über die Trassen der ehemaligen Kleinbahnen bis nach Herford. Begleithefte für die Touren sind beim Spenge-Marketing zu erhalten.

Hücker Moor

Das Hücker Moor ist ein Moorsee in der Nähe von Spenge und ein beliebtes Ausflugsziel für die Region. Das Gewässer ist im Laufe des 18. und 19. Jhs. durch Austorfung eines Flachmoores entstanden. Der schön gelegene See bietet zu allen Jahreszeiten herrliche Eindrücke. Mehrere Gaststätten laden zum Verweilen ein, Ruderboote können vor Ort ausgeliehen werden. Auf einem ca. 3,5 km langen Wanderweg kann der See großräumig umwandert werden. Hier zeigen sich vom Aussichtspunkt „Paradies" schöne Perspektiven auf das Gewässer.
Adresse: Moorstr., 32139 Spenge

Im Hücker Moor

Steinhagen

(Kreis Gütersloh)

Als Keimzelle des Ortes werden die Hofstellen „Schabbehardt" und „Burde" im heutigen Steinhagen vermutet, die schon 1147 Erwähnung finden. Einen Aufschwung erlebten die bäuerlichen Betriebe ab dem 13. Jh. mit dem Anbau von Flachs und Hanf sowie der Hausspinnerei und -weberei, die schließlich zum florierenden Leinengewerbe führte. Im 19. Jh. brach das bäuerliche Leinengewerbe zusammen. Der spätere wirtschaftliche Aufschwung der Gemeinde wurde vornehmlich vom örtlichen Brennereiwesen geprägt, das seine Blütezeit zwischen 1959 und 1969 hatte. Bis heute ist der weltberühmte „Steinhäger“ das Aushängeschild der Gemeinde.

Gemeinde Steinhagen
Am Pulverbach 25
33803 Steinhagen
05204/9970
www.steinhagen.de

▸ Großer Kniender
Für Kunstinteressierte ist ein Abstecher zum Werksgelände Hörmann Pflicht, da hier seit 2015 eine wahrlich große Skulptur steht. Das Werk des international bekannten Bildhauers Stephan Balkenhol zeigt einen knienden, aufrechten Mann, vor dem man sich wirklich klein fühlt.
Adresse: Upheider Weg 91, 33803 Steinhagen

Sehenswertes

▸ Historischer Ortskern
Auch wenn die ehemalige Bebauung des Kirchrings weitgehend durch Neubauten ersetzt wurde und im Ortskern nur noch wenige Fachwerkbauten erhalten blieben, lohnt sich ein Rundgang. Sehenswert sind das Dielenhaus **Haus Ordelheide** (vermutlich um 1700), die **Alte Schmiede** (1834) und das **Brinkhaus**, ein Fachwerk-Dielenhaus mit Utlucht (1715). Nicht zu übersehen ist das Wahrzeichen von Steinhagen auf dem Dach des Historischen Museums: eine grüne, 5 m hohe **Steinhägerkruke**.

Das Aushängeschild der Gemeinde

▸ Evangelische Dorfkirche
Die ev. Dorfkirche in Steinhagen ist seit 1334 eine Pfarrei. Die zweischiffige, aus dem 14. Jh. stammende Halle wurde 1901 erweitert. Ein Turm mit Satteldach ist an der westlichen Seite vorgelagert. Zu den bemerkenswerten Ausstattungsstücken gehören ein Flügelaltar, der um 1450/60 entstand, ein Taufstein von 1693 sowie ein eindrucksvolles Mosaik über dem Haupteingang, das den Erzengel Michael im Kampf mit dem Drachen zeigt.

Museum

▸ Historisches Museum Steinhagen
In den Räumen der ehemaligen Brennerei Schlichte kann der Besucher eine Sammlung von historischen Brenngeräten und Werkzeugen zur Herstellung von Wacholderbranntwein entdecken. Umrahmt werden die Exponate von allerlei Utensilien zur Herstellung und zum Vertrieb des weltberühmten Wacholder-Branntweins. Auch alte Fotos, Urkunden, Trachten, Transportmittel etc. sind ausgestellt und dokumentieren die Siedlungs- und Industriegeschichte der Gemeinde. Führungen werden auf Anfrage durchgeführt.
Kontakt: Kirchplatz 26, 33803 Steinhagen, 05204/7755, www.historisches-museum-steinhagen.de

Freizeit & Natur

▸ Wandern & Radfahren
Die sechs ausgewiesenen Naturschutzgebiete lassen sich prima auf den insgesamt neun in und um Steinhagen angelegten Rundwanderwegen (3–7 km) erkunden.

Besonders beliebt ist der *Weg für Genießer* (www.geniesserweg.de), der die Gemeinden Steinhagen, Halle, Werther, Borgholzhausen und Versmold verbindet.
Neben der bekannten *BahnRadRoute Teuto-Senne* führen verschiedene Touren fernab der Hauptverkehrsstraßen durch die ländliche Umgebung. Auf der Tour *Schnapsidee und Herrengedeck* bewegt man sich auf den Spuren alter Brennerei-Dynastien und kann einen Blick in die Welt des Hochprozentigen riskieren.

Wacholderheide und Gedenkstein
Das Zypressengewächs, das bereits in der germanischen Mythologie und im mittelalterlichen Volksglauben auftaucht, war einst die Grundlage für die hiesige Schnapsproduktion. Ein Naturerlebnispfad am Petersberg geht den mystischen Pflanzen auf den Grund. In der Nähe erinnert der Gedenkstein Karl Carstens an den agilen „Wanderpräsidenten", der hier 1983 von der Ravensburg zur Sparrenburg eilte.

Leberblümchenberg
Der Leberblümchenberg ist Teil des Naturschutzgebiets Jakobsberg im Ortsteil Amshausen, das 1941 erstmalig unter Schutz gestellt wurde. Ab Mitte März bedecken die blauen Blütensterne des Leberblümchens den Waldboden mit einem spektakulären Blütenteppich, der alljährlich viele Touristen anlockt. Ein Wanderweg, der am Ausflugslokal Friedrichshöhe beginnt, führt rund um den Berg.

Das Leberblümchen

Schwimmbäder
Bei sonnigem Wetter mit Lufttemperaturen über 20 °C bietet das **Waldbad** Steinhagen Erfrischung. Besonders für Kinder ist der seichte Einstieg in den herrlichen Badesee mit Sandstrand ideal. Das Naturbad wird aus einer nahen Quelle gespeist, deren Wasserqualität Bestnoten erzielt. Im Winter steht ein **Hallenbad** mit 25-m-Becken zur Verfügung.
Kontakt:
Waldbad: Waldbadstr. 39, 33803 Steinhagen, 05204/997447 o. 8804036
Hallenbad: Am Cronsbach 2, 33803 Steinhagen, 05204/997457
www.gs-werke.de/baeder

Bürgerpark
2015 wurde in Steinhagen der neu gestaltete Bürgerpark am Dorfteich eröffnet. Mit Sitzmöglichkeiten und einer Steganlage, verschiedenen Spiel- und Matschbereichen für Kinder, einer Spiel- und Bewegungslandschaft für alle Generationen sowie einer Boule-Anlage bieten sich viele Möglichkeiten zur Freizeitgestaltung.

Steinheim

(Kreis Höxter)

Die Stadt an der Emmer, in einer abwechslungsreichen Hügellandschaft gelegen, kann auf eine lange Geschichte zurückblicken. Um Christi Geburt wurde das Gebiet vom germanischen Stamm der Cherusker bewohnt, deren Heerführer

Arminius bekanntlich Weltgeschichte schrieb. Erstmals um 970 erwähnt, erlangte Steinheim 1275 das Stadtrecht. Vom Dreißigjährigen Krieg und der Pest heimgesucht, wuchs der Ort zu einer bescheidenen Ackerbürgerstadt heran. Um die Mitte des 19. Jhs. setzte der Wandel zu einer industriellen Kleinstadt ein, die bis in die 1970er-Jahre ein Zentrum der Möbelproduktion war.

Stadt Steinheim
Marktstr. 2
32839 Steinheim
05233/210
www.steinheim.de

Sehenswertes

Kump
Das Wahrzeichen der Stadt Steinheim ist der „Kump" auf dem Marktplatz. 1855 wurde der heutige Brunnen an der Stelle des alten Fachwerk-Rathauses errichtet. Hierher führte die erste Steinheimer Wasserleitung. Das Wasser kommt aus einer höher gelegenen Quelle außerhalb der Stadt und füllte das fast drei Meter tiefe Speicherbecken, das bis 1933 Lösch-, Brauch- und Trinkwasser vorhielt. Heute ist der runde Brunnen ein beliebter Treffpunkt im Herzen der Innenstadt.

Wasserschloss Vinsebeck
Die ehemalige Sommerresidenz der Paderborner Domherren wird häufig als eines der schönsten Schlösser Westfalens bezeichnet. Die Barockanlage von 1720 steht auf einer quadratischen, von einer wassergefüllten Gräfte umgebenen Insel. Der Schlossgarten mit Neptunbrunnen und Steinfiguren ist nur noch teilweise in seinen barocken Formen erhalten. Die weitgehend erhaltene ursprüngliche Innenausstattung u. a. des „Mohren-" und des „Chinesenzimmers" machen den bezaubernden Reiz des Schlosses aus. Die Anlage befindet sich in Privatbesitz, sie ist nach telefonischer Absprache zu besichtigen.
Kontakt: Steinheimer Str. 1, 32839 Steinheim-Vinsebeck, 05233/9538804

Wasserschloss Thienhausen
Das eindrucksvolle Juwel der Weserrenaissance wurde 1609 von Tönnis Wolf von Haxthausen im Tal des Holmbachs errichtet. Sehenswert ist besonders der Südgiebel mit der wertvollen Bildhauerarbeit „Madonna mit einem Kind". 20 Jahre lang lebte Friedrich Wilhelm Weber in dem Schloss und verfasste das berühmte Versepos „Dreizehnlinden". Eine Besichtigung ist nur von außen möglich.
Adresse: Dreizehnlindenweg 1, 32839 Steinheim (nahe der Ortschaft Rolfzen)

Der Kump auf dem Marktplatz

Pfarrkirche St. Marien
Als Nachfolgerin einer steinernen Saalkirche wurde die Kirche in der Mitte des 12. Jhs. als kreuzschiffige Basilika errichtet und in mehreren Bauperioden zur Hallenkirche erweitert. Vom romanischen Bau sind u. a. die beiden Säulenportale mit dem thronenden Christus und drei Standkreuzen erhalten. Von der Ausstattung sind v. a. das gotische steinerne Sakramentshaus im Chor und der Hochaltar aus der Zeit um 1500 bemerkenswert.

▸ Bauernburg Ottenhausen

Wann das vermutlich älteste noch bestehende Gebäude im Ortsteil Ottenhausen errichtet wurde, ist nicht gesichert. Schätzungen datieren den Wehrspeicher auf das 12. oder 13. Jh.
Adresse: Brinkstr. 31, 32839 Steinheim-Ottenhausen

▸ Paradieshof

Der Paradieshof an der Detmolder Straße 24 wurde 1729 im Auftrag des Paderborner Fürstbischofs errichtet. Er diente zunächst als Amtssitz des fürstbischöflichen Rentmeisters und wurde von wechselnden Besitzern bis 1993 bewirtschaftet. Der denkmalgeschützte Hof ist ein sehr seltenes Beispiel eines älteren, vollständig erhaltenen und landwirtschaftlich genutzten Anwesens.

▸ Jüdischer Friedhof

Der Friedhof der jüdischen Gemeinde Steinheim wird 1606 erstmals erwähnt. Mit der bisher letzten Bestattung im August 1978 ist der kleine Friedhof der älteste durchgehend belegte jüdische Begräbnisplatz in ganz Westfalen. Er befindet sich an der Detmolder Straße, früher „Am Judenberge“.

▸ ☺ Teddy- und Puppenmuseum

2017 eröffnete in der Innenstadt Steinheims das „AKD Teddy- und Puppenmuseum“ seine Pforten. Da die private Sammlung inzwischen rund 1500 Teddys und Puppen zählt und nicht alle Exemplare gleichzeitig gezeigt werden können, wird die Ausstellung regelmäßig neu gestaltet. Die Räumlichkeiten einer ehemaligen Gaststätte werden zudem für Lesungen, Vereinssitzungen etc. genutzt.
Kontakt: Höxterstr. 11, 32839 Steinheim, ☎ 0171/5137502, 🌐 www.teddymuseum-steinheim.de

▸ ☺ Feuerwehrmuseum

In den Räumen des ehemaligen landwirtschaftlichen Lips Hofs im Ortsteil Hagedorn hat die Feuerwehr Steinheim ein kleines Feuerwehrmuseum eingerichtet. Im gleichen Gebäude befinden sich der Dorfgemeinschaftsraum sowie ein Heubodenhotel mit 25 Schlafplätzen. Besichtigungen des Museums sind zu allen öffentlichen Veranstaltungen oder nach telefonischer Absprache möglich.
Kontakt: Lips Hof, 32839 Steinheim-Hagedorn, ☎ 0160/97834217

Museen

▸ Steinheimer Möbelmuseum

Seit 2002 dokumentiert das Möbelmuseum die Geschichte der Steinheimer Kunsttischlerei und Möbelindustrie. Die Ausstellung zeigt einen Querschnitt der verschiedenen Möbelepochen der letzten Jahrhunderte. Neben antiken Möbeln geben Werkzeuge Einblick in die Handwerkskunst von einst.
Kontakt: Rolfzener Str. 1, 32839 Steinheim, ☎ 05233/964005, 🌐 www.moebelmuseum.de

Das Steinheimer Möbelmuseum

Freizeit & Natur

▸ Sandebecker Vulkan

Der südlich von Sandebeck entdeckte Vulkan ist Deutschlands nördlichster und vermutlich auch kleinster Vulkan. Aber eigentlich ist er kein richtiger Vulkan, da der 10 m breite und 300 m tiefe Basaltgang in der Erdkruste stecken geblieben ist. Ab 1834 ließ die preußische Regierung das helle, blaugraue Basaltgestein zeitweise für Straßenschotter abbauen. Die Reste des Basaltsteinbruchs wurden 1974 unter Naturschutz gestellt und sind über den Wanderweg *A4* zu erreichen.

▸ Wandern & Radfahren

Rings um Steinheim gibt es viele regionale und überregionale Wanderwege wie den *Emmerweg* (72 km), den *Kreiswanderweg Nord* (156 km) oder den *Egge-Bäder-Weg* (33 km). Radwandertouristen erreichen Steinheim über die überregionalen Radwege *R 1* und die *BahnRadRoute Weser-Lippe*. Rings um die Kernstadt führen zwölf ausgebaute Rundwege an interessanten Sehenswürdigkeiten und schönen Aussichtspunkten vorbei. Die beliebte, 26 km lange Rundstrecke *Im Reich des Grünen Königs* führt abseits befahrener Straßen durch die Emmeraue vorbei an Nieheim, entlang der Tongruben und zum neuen Aussichtsturm auf dem Lattberg.

▸ Freibad

Das Freibad mit Schwimmbecken, separatem Nichtschwimmerbecken und einer Breitwasserrutsche gehört im Sommer zu den Lieblingsplätzen der Steinheimer. Weiterhin gibt es drei Beachvolleyballfelder, einen großen Kinderspielplatz mit Planschbecken, Tischtennisplatten und Schachfeld sowie eine weitläufige Liegewiese mit altem Baumbestand.

Kontakt: Schützenplatzallee 6, 32839 Steinheim, 05233/8163, www.freibad-steinheim.de

▸ Karnevalsweg

Der erste Rosenmontagszug der Neuzeit wurde in Steinheim bereits 1911 organisiert. Seither hat sich der Ort zu einem Hotspot der Karnevalisten gemausert, wie die über 2000 Teilnehmer alljährlich unter Beweis stellen. Um diese Tradition zu erläutern, wurde ein 4,4 km langer Themenweg angelegt, der an elf Stationen bedeutsame Orte für den „Steinheimer Karneval von damals bis heute" erklärt.

Startpunkt: Rathaus, Marktstr. 2

Das Freibad in Steinheim verspricht Erfrischung

▸ Segelflugplatz Vinsebeck

Wer höher hinaus will, dem bietet das Segelfluggelände des LSV Egge e.V. im Ortsteil Vinsebeck die Möglichkeit für Segel- und Drachenflug. Bei guter Witterung hat man von dort eine ca. 30 km weite Sicht über das gesamte Steinheimer Becken sowie in Richtung Weserbergland. Es werden an Wochenenden und Feiertagen Schnupperkurse und Mitflugmöglichkeiten angeboten.

Kontakt: Flugplatz Frankenberg, 32839 Steinheim/Vinsebeck, 05234/5405, www.lsv-egge.de

Stemwede

(Kreis Minden-Lübbecke)

Die Flächengemeinde liegt im nördlichsten Teil von Nordrhein-Westfalen und gehört zum Mühlenkreis Minden-Lübbecke. Sie wurde 1973 aus insgesamt 13 Ortschaften gebildet und nach dem als Wander- und Ausflugsziel bekannten „Stemweder Berg" benannt. Die zugehörigen Dörfer schauen teilweise auf eine 1000-jährige Vergangenheit zurück und haben zumeist ihren ursprünglichen Charakter bewahrt. Stemwede gehört zum Naturpark Dümmer.

Touristinfo der Gemeinde Stemwede
Altes Amtshaus
Buchhofstr. 17
32351 Stemwede
05745/78899914
www.stemwede.de

Sehenswertes

▸ Stiftsort Levern

Im heutigen Ortsteil Levern bestand von 1227 bis um 1540 ein Kloster der Zisterzienserinnen, das im 17. Jh. in ein freiweltliches, adeliges Damenstift umgewandelt und 1810 aufgelöst wurde. Das Kloster war neben St. Aegidii in Münster das früheste Nonnenkloster in Westfalen. Gemeinsam mit der ehemaligen Kloster- und heutigen Pfarrkirche bilden die barocken Stiftskurien den historischen Ortskern. Diese Fachwerkbauten mit verschieferter Westfront und adeligem Wappenstein über dem Eingang waren die Wohnsitze der Stiftsdamen. Von März bis Oktober können über die Touristinfo amüsante Erlebnisführungen mit „kostümierten Zeitzeugen" durch Ort und Kirche gebucht werden.
Adresse: Auf der Imlage 9, 32351 Stemwede-Levern

▸ Mühlen

In Stemwede existieren noch drei Mühlen, die alle Teil der Westfälischen Mühlenstraße sind.
Kolthoffsche Hofmahlmühle: Auf einem großen Gelände erhebt sich die sechseckige Holländer-Galeriemühle von 1922. Ein Backhaus mit Steinbackofen, ein Kinderspielplatz, ein Bauerngarten und ein Museum mit historischen Landmaschinen, ein Fachwerkspeicher und eine ehemalige Rossmühle ergänzen das Ensemble.
Adresse: Mühlenweg 7, 32351 Stemwede
Windmühle Destel: Aus dem frühen 19. Jh. stammt dieser Galerieholländer mit achteckigem Fachwerkunterbau, der verbrettert und geschindelt wurde. Nach Einstellung des Mühlenbetriebes um 1960 wurde die ursprüngliche Technik entfernt.
Adresse: Lübbecker Str. 14, 32351 Stemwede-Destel
Bockwindmühle Oppenwehe: Die Mühle wurde 1705 erbaut, um 1870 umgesetzt und 1989/92 vollständig restauriert. Die Technik der Mühle ist erhalten und mahlfähig. Zum Ensemble gehören zwei Fachwerkscheunen. Eine davon verwahrt im Dachgeschoss Handwerks-, Haushalts- und Arbeitsgeräte von anno dazumal.
Adresse: Speckendamm 22, 32351 Stemwede-Oppenwehe
Informationen: www.muehlenkreis.de

„Zeitzeugen" in historischen Kostümen

Die Kolthoffsche Hofmahlmühle

Schloss Haldem
In der Ortschaft Haldem am Südhang des Stemweder Berges befindet sich ein altes Rittergut der Mindener Bischöfe. Im Dreißigjährigen Krieg vollkommen zerstört, wurde es um 1700 neu aufgebaut. Nach mehrfachem Besitzerwechsel und unterschiedlicher Nutzung dient es heute als Maßregelvollzugsklinik. Eine Besichtigung des Schlosses ist daher nur nach vorheriger Terminabsprache möglich.
Kontakt: Haldemer Str. 79, 32351 Stemwede, 05474/690, www.lwl.org

Museen

Heimathaus Levern
Im ehemaligen Pfarrhaus aus dem Jahr 1714 hat der Heimatverein rund 2000 interessante Exponate aus zehn Jahrhunderten ausgestellt. Zu den besonderen Stücken gehören die alte Turmuhr der Stiftskirche und die Thora-Rolle der früheren Leverner Synagoge. An den Öffnungstagen und nach Anmeldung wird die Arbeit an den zum Teil 200 Jahre alten Webstühlen vorgeführt. Führungen nach Vereinbarung.
Kontakt: Propsteiweg 13, 32351 Stemwede-Levern, 05745/300314, www.levern.de/heimatverein

Heimathaus Wehdem
Im Heimathaus von Wehdem kann man viel über Leben, Arbeit und Trachten aus früheren Zeiten erfahren. Unter anderem werden die alte Kirchenuhr aus Wehdem und Dokumente über die Amerika-Auswanderer gezeigt. Brautpaare können hier den Bund fürs Leben schließen. Geöffnet wird auf Anfrage.
Kontakt: Stemwederberg-Str. 81, 32351 Stemwede-Wehdem, 0171/5307800

Mühlenheider Windkraftmuseum
Im Ortsteil Oppendorf widmet sich ein Museum der Geschichte der modernen Windkraftnutzung. Mit über 20 verschiedenen Windkraftanlagen aus Deutschland und dem europäischen Ausland, darunter rund zehn Freilichtexponate, ist es Deutschlands einziges Windkraftmuseum und eine der größten Sammlungen an Windkraftanlagen weltweit. Führungen nach Vereinbarung.
Kontakt: Mühlheide 14, 32351 Stemwede-Oppendorf, 05773/911420, www.muehlenheider-windkraftmuseum.de

Freizeit & Natur

Oppenweher Moor und Dümmer
Der eigenartige Reiz des Naturschutzgebietes Oppenweher Moor lässt keinen Besucher unberührt. Selten gewordene Tiere wie der Moorfrosch, der zur Laichzeit ganz blau wird, sind hier noch beheimatet und können beobachtet werden. Ein Freizeitvergnügen der Extraklasse verspricht ein Besuch des 340 qkm großen Naturparks Dümmer, der zu einem Drittel auf westfälischem Gebiet liegt. Lohnenswert ist eine geführte Tour mit der „Moorexpertin". Neben dem unberührten Wasservogelreservat im Süden ist der Dümmer See

die ideale Freizeitarena für Wassersportler.
Kontakt: Moorbesuch, 05745/78899914

Manufaktur BrennerEy
Im unteren Stockwerk der ehemaligen Dielinger Genossenschaftsmühle in Stemwede-Drohne kommt seit 2011 der Geist in die Flasche. In der kleinen Manufaktur „BrennerEy" werden aus den unterschiedlichsten Zutaten hochwertige und preisgekrönte Brände destilliert. Nach vorheriger Absprache werden Brennereiführungen mit Erläuterung, passendem Imbiss und natürlich den Geschmacksverkostungen durchgeführt.
Kontakt: Drohner Str. 2, 32351 Stemwede-Drohne, 05474/205733, www.brennerey.com

Esel-Trekking
Wer einmal erleben möchte, wie es ist, mit einem Esel als Begleiter auf Wandertour zu gehen, der findet dazu auf dem Eselhof Priesmeier Gelegenheit. Es werden unterschiedliche Touren wie Schnupper-, Mehrtages- oder Familien-Trekking angeboten.
Kontakt: Oppendorfer Str. 1, 32351 Stemwede-Oppendorf, 05773/335, www.esel-trekking.de

An der Leverner Mühle wird westfälischer Pickert gebacken

Grünes Erlebnisdorf
Im Ortsteil Niedermehnen kommt keine Langeweile auf. Bauernhofführungen, Walderlebnispfad, Besuch beim Imker, Hofcafés und Hofläden, Heuhotel und Maislabyrinth, Gästeführungen zu Fuß, mit dem Rad, Planwagen oder Bus stehen auf dem Programm. Unbedingt sehenswert ist der seit 30 Jahren gestaltete Naturgarten mit Kunstobjekten, in dem der Vogelwelt ein Refugium gestaltet wurde.
Kontakt: 32351 Stemwede-Niedermehnen, 05745/9208388, www.niedermehnen.de

Rila-erleben
In Stemwede-Levern hat der hier ansässige Feinkosthändler Rila eine moderne Erlebniswelt für alle Sinne eingerichtet. Im Zentrum steht ein kreisrundes Gebäude aus Stahl, Beton, Naturstein und Glas. Hier werden in einem landestypischen Ambiente Spezialitäten aus aller Welt präsentiert und zum Verkauf angeboten. In Restaurant und Tapas-Bar lassen sich kulinarische Köstlichkeiten mit Rundumblick auf die ostwestfälische Landschaft genießen. Außen bietet ein einfallsreicher Erlebnisspielplatz (Apr–Okt) mit Seilbahn, Rutsche, Niedrigseilstrecke und Kletternetz Platz zum Toben. In den Gärten der Sinne kann man in den Sommermonaten eine bunte Gartenarchitektur mit italienischen, griechischen und afrikanischen Elementen erleben.
Kontakt: Hinterm Teich 9, 32351 Stemwede-Levern, 05745/945200, www.rila-erleben.de

Wandern & Radfahren
In Stemwede hat man Anschluss an die *BahnRadRoute Weser-Lippe*, die *LandArtRoute* und die *Mühlenroute*. Zudem sind verschiedene Rundtouren ausgewiesen. Für Wanderer lohnt sich der Stemweder Berg mit seinen Aussichtsmöglichkeiten. Insgesamt sind

15 Wandertouren (1–11 km) ausgeschildert. Wer mehr über die Schätze der Natur erfahren möchte, der sollte sich dem „Stemweder Berg-Wichtel“ anschließen, einem zertifizierten Natur- und Landschaftsführer.

Verl

(Kreis Gütersloh)

Der erste schriftliche Beleg für eine Hofstelle im heutigen Stadtgebiet von Verl stammt aus dem Jahr 1088. Eine erste Namensnennung erfolgte im Jahr 1264 als „Verlo“, was als „vier Wälder“ oder „abseits gelegener Wald“ gedeutet wird. Das Verler Land, das Mitte des 19. Jhs. sehr arm war, erfuhr erst mit Fertigstellung der Straßen- und Eisenbahnverbindungen zu den größeren Städten um 1900 einen wirtschaftlichen Aufschwung.

Stadt Verl
Paderborner Str. 5
33415 Verl
05246/9610
www.verl.de

Sehenswertes

▸ Historischer Ortskern
Sehenswert sind das ehemalige Heuerlingshaus (1741/42, Bürmannstr. 10), der Zweiständer-Fachwerkbau Bürmanns Hof (Inschrift „1698“, Kirchplatz 5) sowie das Fachwerk-Traufenhaus (frühes 19. Jh., um 1900 im Jugendstil umgebaut, Kirchplatz 4). Der Ortskern wird von der kath. Pfarrkirche St. Anna überragt, die 1792 bis 1801 als klassizistische Hallenkirche errichtet wurde. Die für Westfalen eher untypische Architektur geht auf den Erbauer Fürst Wenzel Anton von Kaunitz-Rietberg (1711–1794) zurück, der als Staatskanzler der österreichischen Kaiserin Maria Theresia Berühmtheit erlangte.

▸ Hof Johannliemke
In der näheren Umgebung finden sich noch einige große Einzelhöfe, wie sie für diese Gegend typisch sind. Eindrucksvoll ist der denkmalgeschützte Hof Johannliemke (Mühlenstr. 1), der bereits 1153 urkundlich erwähnt wurde. Die von Eichen umgebene Hofanlage wird von einer Gräfte umflossen und besteht aus mehreren Gebäuden. Im Zentrum steht das Haupthaus von 1822, ein mächtiger Vierständerbau mit Satteldach und reich dekoriertem Dielentor. Ein kleiner Fachwerk-Backspeicher (1509), ein Schafstall (1595) sowie eine Prozessionskapelle (um 1880) ergänzen das Ensemble.

Museen

▸ Heimathaus Verl
Das Ackerbürgerhaus aus der Mitte des 18. Jhs. wird seit 1986 als Heimathaus für heimatkundliche und kulturelle Veranstaltungen genutzt. Mit vielfältigen Exponaten und Dokumenten präsentiert der Heimatverein Themen wie historische Handwerke, jüdische Familien, Kriegsopfer der Weltkriege sowie die Siedlungsgeschichte der Hofstellen. Im oberen Geschoss zeigt das mit moderner Medientechnik ausgestattete „Heimatlabor“ die Entwicklung Verls von einer bäuerlichen Ansiedlung zum heutigen Industriestandort.
Kontakt: Sender Str. 8, 33415 Verl, 05246/82209, www.verlerland.de

▸ Knopfmanufaktur
Das Geschäftshaus der ehemaligen Druckerei Maasjost wurde nach umfassender Renovierung mit einer Einrichtung eröffnet, die bundesweit einzigartig ist. Zum einen werden die historischen Maschinen und Setz-

kästen aus der Gründungszeit der Druckerei gezeigt, die im Zeitalter der digitalen Technik ausgedient haben. Zum anderen wurde die komplette Einrichtung einer französischen Knopfmanufaktur vor dem Schrottplatz bewahrt, originalgetreu aufgebaut und zum Leben erweckt. Der Heimatverein bietet Führungen an, ☏ 05246/82209.
Kontakt: Sender Str. 1, 33415 Verl, ☏ 05246/7097006

Das Heimathaus Verl mit der Kirche St. Anna

Freizeit & Natur

▸ Wandern & Radfahren
Gut beschilderte Rundwander- und Radwege im Gemeindegebiet bieten zahlreiche Tourmöglichkeiten. Zu den beliebtesten Zielen gehören die Feuchtwiesenschutzgebiete Grasmeerwiesen, Fleckernheide und Große Wiese. Um die Stadt Verl aktiv, doch im eigenen Tempo zu erkunden, empfehlen sich auch der Besinnungsweg *Verler Kirchwege* (12 km), die *St.-Anna-Route* (30,5 km) und die Radrundtouren unter dem Motto „Verl erfahren".

▸ ☺ Freizeit- und Erlebnisbad
Im Verler Freibad steht ein 50-m-Sportbecken mit 10-m-Sprungturm zur Verfügung. Ebenfalls vorhanden sind ein Nichtschwimmerbereich mit Strand, Wasserrutsche, Whirlpool,

Badespaß im Erlebnisbad

Strömungskanal, Wasserpilz und Ähnlichem mehr. Außerdem gibt es ein Beachhandball- und ein Beachvolleyballfeld, einen Eltern-Kind-Bereich mit Matschbereich sowie eine Wärmehalle und eine große Liegewiese.
Kontakt: Zum Meierhof 91, 33415 Verl, ☏ 05246/82212

▸ ☺ Reiten
Pferdefreunden bietet der Reiterverein Verl e.V. zwei Reithallen, einen großzügig angelegten Außenspringplatz (Sand) und einen Turnierplatz (Gras).
Kontakt: Lönsweg 62, 33415 Verl, ☏ 05246/8582, 🌐 www.reiterverein-verl.de

Versmold

(Kreis Gütersloh)

Im Jahre 1096 erstmals erwähnt, zählt Versmold zu den ältesten Siedlungen der Region. Durch die Lage im Grenzbereich zweier konkurrierender Bistümer wurde das Gebiet zu einem ständigen Zankapfel zwischen den Bischöfen von Münster und Osnabrück. 1719 verlieh der preußische König Friedrich Wilhelm I. die Stadtrechte. Die Stadt entwickelte sich rasch zu einem Handelszentrum für Leinenweberei und

Garnspinnerei. Seit Mitte des 19. Jhs. steht die Herstellung von Fleischwaren im wirtschaftlichen Vordergund. Und was vor gut 150 Jahren mit Hausschlachtungen auf den Bauernhöfen begann, hat sich heute zur stadtprägenden Industrie entwickelt.

Stadt Versmold Stadtmarketing
Münsterstr. 16
33775 Versmold
05423/9540
www.versmold.de

Sehenswertes

Historische Innenstadt

In Versmold haben sich trotz zahlreicher Renovierungen einige schöne Fachwerkhäuser erhalten. Das älteste ist das **Oldermannsche Haus** (1602, Münsterstr. 7). Auch die **Alte Apotheke** ist beachtenswert (Ravensberger Str. 7). Die Innenstadt wird vom romanischen Westturm mit gotischen Treppengiebeln der Kirche **St. Petri** überragt. Im Inneren des 1096 erstmals erwähnten Gotteshauses sind Reste spätgotischer Gewölbemalereien erhalten. Ein Besuch des **Wurstträger-Brunnens** auf dem Marktplatz, den man hier schlicht als „Schweinebrunnen" bezeichnet, ist unerlässlich.

Museum

Heimatmuseum

Das Heimatmuseum wurde 1994 in einem typisch ravensbergischen Fachwerkkotten aus dem 18. Jh. eingerichtet. Zur Anlage gehören eine Schmiede, eine Wagenremise sowie ein historisches Backhaus. Die Dauerausstellungen beschäftigen sich mit den Themen „Leinen und Segeltuch", „Von der Hausschlachtung zur Fleischwarenindustrie" und „Haus- und Landwirtschaft".
Kontakt: Speckstr. 12, 33775 Versmold, 05423/9540 o. 43604, www.versmold-kulturhistorisch.de

Freizeit & Natur

Parkbad Versmold

Das kombinierte Frei- und Hallenbad bietet mit dem neu gestalteten Naturerlebnisbad Erholung, Sport und Spaß für Groß und Klein. Im neuen Strandbereich mit Strandkörben und großzügiger Liegewiese genießen Besucher Urlaubsfeeling. Die 50-m-Bahn, der Sprungturm, die breite Wellenrutsche und ein attraktiver Kleinkinderbereich lassen keine Wünsche offen.
Kontakt: Caldenhofer Weg 26, 33775 Versmold, 05423/7749, www.parkbadversmold.de

Golf

Der 18-Loch-Platz des Golfclubs Schultenhof Peckeloh e. V. ist eine außerordentlich attraktive Anlage in einem herrlichen Naturraum.
Kontakt: Schultenallee 1, 33775 Versmold, 05423/42872, www.schultenhof-peckeloh.de

Stadtpark

Der große Stadtpark mit seinem schönen Baumbestand und exotischen Gehölzen wurde bereits 1843 von der Unternehmerfamilie Delius angelegt. Schon kurz nach seiner Öffnung für die Öffentlichkeit 1902 wurde das Areal zum beliebten Treffpunkt der Versmolder Vereine. Sehenswert ist die neoklassizistische „Parkvilla" von 1913, in der heute ein Restaurant betrieben wird. Ein Geheimtipp für die Gesundheit ist die naturbelassene Wassertretstelle im Aabach. Im Frühsommer wird zum „Picknick im Park" eingeladen, während im Herbst ein bunter „Mittelaltermarkt" seine Buden aufbaut.

Wandern & Radfahren

Die abwechslungsreiche Landschaft dieser vielfältigen Region lässt sich prima auf den verschiedenen regionalen und überregionalen Radwanderwegen wie *BahnRadRoute*

Teuto-Senne, Grenzgängerroute Teuto-Ems oder *Der Picknicker* erkunden.
Neben dem *Weg für Genießer* (95 km) entlang dem Teutoburger Wald sind fünf örtliche Wanderwege zwischen 10 und 15 km Länge ausgezeichnet. Start ist am Rathaus Versmold.

▸ Naturschutzgebiet Versmolder Bruch
Das südlich von Versmold gelegene Gebiet wird bereits im 13. Jh. erwähnt. Durch Abholzungen im 16. bis 18. Jh. entstand die heutige offene und halboffene Wiesen- und Weidenlandschaft, in der sich Kiebitz und Großer Brachvogel wohlfühlen. Von einer Beobachtungskanzel hat man einen wunderschönen Blick auf den Ziegenbach und die Wiesenlandschaft.
Adresse: Wiesenstr., 33775 Versmold

Vlotho

(Kreis Herford)

Von den Herren von Vlotho, die zunächst auf der Wasserburg Schune residierten, kam die Herrschaft 1214 an die Grafen von Ravensburg. Um 1250 erhielt die kleine Bauern- und Fischersiedlung an einer Weserfurt das Stadtrecht. Wenig später entstand die Burg Vlotho auf den Resten einer alten Wallburg. Durch die zunehmende Weserschifffahrt gelang dem Ort trotz der Wirren des Dreißigjährigen Krieges ein Aufstieg. Ihre Blütezeit erlebte die „Hafenstadt" gegen Ende des 18. Jhs., als in Vlotho mehr als 400 Weserschiffe beheimatet waren.

Vlotho Marketing GmbH – Tourist Information
Lange Str. 111
32602 Vlotho
☎ 05733/881188
🌐 www.vlotho-tourismus.de

Sehenswertes

▸ KunstwerkStadt
In der historischen Innenstadt von Vlotho erinnern restaurierte Fachwerkhäuser und stolze Bürgerhäuser verschiedener Baustile an die wechselvolle Geschichte der einst bedeutenden Kaufmannsstadt. Auf dem 2,5 km langen Innenstadt-Rundweg kommt man an vielen dieser Gebäude und weiteren Sehenswürdigkeiten der Kurstadt an der Weser vorbei. Eine außergewöhnliche Besonderheit der Innenstadt sind die zwölf großflächigen Fassadengemälde und die von Künstlern gestalteten Stromkästen im Bereich der Lange Straße.

▸ Kirche St. Stephan
Von alten Kastanien umgeben ist die Stephanskirche. Sie ging aus der einstigen Klosterkirche (14. Jh.) des Zisterzienser-Nonnenklosters Segensthal hervor. Die Sakristei und Rundbögen des Kreuzgangs erinnern noch heute an die Klostervergangenheit.
Im 17. Jh. stattete die wohlhabende Schiffergilde ihre Kirche prunkvoll aus und stiftete einen Abendmahlskelch, Kronleuchter und Altarkerzenständer.
Adresse: Lange Str. 106, 32602 Vlotho

▸ Taufengel
Die Region Vlotho bietet mit vier „himmlischen Boten" eine Besonderheit. Die Figuren, die sich seit dem 17. Jh. in ev. Kirchen nördlich der Mainlinie verbreitet haben, wurden zeitweise sogar verboten und gerieten in Vergessenheit. Die Adressen der Taufengel lauten: **Kirche Exter** (Alter Schulweg 4, Vlotho), **Kirche Valdorf** (Siekweg 5, Vlotho), **Kirche Holzhausen** (Gänsemarkt 7, Porta Westfalica) und **Kirche Vlotho, St. Stephan** (Lange Str. 108, Vlotho).
Informationen: 🌐 www.kirchenkreis-herford.de

Burgruine Vlotho
Auf dem steil aufragenden Amtshausberg hoch über der Altstadt erlebt man einen herrlichen Panoramablick über das Wesertal und kann die Ruinen einer Burg besichtigen. Mauer, Graben und Brunnen stammen von einer Höhenburg, die 1250 von Heinrich von Oldenburg auf den Resten einer alten Wallburg errichtet wurde. Es wird vermutet, dass diese Wallburg schon vor 2000 Jahren bestand und später einen karolingischen Königshof umgab.
Adresse: Burgstr. 41, 32602 Vlotho

Windmühle Vlotho-Exter
Die letzte erhaltene Windmühle von ursprünglich 52 Wind- und Wassermühlen im Stadtgebiet wurde gründlich saniert. Die zwei Mahlgänge, die Jalousieklappensteuerung und zwei Sackaufzüge sind voll funktionsfähig. Die 1850 erbaute Kappenwindmühle liegt idyllisch am Steinegger Berg und bietet einen imposanten Anblick. Der Mühlenverein organisiert Veranstaltungen wie Mühlen- und Erntetage und bietet für Gruppen Führungen mit Kaffeetrinken an.
Kontakt: Lindemanns Mühle, Alter Postweg 18, 32602 Vlotho, 05228/9600844, www.windmuehle-exter.de

Wasserrad
Dass Vlotho einst die „Stadt der Mühlen" war, in der sich bis zu 20 Wassermühlen drehten, veranschaulicht auch das Wasserrad von Kuhls Mühle an der Klosterstraße. Das erhaltene und restaurierte Wasserrad mit einem Durchmesser von 5,4 m wurde 1991 dort aufgestellt.

Wittekindstein
Etwas unscheinbar am Rande einer Nebenstraße (Wittekindstr. 27) steht ein Sandstein, der wie ein Sessel geformt ist. Nach lokaler Sage soll sich hier einst Sachsenherzog Wittekind ausgeruht haben. Andere erzählen, dass sich über diesem Stein Karl der Große und Wittekind versöhnlich die Hände gereicht hätten. Vermutlich handelt es sich um einen mittelalterlichen Gerichtsstein.

Museen

Hammerschmiede Gnuse
Die nach ihrem letzten Schmied benannte Hammerschmiede wurde bereits 1814 erstmalig erwähnt. Seit 1827 wird sie per Wasserkraft angetrieben, 1831 um eine Messerfabrik und eine Schleifmühle erweitert. 1978 wurde der Betrieb eingestellt. Heute kann die Schmiede als „Museum in Aktion" an bestimmten Tagen und nach Vereinbarung besichtigt werden.
Kontakt: Seebruchstr. 3, 32602 Vlotho, 05733/8631, www.heimatverein-vlotho.de

Das historische Wasserrad von Kuhls Mühle

Heimatstube
Die Heimatstube in der ehemaligen Zigarrenfabrik Schöning, der heutigen Kulturfabrik, gibt Einblick in die frühere Lebens- und Arbeitswelt. Sehenswert ist ein Modell der Burg Vlotho im Maßstab 1:100 und ein kompletter Tante-Emma-Laden. Zudem erfährt man einiges über die Zigarren- und Schuh-

macherei, Spinnen, Weben und Trachten.
Kontakt: Lange Str. 53, 32602 Vlotho, ☏ 05733/8631, 🌐 www.heimatverein-vlotho.de

▸ ☺ Kutschenmuseum

Im privaten Pferde- und Kutschenmuseum im „Bauernbad Seebruch" gibt es wertvolle Kutschen zu bestaunen, die allesamt originalgetreu restauriert wurden. Die Palette historischer Vehikel reicht vom Glas-Landauer über einen offenen Arztwagen und schlesischen Hochzeitswagen bis zur gelben Postkutsche. Originell ist auch die Tandem-Kutsche, die von zwei hintereinander gespannten Pferden gezogen wird. Zudem organisiert das Museum Kutsch-Ausfahrten.
Kontakt: Seebruchstr. 33, 32602 Vlotho, ☏ 0172/8737548, 🌐 www.bad-seebruch.de

Freizeit & Natur

▸ Golf

Auf dem Gebiet von Vlotho-Exter liegt die 9-Loch-Anlage des Golfclubs Herford e. V. Clubausweis mit eingetragener Platzreife ist notwendig.
Kontakt: Heideholz 8, Vlotho-Exter, ☏ 05228/18233, 🌐 www.golfclubherford.de

▸ Auf der Weser

In den Sommermonaten bietet die Mindener Fahrgastschifffahrt Dampferfahrten auf der Weser nach Hameln, Rinteln und Minden an. Ein wenig abenteuerlicher geht es bei einer Kajakfahrt auf der Weser zu. Selbstverständlich können auch Boote gemietet und geführte Kanutouren unternommen werden.
Informationen:
Dampferfahrt: 🌐 www.mifa.de, 🌐 www.flotte-weser.de
Kanutour: 🌐 www.rionegro.de, 🌐 www.indian-summer-kanutouren.de

▸ ☺ Reiten

Im Stadtgebiet von Vlotho gibt es gleich mehrere Möglichkeiten, den Umgang mit Pferden zu erlernen oder zu trainieren.
Kontakt:
Reithalle im Stadtteil Valdorf, Lemgoer Str. 69, ☏ 05228/519, 🌐 www.reitverein-valdorf.de
Reithalle im Stadtteil Exter, Zum Mergelbruch 2, ☏ 05221/690672, 🌐 www.rv-exter.de
Völkers Reiterhof, Plögereistr. 22, ☏ 05733/8807566, 🌐 www.voelkers-reiterhof.de
Reiterhof Kahre, Von-Bodelschwingh-Str. 57, ☏ 05733/881640, 🌐 www.reittherapie-kahre.de

▸ Wandern & Radfahren

Vlotho liegt an der überregionalen *Wellness-Radroute Teutoburger Wald*, am *Weser-Radweg* und am *Soleweg*. Insgesamt gibt es auf ca. 47 km sieben ausgeschilderte Wander- und Radwege von 2–10 km Länge, ohne und mit Steigungen.
Für Wanderer zu empfehlen ist der 5 km lange *Naturlehrpfad Bonstapel*, der neben reizvoller Landschaft auf vierzehn Stationen über Flora und Fauna informiert. Lohnenswert sind auch die *Exter-Tour*, zwei Rundwanderwege im Ortsteil Exter sowie die pädagogisch begleitete *Exter-Tour für Kinder*.

▸ ☺ Familienfreizeitplatz Camp Feuerland

Das Freizeitzentrum mit großem Badesee ist das Ergebnis langjährigen Kiesabbaus. Neben Angeln, Baden und Planschen umfasst das Freizeitvergnügen auch Minigolf, verschiedene Spielplätze und Gastronomie. Die Hafenanlage mit direktem Zugang zur Weser ist ein Paradies für Bootseigner und Surfer. Erforderliche Bootsführerscheine kann man in der Yachtschule Porta Westfalica erwerben.
Kontakt: Borlefzen 2, 32602 Vlotho, ☏ 05733/80008, 🌐 www.camp-feuerland.de

Warburg

(Kreis Höxter)

Neben der Altstadt von Warburg entstand im 13. Jh. auch eine Neustadt. Die zwei selbstständigen Städte traten beide 1364 in die Hanse ein, wodurch ein erheblicher wirtschaftlicher Aufschwung erzielt werden konnte. 1436 schlossen sie sich zu einer Stadt zusammen. Die teilweise gut erhaltenen Wehranlagen, liebevoll restaurierte Fachwerkhäuser, mächtige Kirchen und prächtige Massivbauten künden bis heute von der facettenreichen Vergangenheit. Aufgrund des geschichtlichen Hintergrundes darf Warburg seit 2012 den Namenszusatz „Hansestadt“ führen.

Tourist-Information
Neustadt – Marktplatz
Hauptstr. 55
34414 Warburg
05641/922800
www.warburg-touristik.de

Blick auf den Warburger Stadtkern

Sehenswertes

Fachwerkhäuser

In der Altstadt haben zahlreiche bemerkenswerte Fachwerkbauten die Zeiten überdauert. Das bedeutendste ist das **„Eckmänneken“** (1471, Lange Str. 2). Das ehemalige Zunfthaus der Bäcker erhielt seinen Namen aufgrund zweier geschnitzter Männerfiguren an den Eckpfeilern. Ebenfalls sehenswert ist das **Glockengießerhaus** (16. Jh., Bernhardistr. 23) sowie das **Corvinushaus** aus dem 15. Jh. und das **Haus Böttrich** aus dem 16. Jh. (Sternstr. 19 u. 13). Als das stattlichste spätgotische Bürgerhaus der Stadt gilt das **Arnoldihaus** (Bernhardistr. 2) von 1513.

Stadtbefestigung

Eine der Hauptattraktionen der Stadt ist die in Resten erhaltene mittelalterliche Stadtmauer mit fünf Wehrtürmen und zwei Stadttoren, weshalb Warburg auch als „Rothenburg Westfalens“ bezeichnet wird. Die im 14. Jh. errichtete Befestigung sicherte die Stadt ursprünglich mit einem doppelten Mauerring, über 20 Stadttürmen und neun Stadttoren. Besonders sehenswert ist das Ensemble des Sacktores mit tiefem Zwinger und Turm.

Desenberg und Desenburg

Das Wahrzeichen der Region ist vulkanischen Ursprungs, etwa 343 m hoch und erhebt sich wenige Kilometer nordöstlich der Kernstadt.

Stadtführung in historischen Kostümen

Ob der markante Bergkegel in vor- und frühgeschichtlicher Zeit als Kultplatz oder Festung gedient hat, ist ungewiss. Nachweise für eine Burg auf der Basaltkuppe reichen bis ins Jahr 1070 zurück. Ab dem 16. Jh. verfiel die Burg zur Ruine und wurde zum beliebten Motiv für Zeichner, Maler und Fotografen. Erhalten ist unter anderem ein begehbarer Turm.
Adresse: Wanderparkplatz „Burg Desenberg" nahe dem Ortsteil Daseburg

▸ Burg Calenberg

In der Mitte des Stadtteils Calenberg thront südlich der Kernstadt auf einem steilen Berg die Burg Calenberg. Die um 1250 erbaute Anlage erhielt ihr romantisches Aussehen, die Gartenanlage und den Baumbestand im späten 19. Jh. Sie befindet sich in Privatbesitz und kann nur von außen besichtigt werden.
Adresse: Zur Burg 14, 34414 Warburg-Calenberg

▸ Syrisch-orthodoxes Kloster

Nach der Schließung der Dominikaner-Niederlassung 1993 erwarb die syrisch-orthodoxe Kirche von Westfalen Kirche und Konventgebäude (1903–08) und erhob den Komplex zur Abtei „St. Jakob von Sarug". Besucher sind eingeladen, im Zentrum der syrisch-orthodoxen Gemeinden Westfalens eine der ältesten christlichen Kirchen überhaupt kennenzulernen.
Kontakt: Klosterstr. 10, 34414 Warburg, ✆ 05641/740564, 🌐 www.klosterregion.de

Museum

▸ Museum im „Stern"

Das Warburger Museum befindet sich im „Stern", einem der ältesten Steinhäuser der Stadt. Die Dauerausstellung veranschaulicht die Vor- und Frühgeschichte, die Entwicklung der Doppelstadt und benachbarter Klosterherrschaften sowie den wirtschaftlichen Wandel im 19. Jh. Zwei bedeutende Warburger Künstler, Anton Eisenhoit und Johann Conrad Schlaun, stehen im Mittelpunkt der Abteilung Kunstgeschichte. Neben dem Museum beherbergt der „Stern" das Archiv der Hansestadt mit Zeugnissen aus acht Jahrhunderten.
Kontakt: Sternstr. 35, 34414 Warburg, ✆ 05641/741988

Freizeit & Natur

▸ Waldinformationszentrum Hammerhof

Wo einst ein schwerer Eisenhammer erklang und die Landwirtschaft das Geschehen prägte, steht heute moderne Dienstleistung für Umweltbildung, nachhaltigen und sanften Tourismus im Vordergrund. Neben Vorträgen, Seminaren, Führungen, Ausstellungen, laden viele Kilometer Wanderwege dazu ein, alte Handelsrouten und Hohlwege, mittelalterliche Wüstungen, Meilerstellen und Glashüttenstandorte zu entdecken.
Kontakt: Walme 50, 34414 Warburg-Scherfede, ✆ 05642/949750, 🌐 www.wald-und-holz.nrw.de

▸ ☺ Wisentgehege

Auf über 170 ha Wald- und Wiesenfläche erstreckt sich das weitläufige Areal des Wisentgeheges Hardehausen. Das Gehege wurde bereits 1958 eingerichtet, um das größte Landsäugetier Europas nicht aussterben zu

lassen. Neben den beiden Herden aus Berg- und Flachlandwisenten gibt es noch die rückgezüchteten Tarpan-Pferde, Wildschweine, naturfarbenes und weißes Rotwild. Mit ein wenig Glück bekommt man die Tiere vom 12 m hohen Wildbeobachtungsturm aus zu Gesicht.
Kontakt: Walme 50, 34414 Warburg-Scherfede, 05642/949750, www.wald-und-holz.nrw.de

▸Kurort Germete
Der Abt von Kloster Hardehausen stellte 1679 erstmals fest, dass im heutigen Stadtteil Germete ein heilsamer „Säuerling" aus der Erde quillt. Durch systematische Bohrungen wurden 1889 die Sillerquelle, 1904 die Antoniusquelle und 1906 schließlich die Franziskusquelle entdeckt. 1926 erschienen die ersten Kurgäste, die zweimal täglich das heilkräftige Wasser tranken. Ab den 1960er-Jahren wurde der Ort zum Kurort ausgebaut, 1972 das Kurmittelhaus im Kurpark bezogen. 1985 erfolgte die staatliche Anerkennung als Luftkurort.
Informationen: www.kurmittelhaus-germete.de

▸Segelfliegen
Einmal mitfliegen und die Landschaft von oben betrachten, das kann man auf dem Flugplatz am Heinberg erleben. Mitfliegen bedeutet, mit einem der Piloten in einem der doppelsitzigen Segelflugzeuge oder im Motorsegler abzuheben. Mit Letzterem auch nach persönlicher Absprache unter der Woche oder in den Wintermonaten.
Kontakt: LSV-Warburg e. V., Wethener Str. 101, 34414 Warburg, 05694/530, www.lsv-warburg.de

▸Kanuwandern
Der Wunsch nach Kanutouren auf der Weser und der romantischen Diemel, kombinierten Kanu-Radtouren, Mehrtagestouren und Bogenschießen lässt sich nahe Warburg von Mai bis September problemlos erfüllen.
Kontakt: Domäne 6, 34388 Trendelburg, 05675/725905, www.kanu-schumacher.de

Werther (Westf.)

(Kreis Gütersloh)

Werther liegt am Nordrand des Teutoburger Waldes. Erstmals um das Jahr 1009 erwähnt, entwickelte sich die kleine Ansiedlung zu einem Kirchdorf, das im 12. Jh. die Kirche Sankt Jacob mit romanischem Turm errichtete. Erst Ende des 17. Jhs. und mit der Stadtrechtsverleihung 1719 begann ein wirtschaftlicher Aufschwung, da sich mit Aufhebung der Handelsschranken zahlreiche Gewerbetreibende niederlassen durften. Im 19. Jh. wurde das wirtschaftliche Leben auch hier vom Handwerk der Zigarrenmacher und der Leineweber bestimmt.

Stadt Werther (Westf.)
Mühlenstr. 2
33824 Werther (Westf.)
05203/7050
www.stadt-werther.de

Sehenswertes

▸Haus Werther
Das bereits 1295 erwähnte Rittergut war bis 1803 im Besitz der hessischen Grafen von Hatzfeld. Die Anlage besteht aus dem zweigeschossigen Herrenhaus von 1751, verschiedenen Wirtschaftsgebäuden, Hauptbrücke mit Torpfeilern und einer Gartenanlage mit altem Baumbestand und Gräfte. Ab Mitte des 19. Jhs. diente das Ensemble als Landratsamt, später als Zigarrenfabrik und

Blick auf die Innenstadt

noch bis Ende der 1980er-Jahre als Sitz eines Zigarrenvertriebs. Seit 1994 beherbergt das Haus das Stadtarchiv, die Bibliothek und ein Trauzimmer und dient als Bürgerbegegnungsstätte.
Adresse: Schloßstr. 36, 33824 Werther (Westf.)

▸ Fachwerkhäuser

Zu den bemerkenswerten erhaltenen Fachwerkhäusern gehört das **Storck-Haus** (Alte Bielefelder Str. 14). Das Baudenkmal wurde um 1760 vom Kaufmann Joh. Friedr. Bolenius erbaut. 1903 wurde es als Wohn- und Kontorhaus von August Storck übernommen, der anschließend die „August Storck Werthersche Zuckerwaren Fabrik" grundete. Seit 1985 wird das Gebäude durch die Volkshochschule genutzt. Sehenswert ist auch das **Venghauss'sche Haus** (Venghauss-Platz), das im Jahr 1696 errichtet wurde und in dem sich eines der bedeutendsten Handelshäuser der Stadt entwickelte. Zu Beginn der 1980er-Jahre konnte das Fachwerkhaus vor dem Abriss bewahrt werden und zählt heute zu den schönsten Gebäuden der Stadt.

▸ Knochenmühle

Das 1825 als Bergbaubetrieb gegründete Gebäude ist heute eine der ältesten Industrieanlagen im Kreis Gütersloh. Später wurde hier eine Knochenmühle zur Produktion von Knochenleim eingerichtet. Bis heute sind Transmissionsachse, Waage, Knochenmehlanlage und der Kamin erhalten. Nur Außenbesichtigung möglich.
Adresse: Teutoburger-Wald-Weg 17, 33824 Werther (Westf.)

Museum

▸ Böckstiegel-Haus

Im Ortsteil Arrode steht das Geburts- und Wohnhaus eines der bedeutendsten westfälischen Expressionisten: Peter August Böckstiegel (1889–1951). Im denkmalgeschützten Künstlerhaus, das Böckstiegel durch Farbgebung, Schnitzereien und Mosaike selbst zum Kunstwerk machte, sind Arbeiten aus nahezu allen Schaffensperioden des Künstlers zu sehen. 2018 eröffnete ein neu errichtetes Böckstiegel-Museum seine Pforten.
Kontakt: Schloßstr. 111, 33824 Werther (Westf.), ✆ 05203/3297,
🌐 www.museumpab.de

Das Venghauss'sche Haus

Freizeit & Natur

▸ Fliegen

Wer sich den Traum vom lautlosen Fliegen erfüllen möchte, der ist in Werther und Umgebung bei der Flugschule „High-school" richtig. Ein geräumiger Übungshang bei

Holzhausen bietet beste Gelegenheit, ersten Kontakt zum Fliegen mit Gleitschirm und/ oder Drachen aufzunehmen.
Informationen: www.flugschule-westfalen.de

▸ **Reiten**
Ob Wanderritt, Gruppenreitstunde oder Reitkurs, ob Kindertag, Reittunier oder Reitseminar, in Werther und Umgebung werden für das Abenteuer auf dem Pferderücken zahlreiche Möglichkeiten angeboten.
Kontakt:
Pferde- und Erlebnishof Spiekerhof, Wichlinghausen 11, 33829 Borgholzhausen, 05425/7134, www.spiekerhof-Nordrhein-Westfalen.de
Pferdehof Pohlmann, Käppkenstraße 32, 33824 Werther, 05203/7374, www.pferdehof-pohlmann.de
Odinshof, Heide 12, 33824 Werther, 0173/1693768, www.odinshof.de

▸ **Kartfahren**
500 m Rennasphalt, 17 Kurven, eine 100-m-Speed-Gerade sind nur einige Fakten, die das Herz von Rennsportlern höherschlagen lassen. Leistungsstarke Karts und geprüftes Equipment sorgen auf der Indoor Kartbahn Werther für Rennfeeling pur.
Kontakt: Engerstr. 55, 33824 Werther, 05203/884288, www.kartbahn-werther.de

▸ **Wandern**
Auf Schusters Rappen lassen sich die Naturerlebnisse der Gegend prima über den 31 km langen *Rundwanderweg Werther,* den insgesamt 96 km langen *Weg für Genießer* durch den Raum Gütersloh inklusive Waldsofa und -schaukel oder auf dem spannenden *Böckstiegel-Weg* erkunden, der vom Friedhof bis zur Wassermühle Deppendorf 17 Lebensstationen des Malers berührt.
Informationen: www.geniesserweg.de

Willebadessen

(Kreis Höxter)

Die Landschaft rings um den staatlich anerkannten Luftkurort an der Nethe zwischen Eggegebirge und Weser wird von urwüchsigen Bergwäldern, steilen Felsklippen und grünen Talauen geprägt. Ihr größter Stadtteil fand anlässlich einer Grenzbegehung bereits im Jahre 1065 Erwähnung. Größere Bedeutung kam der kleinen Siedlung im Jahre 1149 mit der Gründung eines Klosters zu. 1317 erlaubte der Paderborner Bischof dem Kloster, auf Basis der bestehenden Siedlung die Stadt Willebadessen zu gründen, die im Jahr darauf die Stadt- und Befestigungsrechte erhielt.

Tourist-Info Willebadessen
Lange Str. 259
34439 Willebadessen
05646/595
www.tourismus-willebadessen.de

Sehenswertes

▸ **Kloster und Schloss Willebadessen**
Die barocke Anlage des 1149 gegründeten ehemaligen Benediktinerinnenklosters gehört zu den wertvollsten Baudenkmälern Willebadessens. Sehenswert sind der schöne Kreuzgang und die Gründerkapelle, ein Vituskelch (15. Jh.), Zylindermonstranz sowie zwei Reliquienschränke. Das Kleinod der Kirche ist der aus Eibenholz bestehende und mit Silber und Gold geschmückte Vitusschrein (1207). 1810 wurde das Kloster aufgehoben und verkauft. Heute wird es von der Stiftung Europäischer Skulpturenpark e. V. betrieben, weshalb in Gebäuden und Park zahlreiche Werke namhafter Bildhauer zu finden sind. Im Sommer finden im Rahmen des Projek-

tes „Klosterregion“ Konzerte, Seminare und Workshops statt. Das Schloss ist nur im Zuge einer Führung zu besichtigen.
Kontakt: Klosterhof 7, 34439 Willebadessen, 05646/9437930, www.schloss-willebadessen.de, www.klosterlandschaft-owl.de

Karlschanze
Auf dem Kamm der mittleren Egge befinden sich die Reste einer der größten und auch schönsten vorgeschichtlichen Burgen Westfalens. Die im 17. Jh. umbenannte Behmburg bildete das letzte Befestigungswerk gegen die vordringenden Franken. Dicht bei der Karlsschanze ließ Karl der Große ein Kreuz aufstellen, das die Sachsen „Kleiner Herrgott“ nannten, während ihr großer Gott Wotan auf der Karlschanze thronte. Die Burg und weitere von Sagen umwobene Orte wie die „Drudenhöhle“ oder der „Faule Jäger“ liegen am Wanderweg *A2*.
Informationen: www.kulturland.org

Vituskapelle
Seit 1859 säumen 13 Kreuzwegstationen den Weg von der Pfarrkirche hinauf zur Kapelle zum hl. Kreuz (Vituskapelle) auf dem Klusberg. Der kleine, sechseckige Putzbau mit Zeltdach und Glockendachreiter wurde laut Inschrift 1687 erbaut. Die schlicht ausgestattete Kapelle aus der Zeit der Gegenreformation spielt heute eine zentrale Rolle bei der Vitusprozession, einem Höhenpunkt im kirchlichen Leben Willebadessens.
Informationen: www.vitus-gemeinde.de

Schloss Borlinghausen
Im Ortsteil Borlinghausen, das schon 1065 in einer Schenkungsurkunde König Heinrichs IV. Erwähnung fand, errichteten die Herren von Spiegel um 1400 eine Wasserburg. Das von einer Gräfte umgebene Wasserschloss mit markantem Treppenturm und Dachgiebeln im Stil der Weserrenaissance steht etwas abseits vom Dorf in einem Park. Es befindet sich noch immer in Privatbesitz. Unweit in Richtung Löwen steht die 1000-jährige Eiche, die nach der Sage von Karl dem Großen persönlich gepflanzt wurde.
Adresse: Hauptstr. 3, 34439 Willebadessen

Peckelsheim
Der schon im 9. Jh. erwähnte Ortsteil weist einige sehenswerte Baudenkmäler auf. Zu nennen sind die ev. **Trinitatiskirche** (Schinkelbau, 1840–41), die kath. Kirche **St. Mariä** Himmelfahrt und die **Stammburg** der Familie von Spiegel zu Peckelsheim. Im 14. Jh. erbaut, wurde sie nach vielen Veränderungen bereits im 18. Jh. aufgegeben. Erhalten ist unter anderem das dreigeschossige Turmhaus mit Wappentafel von 1535.

Wasserschloss Schweckhausen
Das Wasserschloss im Ortsteil Schweckhausen ist eine Burganlage im Stil der Weserrenaissance und war seit dem 14. Jh. im Besitz der Herren von Spiegel. Die heutige Anlage mit Gräfte wurde im 16. Jh. fertiggestellt und im späten 18. Jh. umfangreich ausgebaut. Das Herrenhaus in Hufeisenform ist ein zweigeschossiger Massivbau mit Fachwerkgiebeln. Auffällig ist der mit Volutengiebeln ausgestattete Kapellenflügel auf der Südseite. Heute ist das Schloss in Privatbesitz und nur die Außenanlage ist zu besichtigen.
Adresse: Mühlenweg 2, 34439 Willebadessen-Schweckhausen

Freizeit & Natur

Wandern & Radfahren
Umgeben von Wäldern und Sehenswürdigkeiten wurde die Gegend um Willebadessen zu einem der schönsten Wandergebiete Deutschlands gewählt. Der 70 km lange *Eggeweg* gilt als eine der attraktivsten Teilstrecken des Europäischen Fernwanderweges Nr. 1. Die Wanderrundwege *A 2–A 7*

(3–7,5 km) führen direkt zu den Sehenswürdigkeiten der Stadt.
Für Radler wurden die Erlebnistouren *Eggeroute* (26 km) und *Börderoute* (33 km) entwickelt. Das gesamte Radnetz ist durch eine einheitliche Beschilderung gekennzeichnet, die Erlebnistouren sind mit speziellen Plaketten ausgewiesen.
Im Winter ist der Eggewald ein beliebtes Skiwandergebiet.

„Alte Eisenbahn“
Tief in den Wäldern zwischen Willebadessen und Lichtenau liegt die „Alte Eisenbahn“, eine wildromantische Schlucht mit schroffen Klippen und dunklen Tümpeln. Das Naturdenkmal wurde durch Menschenhand erschaffen. Es handelt sich um eine verlassene Großbaustelle, auf der von 1846 bis 1848 etwa 500 Arbeiter an einem Tunnel bauten. Geldmangel und Erdrutsche beendeten das Projekt. Die Schlucht am *Eggeweg* ist über den Wanderweg *A4* zu erreichen.

Aussichtsturm
Vom Eggeweg aus lohnt ein Abstecher zum Aussichtsturm „Bierbaums Nagel“. Herr Bierbaum, Besitzer des Rittergutes Borlinghausen, ließ ihn 1849 bauen, um der Landbevölkerung in schwieriger Zeit eine Verdienstmöglichkeit zu geben. Der Turm war ein Geschenk für seine Gemahlin, die aus Kassel stammte und sehr unter Heimweh litt. Vom Turm aus sollte sie Gelegenheit haben, das Wahrzeichen ihrer Heimatstadt, den Herkules auf der Wilhelmshöhe, sehen zu können.

Wildgehege und Erlebnispfad
Das 11 ha große Wildgehege beherbergt auf großen Wiesen- und Weideflächen Dam- und Rotwild, Mufflons, Wildschweine und Sikahirsche, die die Besucher auf Wanderwegen ganz nah erleben können. An das Gehege schließen sich Fischteiche und ein gewässerökologischer Lehrpfad an. An sieben Stationen befinden sich Objekte und Installationen, die eine Naturerfahrung direkt vor Ort und das spielerische Begreifen ökologischer Zusammenhänge ermöglichen. Gehege und Pfad sind kostenfrei und bis zum Einbruch der Dämmerung zugänglich.
Kontakt: Am Jägerpfad, 34439 Willebadessen, 05644/8819

Bogenschießen
Vor dem Südportal des Klosters findet man das „Bogenstübchen“, ein Fachgeschäft für traditionelle Bögen und Zubehör. Hier werden vielerlei Kurse im traditionellen Bogenschießen angeboten. Eine Besonderheit ist ein 20 ha großer Bogenparcours mit zahlreichen 3D-Freilandzielen in der Nähe des Wildgeheges, der ganzjährig von Bogenschützen aus ganz Deutschland genutzt wird.
Kontakt: Lange Str. 1, 34439 Willebadessen, 0174/7628914, www.bogenstuebchen.de

Hallenbad
Klein aber fein, so präsentiert sich im Ortsteil Peckelshim das örtliche Hallenbad. Im Sportbecken mit integriertem Nichtschwimmerbereich wird vom Sport- und Familienschwimmen bis Aquajogging, Spiel und Spaß alles angeboten.
Adresse: Grundweg 1, 34439 Willebadessen, www.peckelsheim-dlrg.de

Minigolf
Interessiert man sich für die kleinere Variante des Golfsports, die ja als Geschicklichkeitsspiel zu den Präzisionssportarten zählt, findet sich am Hotel Jägerhof Gelegenheit zum Abschlag.
Kontakt: Am Jägerpfad 2–4, 34439 Willebadessen, 05646/8010, www.jaegerhof-willebadessen.de

Sehenswertes

▸ Altstädte, historische Ortsteile, Plätze, Gassen

▸ Burgen, Schlösser, Rittergüter, Herrenhäuser, Adelshöfe

▸ Klöster, Abteien, Stifte

▸ Mühlen

▸ Parks, Kuranlagen, Quellen, Gradierwerke

▸ Stadtbefestigungen

Museen

▸ Brauerei- und Brennereimuseen

▸ Firmenmuseen

Kunstmuseen, Galerien, Künstlerhäuser

Museen zu Bahnen, Fahrzeugen, Flugzeugen

Museen zu bedeutenden Persönlichkeiten

Naturkundliche Museen

Religiöse Museen und Sakralkunst

Schulmuseen, Spielzeug- und Puppenmuseen

Weitere Museen zu besonderen Themen

Freizeit & Natur

Aussichtspunkte

Brauereien, Brennereien

Bäder, Thermen und Saunen

▸ Barfußpfade, Kneippbecken

▸ Fliegen und Flugplätze

▸ Freilichtbühnen

▸ Freizeit-, Generationen-, Sport-, Skateparks

▸ Golfplätze

▸ Klettern (Hochseilgärten, Kletterzentren)

▸ Kunst, Kultur, (alte) Handwerkskunst

Minigolf, Swin-Soccer, -Golf, Disc Golf etc.

Naturschutzgebiete, Moore, Wälder, Naturdenkmäler

Parks, Gärten, Gradierwerke, Quellen

Radfahren

▸ Wandern und Lehrpfade

▸ Wassersport, Schifffahrten

▸ Wintersport, Eislaufen